Wirkungs- und
Kosten-Nutzen Analysen

Europäische Hochschulschriften

Publications Universitaires Européennes

European University Studies

Reihe V

Volks- und Betriebswirtschaft

Série V Series V

Sciences économiques, gestion d'entreprise

Economics and Management

Bd./Vol. 2790

PETER LANG

Frankfurt am Main · Berlin · Bern · Bruxelles · New York · Oxford · Wien

Christian Pohnke

Wirkungs- und Kosten-Nutzen Analysen

Eine Untersuchung von Maßnahmen der aktiven Arbeitsmarktpolitik am Beispiel kommunaler Beschäftigungsprogramme

PETER LANG
Europäischer Verlag der Wissenschaften

Die Deutsche Bibliothek - CIP-Einheitsaufnahme

Pohnke, Christian:

Wirkungs- und Kosten-Nutzen Analysen : eine Untersuchung von Maßnahmen der aktiven Arbeitsmarktpolitik am Beispiel kommunaler Beschäftigungsprogramme / Christian Pohnke. - Frankfurt am Main ; Berlin ; Bern ; Bruxelles ; New York ; Oxford ; Wien : Lang, 2001
(Europäische Hochschulschriften : Reihe 5, Volks- und Betriebswirtschaft ; Bd. 2790)
Zugl.: Freiburg (Breisgau), Univ., Diss., 2001
ISBN 3-631-38142-5

D 25
ISSN 0531-7339
ISBN 3-631-38142-5

www.peterlang.de

Vorwort

Die vorliegende Arbeit ist in einer Zeit entstanden, in der im kommunalen Bereich ein Thema von besonderer Bedeutung war: Wie können arbeitsfähige Sozialhilfeempfänger vom Bezug der Sozialhilfe unabhängig gemacht werden? Die Finanzlage vieler Kommunen war derart angespannt, daß auch (volkswirtschaftlich höchst ineffiziente) Verlagerungen der Kosten auf andere Einrichtungen wie die Arbeitsbehörden aus Sicht der Kommunen Sinn machten. Es gibt jedoch insbesondere in jüngster Zeit vielversprechende Ansätze, aus diesem „Schwarze Peter"-Spiel, das auch zu Lasten der einzelnen Hilfeempfänger geht, eine konstruktive Zusammenarbeit werden zu lassen. Die unterschiedlichen Bemühungen, die Vermittlung von Sozialhilfeempfängern effizienter zu betreiben, werden aus Sicht zweier Kommunen in dieser Arbeit untersucht.
Auch aus theoretischer Sicht ist die Evaluierung von Maßnahmen der aktiven Arbeitsmarktpolitik von höchster Aktualität, wie die Vergabe des Nobelpreises für Wirtschaftswissenschaften an den amerikanischen Wissenschaftler James J. Heckman (gemeinsam mit Daniel L. McFadden) im Jahr 2000 zeigt. Heckman wurde für seine Ansätze zur Analyse von selektiven Stichproben ausgezeichnet, einem zentralen Bereich mikroökonometrischer Evaluationen. Aber auch herkömmliche Kosten-Nutzen Analysen, angepaßt an die Besonderheiten öffentlicher Arbeitsmartkpolitik, spielen eine große Rolle bei der Erfolgskontrolle oben beschriebener Programme. Diese theoretischen Aspekte sowie deren Anpassung an konkrete Fragestellungen vor Ort werden ebenfalls behandelt.
Die Arbeit entstand im Zeitraum zwischen Januar 1998 und Februar 2001 in meiner Zeit als externer Doktorand am Institut für Finanzwissenschaft und Monetäre Ökonomie der Albert-Ludwigs-Universität zu Freiburg. Sie wurde im Februar 2001 von der Wirtschaftswissenschaftlichen Fakultät der Albert-Ludwigs-Universität Freiburg als Dissertationsschrift angenommen.

An der Entstehung dieser Arbeit waren zahlreiche Personen beteiligt, ohne deren Unterstützung eine Promotion kaum bzw. nicht in dieser Form möglich geworden wäre.
Für seine großzügige Unterstützung bei meinem Forschungsvorhaben danke ich meinem Doktorvater Prof. Dr. Dr. h.c. Hans-Hermann Francke. Er gab mir nicht nur die Möglichkeit, meinen heimischen Arbeitsplatz gegen das fruchtbare Umfeld seines Instituts einzutauschen. Auch ermöglichte er mir durch eine recht kurzfristige Korrektur der Arbeit einen zügigen Abschluß des Promotionsverfahrens. Für die ebenfalls sehr kurzfristige Übernahme des Zweitgutachtens danke ich Herrn Prof. Dr. Siegfried Hauser.

Datengrundlage für den empirischen Teil der Arbeit bilden die Ergebnisse von zwei Beratungsaufträgen der Kommunen Freiburg und Mannheim. Weder die Gutachten noch demnach der empirische Teil der Arbeit wären derart umfangreich ausgefallen ohne die vorbildliche Unterstützung der Mitarbeiterinnen und Mitarbeiter von Sozialämtern und Arbeitsbehörden in Freiburg und Mannheim. Insbesondere auf der Ebene der Sachbearbeitung wurde das Forschungsanliegen engagiert unterstützt.
Ein besonderer Dank gilt meinem Betreuer, Herrn PD Dr. Alexander Spermann. Ihm habe ich es zu verdanken, schon während des Studiums an einer weiterführenden wissenschaftlichen Tätigkeit „geschnuppert" zu haben, und ohne ihn wäre diese Dissertation nicht entstanden. Sein unermüdlicher Einsatz und seine Betreuung über die rein fachlichen Fragen hinaus ermöglichten mir den Zugang zu dieser ausgesprochen spannenden Materie. Die Zusammenarbeit mit ihm war Herausforderung und Spaß zugleich. Er ist mir Vorbild, nicht nur in akademischer Hinsicht.
Eine entscheidende Rolle spielte das Team von Carpe Oeconomiam, Frau Dipl.-Volkswirtin Sandra Haasis, M.A., Herr Dipl.-Volkswirt Philip Hallensleben und Herr Dr. Patrick A. Muhl. Die Diskussion von Fragen wie „Welchen Namen hat die Katze denn heute?", „Welches Motorrad ist der Renner der Saison?" oder „Was haben Peaches mit Peanuts zu tun?" war an manch hektischen Tagen (aber auch an den anderen) genau die richtige Beschäftigung. Mit ihnen konnte ich feststellen, daß sogar Nobelpreisträger eine einfache Email-Einladung zu einem Vortrag annehmen und sich dann als durchaus sympathische Menschen erweisen.
Mein Patenonkel Dipl.-Volkswirt Bernd Pohnke war nicht nur kompetenter Ansprechpartner während meiner gesamten Studienzeit, sondern auch freundschaftliches Vorbild in vielerlei Hinsicht. Für wertvolle Hinweise danke ich Herrn cand. chem. Timothy F. Simms sowie Herrn Dipl.-Volkswirt Oliver Adam. Timothy hatte gerade als Nichtökonom den klaren Blick für Statistik und Struktur der Arbeit. Oliver konnte durch die Erfahrungen bei seiner eigenen Promotionstätigkeit deutlich sehen, an welchen Stellen der Bedarf für Anpassungen gegeben war. Beide haben mit ihren Anregungen dazu beigetragen, die vorliegende Arbeit zu verbessern.

Meinem „kleinen" Bruder Björn-Steffen ist es zu verdanken, daß sich mein geistiger Horizont nicht völlig auf *Wirkungs- und Kosten-Nutzen Analysen* verengt hat. Bei unzähligen Fifa-Partien wurde mein mentaler Arbeitsspeicher geleert, so daß wieder mehr Aufnahmebereitschaft hergestellt war. Björn war auch der Computerexperte, der mich tatkräftig bei der Fertigstellung dieser Arbeit unterstützt hat.

Meiner Verlobten (und mittlerweile Ehefrau) Nalini Sharda Goburdhun gilt meine Bewunderung und Hochachtung für die Art und Weise, wie sie trotz aufreibender transatlantischer *long-distance* Beziehung Verständnis und Geduld für einen doch manchmal schwer zu ertragenden Partner aufbringen konnte. Selbst in der meist knapp bemessenen gemeinsamen Zeit war sie bereit, sich mit den aktuellen Schwierigkeiten im Schreibprozeß auseinanderzusetzen und hat es verstanden, in allem auch wieder die *bright side of life* erkennen zu lassen. Ihr Rückhalt machte vieles möglich.
Meinen Eltern danke ich für ihre wunderbare und vorbehaltlose Unterstützung während meiner gesamten schulischen und universitären Ausbildung. Sie ermöglichten mir eine von finanziellen Sorgen befreite Studienzeit und haben mich in meinen sämtlichen Vorhaben mit Rat und Tat unterstützt. Hierfür und für ihr unbegrenztes Vertrauen gilt ihnen mein Dank. Ihnen und Nalini möchte ich diese Arbeit widmen.

Freiburg, im April 2001 Christian Pohnke

Inhaltsübersicht

Inhaltsverzeichnis

Abbildungen

Tabellen

Abkürzungen

ABM	Arbeitsbeschaffungsmaßnahme
ABU	Annahme der bedingten Unabhängigkeit
AFG	Arbeitsförderungsgesetz
ASH	Arbeit statt Sozialhilfe
BSHG	Bundessozialhilfegesetz
CETA	Comprehensive Employment and Training Act, 1973
JTPA	Job Training Partnership Act
KOLA	Kommunale Leitstelle für Arbeit, Freiburg i. Br.
LKF	Lohnkostenförderung
LKZ	Lohnkostenzuschuß
MAVA	Mannheimer Arbeitsvermittlungsagentur
MD	Mahalanobis-Distanz
MDTA	Manpower Development and Training Act, 1962
PPBS	Planning, Programming and Budgeting System
PSM	Propensity Score Matching
SGB	Sozialgesetzbuch
VABE	Verein zur Arbeits- und Beschäftigungsförderung, Freiburg i. Br.
WIN	Work Incentive Program, 1967

Teil 1. Einführung

Die Entwicklung der Arbeitslosigkeit in den 1990er Jahren führte zu erheblichen finanziellen Belastungen sämtlicher Gebietskörperschaften der Bundesrepublik Deutschland, insbesondere jedoch des Bundes über die Arbeitsbehörden und der Kommunen in der überwiegenden Finanzierung der Sozialhilfe. Sowohl auf der Ebene der Arbeitsämter als auch auf der Ebene der Sozialämter, die u.a. die arbeitslosen Sozialhilfeempfänger betreuen, wird versucht, der steigenden Zahl Arbeitsloser entgegenzusteuern und dadurch den finanziellen Druck auf die jeweilige Einrichtung zu vermindern. Für Maßnahmen der aktiven Arbeitsmarktpolitik gab alleine die Bundesanstalt für Arbeit im Jahr 1997 35,3 Mrd. DM aus. Bei diesen Summen wird die Forderung nach Evaluierung der Maßnahmen immer lauter, insbesondere nachdem erste Studien die Wirksamkeit der bisherigen Programme anzweifeln.[1] So forderte der Sachverständigenrat zur Begutachtung der gesamtwirtschaftlichen Entwicklung (SVR): „Neuere ökonometrische Studien zur Effizienz arbeitsmarktpolitischer Maßnahmen zeigen zwar noch kein einheitliches Bild, lassen indes erhebliche Zweifel an der Wirksamkeit bisheriger Maßnahmen erkennen. Es ist daher dringend erforderlich, die Evaluation arbeitsmarktpolitischer Maßnahmen voranzubringen."[2]
Nachdem erste Ansätze der Erfolgskontrolle bereits recht früh vorgenommen worden waren,[3] gewinnt das Thema mit der Verschiebung von Kosten zwischen den Institutionen der Arbeitsbehörden und der Kommunen in jüngster Zeit an Bedeutung. Immer mehr Kommunen versuchen, mit eigenen Projekten und Modellen die Entlastung der kommunalen Haushalte zu erreichen, indem Leistungen im Bereich der Sozialhilfe eingespart werden. Durch Vergleiche zwischen den Kommunen kommt es beinahe zu einem Wettlauf der lokalen Konzepte, welches der Modelle sich am besten zur Einsparung von Sozialhilfezahlungen eignet.[4]
Zunehmend werden diese kommunalen Initiativen, sei es auf Druck des Gemeinderates, externer Geldgeber oder auch aus eigenem Interesse, einer exter-

---

[1] Vgl. *Fitzenberger/Speckesser* (2000) für eine Übersicht über Maßnahmen der aktiven Arbeitsmarktpolitik in Deutschland und deren Ergebnisse. Die meisten Studien zeigen demnach keine signifikant positiven (teilweise sogar negative) Effekte der aktiven Arbeitsmarktpolitik, wobei die Aussagen mit großer statistischer Unsicherheit getroffen werden.
[2] *Sachverständigenrat zur Begutachtung der gesamtwirtschaftlichen Entwicklung* (1998), Ziffer 432, S. 244.
[3] Siehe beispielsweise die Untersuchung von *Spitznagel* (1985).
[4] Dieser Wettbewerb zwischen den Kommunen aufgrund von Benchmarking wird von *Spindler* (1999) beschrieben.

nen wissenschaftlichen Evaluation unterzogen.[5] Externe Gutachten werden den häufig unterschiedlichen Interessenlagen innerhalb der Kommunen, aber auch zwischen Kommunen und externen Einrichtungen, meist eher gerecht als interne Studien. Aus diesem Grund gibt es mittlerweile Literatur in nennenswertem Umfang, die sich mit der Analyse entsprechender Maßnahmen beschäftigt.

Die Untersuchung kommunaler Programme ist der eigentliche Schwerpunkt dieser Arbeit. Kapitel 2 führt in die Thematik ein, indem zunächst das allgemeine Umfeld kommunaler Beschäftigungspolitik vorgestellt wird. Neben der Darstellung der Entwicklung der Sozialhilfe und der rechtlichen Rahmenbedingungen für die Kommunen wird auch auf das Verhältnis zu den Arbeitsbehörden eingegangen.

In Kapitel 3 werden theoretische Ansätze vorgestellt, die bei einer Evaluierung von arbeitsmarktpolitischen Maßnahmen allgemein herangezogen werden können. In einem ersten Teil werden hierbei mikroökonometrische Verfahren dargestellt, die hauptsächlich in den USA angewendet wurden, um die Wirkung einer Maßnahme auf die Teilnehmer zu messen. Da dort Evaluationen bereits seit längerer Zeit Bestandteil der Bewertung von öffentlichen Programmen sind, hat sich gleichzeitig eine umfassende theoretische Literatur zu dem Thema entwickelt. Im zweiten Teil des Kapitels steht die monetäre Bewertung von Maßnahmen im Rahmen einer Kosten-Nutzen Analyse im Mittelpunkt der Betrachtung. Neben typischen Elementen dieser Analysen werden hier exemplarisch Anwendungen der Methoden in deutschen Kommunen vorgestellt.

In Kapitel 4 werden die Möglichkeiten und Schwierigkeiten der Umsetzung der theoretischen Vorgaben auf eine spezifische Fragestellung anhand zweier Fallstudien dargestellt. Zum einen wird die Evaluation der Mannheimer Arbeitsvermittlungsagentur (MAVA) vorgestellt, in der der Vermittlungserfolg der Institution und die Nachhaltigkeit der Vermittlungen im Vordergrund steht. Eine zweite Fallstudie beschreibt das Vorgehen bei der Kosten-Nutzen Analyse der Kommunalen Leitstelle für Arbeit (KOLA) in Freiburg im Breisgau. Im Rahmen dieser Untersuchung waren maßgeblich die monetären Effekte der Einrichtung für die Kommune von Interesse.

Eine Zusammenfassung in Kapitel 5 schließt die Arbeit ab.

[5] *Eichhorn* (1987) beschreibt den Charakter von externer wissenschaftlicher Beratung: „Das Adjektiv 'wissenschaftlich' deutet darauf hin, daß es sich um eine spezifische Beratung handelt; einfach gesagt: um *eine Beratung, die der Wahrheit verpflichtet ist.*" S. 215, Hervorhebungen im Originaltext.

Teil 2. Allgemeines Umfeld kommunaler Sozialhilfe- und Beschäftigungspolitik

Der starke Anstieg der Arbeitslosigkeit in der Bundesrepublik Deutschland in den letzten Jahren hat auch den Druck auf das unterste soziale Netz, die Sozialhilfe, in erheblichem Maße verstärkt. Besonders die Kommunen als überwiegende Träger der Sozialhilfelasten haben durch diese Entwicklung unter starken finanziellen Belastungen zu leiden. Die Möglichkeiten für die Gemeinden, mit dieser Situation umzugehen, werden vom Bund im Rahmen des Bundessozialhilfegesetzes (BSHG) abgegrenzt. Während der Gestaltungsspielraum für die Kommunen lange Zeit sehr eingeschränkt war und Einsparungen im Bereich der Sozialhilfe daher eher schwer zu erzielen waren, wurde den Gemeinden mit der Reform des BSHG im Jahr 1996 eine umfassendere Möglichkeit zur Gestaltung von aktiver Arbeitsmarktpolitik auf kommunaler Ebene eingeräumt.[6]
Im folgenden Abschnitt werden zunächst die Entwicklungen in der Sozialhilfe in den letzten Jahren vorgestellt, zusammen mit einer Darstellung der wichtigsten Bausteine der Sozialhilfe. In Abschnitt 2.2 folgt eine Darstellung der rechtlichen Basis, auf der die Kommune arbeitslose Sozialhilfeempfänger betreuen und in den Arbeitsmarkt vermitteln kann. Diese Darstellung ist insbesondere im Hinblick auf die zweite Fallstudie von Bedeutung. Mit der engen Verbindung von Sozialhilfe und den Leistungen des Arbeitsamtes beschäftigt sich Abschnitt 2.3, wobei kurz auf die Diskussion einer Kombination von Arbeitslosenhilfe und Sozialhilfe eingegangen wird. Diese Diskussion ist von Bedeutung im Rahmen des in der ersten Fallstudie vorgestellten Modellprojektes zur Zusammenarbeit von Arbeitsamt und Sozialamt.

2.1 Entwicklung der Sozialhilfequoten und der Sozialhilfeausgaben

Die Entwicklung der Zahl der Arbeitslosen und der Zahl der Sozialhilfeempfänger ist eng miteinander verbunden. Mit steigender Zahl der Arbeitslosen steigt auch die Zahl der Personen, die auf Leistungen der Sozialhilfe angewiesen sind. Insbesondere bei Personen unterer Einkommensklassen reicht bei einem Abrutschen in die Arbeitslosenunterstützung der zur Verfügung stehende Betrag oft nicht mehr aus, um finanziellen Verpflichtungen z.B. durch eine Familie nach-

[6] Siehe Gesetz zur Reform des Sozialhilferechts vom 23. Juli 1996; weitere Quellen, in denen dieser erweiterte Handlungsspielraum exemplarisch deutlich wird, sind *Hackenberg/Wagner* (1997) und *Feist/Schöb* (2000).

zukommen. Die Bedarfsgrenze für Leistungen der Sozialhilfe wird trotz der Arbeitslosenunterstützung unterschritten.
Dieser Anspruch auf ergänzende Sozialhilfe ist insbesondere bei Personen mit eher unregelmäßiger Erwerbsgeschichte und geringer Qualifikation relevant. Diese Personengruppe ist nicht nur mit erhöhter Wahrscheinlichkeit von Arbeitslosigkeit betroffen,[7] auch ist das durch die Arbeitslosenunterstützung gewährte Einkommen häufig nicht ausreichend. Im Falle von Arbeitslosigkeit beziehen Personen (ohne Kind) bei Anspruch auf Arbeitslosengeld noch 60 % von einem sogenannten „pauschalierten“ Nettoarbeitsentgelt,[8] bei Anspruch auf Arbeitslosenhilfe[9] sind dies noch 53 % des früheren Nettoarbeitsentgeltes.
Liegt der sich aus dieser Berechnung ergebende Betrag des Nettoeinkommens unter dem Bedarfsniveau der Sozialhilfe, besteht zusätzlich Anspruch auf ergänzende Sozialhilfe. Der durchschnittliche Bedarf für alleinlebende Personen liegt beispielsweise bei 1.181 DM, für ein Ehepaar mit zwei Kindern bei 2931 DM.[10]
Schlecht ausgebildete Personen sind überwiegend in den unteren Einkommensbereichen beschäftigt, was zu einer verstärkten Inanspruchnahme der Sozialhilfe führt. In vielen Fällen besteht zudem kein Anspruch auf Leistungen des Arbeitsamtes, so daß das unterste soziale Netz unmittelbar greifen muß.
Abbildung 1 zeigt den starken Anstieg bei der Arbeitslosigkeit, insbesondere seit Beginn der 90er Jahre. Im gleichen Zeitraum kommt es zu einem Anstieg der Sozialhilfequoten, wobei dies eher die Fortsetzung eines langjährigen Trends seit Anfang der 80er Jahre ist.
Hinsichtlich der Anzahl der Sozialhilfeempfänger ist ein deutlicher Anstieg in den 1980er Jahren zu verzeichnen, als die Zahl von ca. 850.000 Personen im Jahr 1980 auf ca. 1,7 Mio. im Jahr 1989 anwuchs. Nach der Wiedervereinigung Deutschlands, die in der Statistik des Statistischen Bundesamtes ab dem Jahr 1991 berücksichtigt ist, kam es wiederum zu einem deutlichen Zuwachs: von ca. 2,04 Mio. auf ca. 2,89 Mio. Personen in den Jahren 1991 bis 1997.

---

[7] Für eine zusammenfassende Darstellung der Entwicklung hin zu Arbeitsplätzen für besser ausgebildete Arbeitnehmer, dem sogenannten „skill shift“, siehe *Sunde/Thalmaier/Zimmermann* (1999).

[8] Vom Bruttoarbeitsentgelt, das die Person in den letzten 52 Wochen vor der Entstehung des Anspruches auf Arbeitslosenentgelt durchschnittlich wöchentlich erzielt hat, werden die gesetzlichen Abzüge bei Arbeitnehmern (wie z.B. Steuern und Sozialversicherungsbeiträge) berücksichtigt. Daraus ergibt sich das „pauschalierte“ Nettoarbeitsentgelt. Vgl. hierzu §§ 129-139 SGB III.

[9] Zur Höhe der Arbeitslosenhilfe vgl. §§ 195-206, 324-325 SGB III.

[10] Früheres Bundesgebiet, Stand 1.7.1999. Dieser Betrag setzt sich zusammen aus den jeweiligen Regelsätzen, der Kaltmiete, den Heizkosten sowie einmaligen Leistungen. Vgl. *Breuer/Engels* (1999), S. 25. Zuschüsse durch die Bundesländer beim Pauschalierten Wohngeld sind nicht berücksichtigt, es wird lediglich die Bedarfsgrenze aufgezeigt.

Abbildung 1: Sozialhilfe- und Arbeitslosenquoten Deutschland, in Prozent, 1963-1997

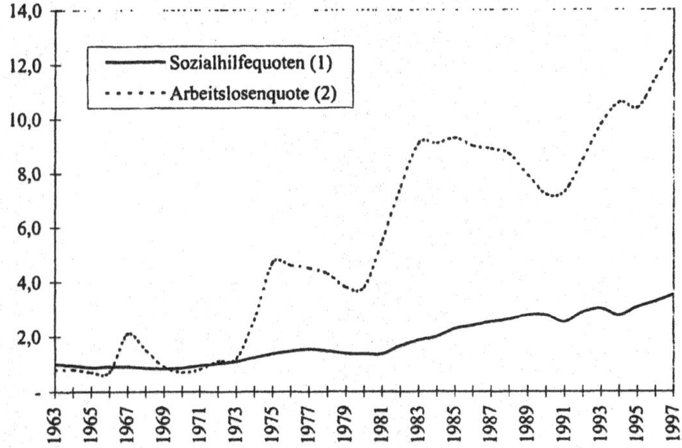

Quelle: Statistisches Bundesamt; (1) Anteil der Sozialhilfebezieher an der Bevölkerung; (2) Arbeitslose in % der abhängigen Erwerbspersonen (ohne Soldaten). Bis einschl. 1990: Früheres Bundesgebiet, ab 1991: Deutschland. Einführung des Asylbewerberleistungsgesetzes im November 1993.

Ähnlich verläuft die Entwicklung hinsichtlich der Ausgaben für die Sozialhilfe auf der Seite der Kommunen. Abbildung 2 zeigt die Entwicklung der Ausgaben für die laufende Hilfe zum Lebensunterhalt als prozentualen Anteil an den kommunalen Ausgaben. Nach einem beinahe stetigen Anstieg bis Anfang der 1990er Jahre kam es zwar zu einem vorübergehenden Rückgang in den Anteilen, was jedoch maßgeblich mit Gesetzesänderungen[11] zu erklären ist. Seit Mitte der neunziger Jahre kommt es wieder zu einem deutlichen Anstieg auf ca. 6,3 %. Auch die Bruttoausgaben[12] für Sozialhilfe haben in den letzten Jahrzehnten einen deutlichen Anstieg erfahren. Nach gesamten Sozialhilfeausgaben von 1,86

---

[11] Mit Einführung des Asylbewerberleistungsgesetzes im Jahr 1994 wechselten beispielsweise rund 450.000 Personen aus der Sozialhilfe in das Asylbewerberleistungsrecht. In den darauffolgenden Jahren kam es dennoch zu einem weiteren Anstieg bei den Sozialhilfezahlen.

[12] Um die Nettoausgaben zu berechnen werden die Bruttoausgaben um die Einnahmen bereinigt. Unter Einnahmen fallen insbesondere Erstattungszahlungen durch andere Sozialleistungsträger (1998: 7,4 % der Bruttoausgaben) sowie Kostenbeitrag bzw. Aufwendungsersatz der Leistungsbezieher oder ihrer Angehörigen an (1998: 2,1 %). Zusammen mit weiteren, kleineren Einnahmequellen ergibt sich ein Einnahmeanteil an den Bruttoausgaben von 11,9 %. Vgl. hierzu *Breuer/Engels* (1999), S. 19.

Mrd. DM im Jahr 1963 lagen sie zehn Jahre später (1973) mit 5,66 Mrd. DM schon bei etwa dreifacher Höhe. Zu einer erneuten Verdreifachung kam es in den folgenden zehn Jahren, als im Jahr 1983 17,6 Mrd. DM an Gesamtausgaben aufgewendet werden mußten. Im Jahr 1998 erreichten diese Ausgaben schließlich die Höhe von 45 Mrd. DM, wobei 39,4 Mrd. DM auf das frühere Bundesgebiet und 5,6 Mrd. DM auf die neuen Bundesländer und Berlin-Ost entfielen.[13]

Abbildung 2: Entwicklung der Ausgaben für Laufende Hilfe zum Lebensunterhalt, in Prozent der kommunalen Ausgaben, 1963-1997

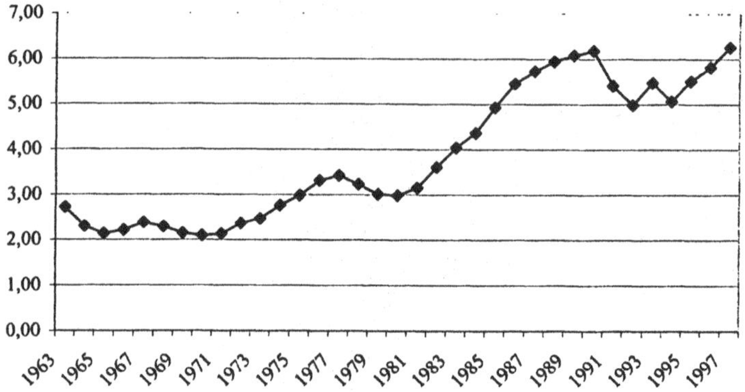

Quelle: Statistisches Bundesamt. Bis einschl. 1990: Früheres Bundesgebiet, ab 1991: Deutschland. Ausgaben von Gemeinden und Gemeindeverbänden einschl. kaufmännisch buchende Krankenhäuser.

Ein bedeutender Teil der Sozialhilfeempfänger ist aufgrund von Arbeitslosigkeit auf die Leistungen der Kommunen angewiesen. Die Empfänger von Sozialhilfe stellen somit ein erhebliches Arbeitskräftepotential dar, wobei die Leistungen für diese Personengruppe durch Vermittlung auf den Arbeitsmarkt bei den Kommunen eingespart werden könnten. In einer Modellrechnung für 18- bis 59jährige Sozialhilfeempfänger zum Jahresende 1997 kommt das Statistische Bundesamt zu dem Ergebnis, daß mit ca. 1 Mio. Personen (Vgl. Tabelle 1) beinahe ein Drittel der Hilfeempfänger wegen Arbeitslosigkeit Sozialhilfe beziehen und in den ersten Arbeitsmarkt vermittelt werden könnten.[14] Aus dieser Zahl

[13] Die reinen Ausgaben beliefen sich gemäß *Breuer/Engels* (1999) und der oben beschriebenen Abgrenzung auf 39,7 Mrd. DM.

[14] Zu einem ähnlichen Ergebnis kommen die Berechnungen der Bundesregierung, die einen durchschnittlichen Anteil arbeitsfähiger Hilfeempfänger in den Bundesländern von ca. 29 %

ergibt sich ein gewaltiges Einsparpotential, das die Kommunen bei zunehmend angespannter Haushaltssituation in steigendem Maße zu nutzen versuchen.

Tabelle 1: Schätzung des Arbeitskräftepotentials der Sozialhilfeempfänger zum Jahresende 1997

Empfänger von Sozialhilfe im engeren Sinne[15]	**2.893.000**
./. Minderjährige	1.077.000
./. Personen über 60 Jahre	269.000
= Personen im Alter von 18-59 Jahren	**= 1.548.000**
./. Nichterwerbstätig wg. Häuslicher Bindung	265.000
./. Nichterwerbstätig wg. Krankheit, Behinderung, Arbeitsunfähigkeit[16]	109.000
= (Brutto)Arbeitskräftepotential	**= 1.174.000**
./. Erwerbstätige (Voll- und Teilzeit)	133.000
./. Nichterwerbstätig wg. Aus- und Fortbildung	44.000
= (Netto)Arbeitskräftepotential	**= 996.000**

Quelle: Statistisches Bundesamt, Internet (http://www.bma.de/de/sozialhilfe/stabu.xls, Stand November 2000).

2.2 Die rechtlichen Rahmenbedingungen

2.2.1 Rahmenbedingungen der Sozialhilfe

(1) Bestandteile der Sozialhilfe

Die Sozialhilfe nach dem gegenwärtigen System gliedert sich in zwei Teilbereiche: die *Hilfe zum Lebensunterhalt* (§§ 11-26 BSHG) und die *Hilfe in besonderen Lebenslagen* (§§ 27-75 BSHG). Beide Leistungen können auch gleichzeitig bezogen werden. Die Hilfen zum Lebensunterhalt lassen sich wiederum in zwei Teilbereiche gliedern, in die laufende Hilfe zum Lebensunterhalt und die einma-

(zum Jahresende 1994) berechnen. Die Werte schwanken hier zwischen 20,2 % (Bayern) und 35,2 % (Mecklenburg-Vorpommern). Siehe *Deutscher Bundestag* (1998), S. 6.

[15] Empfänger von laufender Hilfe zum Lebensunterhalt außerhalb von Einrichtungen.

[16] Die Zuordnung zum jeweiligen Personenkreis, der wegen der genannten Kriterien keiner Erwerbstätigkeit nachgehen kann, erfolgt maßgeblich aufgrund der Selbsteinschätzung des Hilfeempfängers.

ligen Hilfen zum Lebensunterhalt. Da grundsätzlich alle Gesellschaftsmitglieder Zugang zu sämtlichen aufgeführten Leistungen haben, stellt die Sozialhilfe de facto eine Grundsicherung dar.[17]
Die Höhe der Zahlungen im Rahmen der *laufenden Hilfe zum Lebensunterhalt* hängt ab von der Höhe des Regelsatzes, des Mehrbedarfs, sowie des Aufwandbedarfs wie Unterkunft und Heizung. Die laufenden Leistungen des Regelsatzes dienen dazu, den „Regelbedarf" zu decken; dieser ist in einer vom Bund erlassenen Verordnung (Regelsatz-Verordnung) definiert. Die konkrete Höhe wird auf dieser Grundlage von der jeweiligen Behörde in den einzelnen Bundesländern jeweils zum 1. Juli eines Jahres festgelegt. Hierbei wird ein sogenannter „Eckregelsatz" festgelegt, der für Haushaltsvorstände und alleinstehende Hilfeempfänger gilt. Die Regelsätze für die anderen Haushaltsangehörigen ergeben sich als prozentualer Anteil von diesem Eckwert. Für einige Gruppen wird aufgrund ihrer besonderen Lebensumstände ein Mehrbedarf nach § 23 BSHG anerkannt. Hierzu gehören beispielsweise ältere Menschen, werdende Mütter oder behinderte Personen. Des weiteren werden Kosten für Unterkunft und Heizung in angemessener Höhe gewährt.
Die Bewilligung von *einmaligen Leistungen* orientiert sich am Bedarf der Hilfeempfänger, der in den Bereichen des Lebens entsteht, die in § 21 Abs. 1a BSHG definiert sind. Hierzu zählen beispielsweise die Instandsetzung von Bekleidung, Wäsche und Schuhen, Beschaffung von Brennstoffen im Winter oder besonderer Lernmittel für Schüler. Auf diese Leistungen besteht ein grundsätzlicher Anspruch des Hilfeempfängers, so daß zahlreiche Leistungen automatisch und pauschaliert erfolgen. Dieses Vorgehen erspart die Formulierung und Bearbeitung von zahlreichen Einzelanträgen.
Der zweite große Bereich der Leistungen der Sozialhilfe stellt die *Hilfe in besonderen Lebenslagen* dar. Diese Leistungen erlauben dem Sozialhilfeträger, flexibel auf neu auftretende Notlagen in Einzelfällen reagieren zu können. Beispiele für Notlagen sind u.a. Unfall oder Krankheit, Betreuung von Behinderten, Altenhilfe oder Mutterschaft. Im Rahmen der aktiven Arbeitsmarktpolitik ergeben sich in diesem Bereich der Leistungen kaum Handlungsmöglichkeiten, da die beschriebenen Notlagen eine Einstufung als arbeitsfähig weitgehend verhindern. Daher stehen im Folgenden lediglich die Leistungen der *Hilfen zum Lebensunterhalt* im Mittelpunkt der Betrachtung.

(2) Hilfe zur Arbeit

Die Grundlage für sämtliche Aktivitäten der aktiven Arbeitsmarktpolitik auf kommunaler Ebene sind die §§ 18 bis 20 BSHG. Hier werden sowohl die Pflichten der Hilfeempfänger als auch die Möglichkeiten zur Förderung dieser Perso-

---

[17] Zur genauen Abgrenzung des Begriffs der Grundsicherung siehe *Kaltenborn* (1998), S. 15 ff.

nen festgelegt. Zu diesen Paragraphen sind zusätzlich der § 25 BSHG, der die Sanktionsmöglichkeiten des Sozialhilfeträgers bei der Verweigerung der Arbeitsaufnahme definiert, sowie der § 30 BSHG, der Hilfe beim Aufbau einer Lebensgrundlage ermöglicht, zu nennen. Mit dem „Gesetz zur Reform des Sozialhilferechts", das am 1.8.1996 in Kraft trat, wurden die genannten Paragraphen deutlich reformiert. Sozialhilfeempfängern mit Problemen in der Vermittlung in den ersten Arbeitsmarkt werden verstärkte Hilfsmöglichkeiten angeboten.[18] Gleichzeitig werden Gemeinden, die unter den steigenden Lasten durch die Sozialhilfeausgaben zu leiden hatten, geradezu aufgefordert, aktiv in die Vermittlung arbeitsloser Hilfeempfänger einzugreifen.

Gemäß § 18 BSHG ist demnach jeder arbeitsfähige Sozialhilfeempfänger grundsätzlich verpflichtet, seinen Lebensunterhalt durch Arbeit zu bestreiten. Gelingt ihm dies trotz Bemühungen nicht, besteht die Verpflichtung, Arbeitsangebote des Sozialamts anzunehmen, die entsprechend den §§ 19 bzw. 20 BSHG bereitgestellt werden. Mit Priorität werden Vermittlungen in reguläre Arbeitsverhältnisse (§ 18 Abs. 2 BSHG) behandelt. Seit am 1.8.1996 die neuen Absätze 4 und 5 des § 18 BSHG in Kraft traten, ist explizit die Gewährung von Lohnkostenzuschüssen erwähnt.[19] Diese Zuschüsse sind nicht an die Kriterien der Zusätzlichkeit und Gemeinnützigkeit gebunden, wie das bei den Maßnahmen nach § 19 der Fall ist.

Der Einsatz der persönlichen Arbeitskraft hat zu erfolgen, wenn die Tätigkeit nach § 18 Abs. 3 BSHG zumutbar ist. Von dieser Verpflichtung zur Arbeit ist nach § 18 Abs. 3 S.1-4 BSHG der Fall ausgenommen, in dem die angebotene Arbeit für den Hilfesuchenden unzumutbar ist oder seine körperlichen oder geistigen Fähigkeiten übersteigt. Ein Arbeitsangebot kann auch abgelehnt werden, wenn durch die Ausübung dieser Tätigkeit die künftige Ausübung der bisherigen Tätigkeit erschwert würde. Hiermit sind insbesondere Tätigkeiten gemeint, die die zukünftige Ausübung wegen ihrer besonderen Eigenart erschweren, wie beispielsweise grobe Handwerksarbeiten bei einem Uhrmacher oder lärmreiche Arbeiten bei einem Musiker.[20]

Teil der Gruppe der arbeitsfähigen Sozialhilfeempfänger, die für eine Vermittlung in Frage kommen, sind Alleinerziehende.[21] Bei alleinerziehenden Personen ist neben der persönlichen Situation der Antragsteller auch die Versorgung des

[18] Vgl. *Hackenberg/Wagner* (1999) sowie das *Gesetz zur Reform des Sozialhilferechts* vom 23.6.1996.

[19] Siehe hierzu auch *Böckmann-Schewe/Röhrig* (1997), S. 19.

[20] Vgl. *Brühl* (1998).

[21] Nach Angaben des Statistischen Bundesamtes entfielen 1997 fast ein Drittel (27 %) der Sozialhilfeausgaben auf Alleinerziehende. Hieraus ergibt sich, bei erfüllten Voraussetzungen für die Aufnahme einer Beschäftigung, großes Einsparpotential für die Kommunen. *Statistisches Bundesamt*, Internet (http://www.bma.de/de/sozialhilfe/stabu.xls, Stand November 2000).

Kindes oder der Kinder entscheidend. Sind die Kinder zu jung (unter 3 Jahren) oder ist ein Antragsteller für die Erziehung von 3 oder mehr Kindern verantwortlich, gilt normalerweise ebenfalls die Ausnahme von der Verpflichtung zur Arbeit nach § 18 Abs. 3 S. 1-4 BSHG. Eine Tätigkeit gilt andernfalls auch nur dann als verpflichtend, wenn die Versorgung des Kindes in einer entsprechenden Tageseinrichtung oder einer Tagespflege sichergestellt ist.
Ein *Hilfeempfänger* ist gemäß § 19 bzw. § 20 BSHG zu einer Arbeitsaufnahme verpflichtet, wenn er nicht selbst Arbeit findet. Insbesondere jungen Menschen soll durch diese vorübergehenden Arbeitsgelegenheiten ein späterer Berufseinstieg erleichtert werden. Der *Sozialhilfeträger* ist nach § 19 Abs. 1 BSHG verpflichtet, für diesen Personenkreis Arbeitsgelegenheiten in gemeinnütziger und zusätzlicher Arbeit zur Verfügung zu stellen. Diese Arbeitsgelegenheiten sollen vorübergehend und für eine bessere Eingliederung in den Arbeitsmarkt geeignet sein. Normalerweise sind diese Beschäftigungsverhältnisse sozialversicherungsrechtlich abgesichert.[22]
Wird für den Hilfesuchenden nach § 19 Abs. 2 BSHG Gelegenheit zu gemeinnütziger und zusätzlicher Arbeit geschaffen, kann ihm entweder das übliche Arbeitsentgelt (Entgeltvariante) oder Hilfe zum Lebensunterhalt zuzüglich einer angemessenen Entschädigung für Mehraufwendungen (Mehraufwandsvariante oder auch Mehraufwandsentschädigungsvariante) gewährt werden. Zusätzlich ist nur die Arbeit, die sonst überhaupt nicht, nicht in diesem Umfang oder nicht zu diesem Zeitpunkt verrichtet werden würde. Von der Erfordernis der Zusätzlichkeit kann im Einzelfall abgesehen werden, wenn dadurch die Eingliederung in das Arbeitsleben besser gefördert wird oder dies nach den besonderen Verhältnissen des Leistungsberechtigten und seiner Familie geboten ist.
Die erste Alternative des Absatzes 2 sieht privatrechtliche Arbeitsverhältnisse mit dem üblichen Arbeitsentgelt vor. Hierbei handelt es sich um eine sozialversicherungsrechtlich abgesicherte Beschäftigung. Die zweite Alternative des § 19 Abs. 2 BSHG ist die öffentlich-rechtliche Ausgestaltung der Beschäftigung mit Hilfe zum Lebensunterhalt zuzüglich einer angemessenen Entschädigung für Mehraufwendungen. Mit dieser Alternative wird weder ein Beschäftigungsverhältnis im Sinne des Arbeitsrechts noch des Sozialversicherungsrechts begründet.
Sollten für einen Hilfeempfänger vorbereitende Förderungen erforderlich sein, sind diese im Einzelfall nach § 20 BSHG zu gewähren. Auch diese vorbereitende Tätigkeit ist gemäß Alternative 2 (Mehraufwandsvariante) zu realisieren. Im Rahmen dieser Tätigkeiten wird der Einsatz der Arbeitskraft der Hilfeempfänger weniger als ein wirtschaftliches, sondern vielmehr als ein persönliches Problem des Hilfesuchenden verstanden.[23]

---

[22] Siehe hierzu *Fuchs* (1999), S. 16.
[23] Vgl. hierzu *Mäder* (1994), S.626.

Weigert sich ein Hilfeempfänger, eine ihm zumutbare Arbeit anzunehmen, führt das vom Grundsatz her zum Verlust des Anspruchs auf Hilfe zum Lebensunterhalt. Dies kann gemäß § 25 Abs. 1 BSHG mittels einer schrittweisen Kürzung der Leistungen bis hin zum Einstellen der Zahlungen (§ 25 Abs. 2 BSHG) geschehen.
Personen, denen eine ausreichende wirtschaftliche Lebensgrundlage fehlt oder bei denen sie gefährdet ist, kann gemäß § 30 BSHG Hilfe gewährt werden. Die Hilfe soll dazu dienen, den Aufbau oder die Sicherung einer Lebensgrundlage durch eigene Tätigkeit zu ermöglichen. Die Hilfe soll in der Regel nur gewährt werden, wenn dem Hilfesuchenden sonst voraussichtlich Hilfe zum Lebensunterhalt gewährt werden müßte.
Anhand einer Befragung des Deutschen Städtetages wird deutlich, wie die Kommunen auf die einzelnen Instrumente der aktiven Arbeitsmarktpolitik nach BSHG zurückgreifen. Die Ergebnisse stammen aus einer Untersuchung des Deutschen Städtetages aus dem Jahr 1998, in die 209 Mitgliedsstädte einbezogen wurden.[24] Demnach sind 50 % der Beschäftigungsverhältnisse sozialversicherungsrechtlich abgesichert, wobei in 16 % der Fälle eine Beschäftigung nach § 19 Abs. 1 BSHG vorlag, in 34 % der Fälle eine Beschäftigung nach § 19 Abs. 2 BSHG, erste Alternative. 44 % der Tätigkeiten erfolgten im Rahmen von § 19 Abs. 2 BSHG, zweite Variante, 6 % nach § 20 BSHG.

2.2.2 Rahmenbedingungen der Aktiven Arbeitsmarktpolitik der Arbeitsbehörden

Aufgrund der teilweise engen Zusammenarbeit zwischen Sozialämtern und Arbeitsbehörden auf kommunaler Ebene sollen an dieser Stelle auch die Instrumente der Arbeitsförderung vorgestellt werden, mit denen die Arbeitsämter arbeitslose Personen in Beschäftigung zu vermitteln versuchen. Die Kooperation zwischen den beiden Institutionen Sozialamt und Arbeitsamt wird auch wegen der großen Überschneidung hinsichtlich der zu betreuenden Personen zunehmend verstärkt (Vgl. hierzu Kapitel 2.3).
Grundlage für die Aktive Arbeitsmarktpolitik ist das SGB III, das am 1. Januar 1998 in Kraft getreten ist. Gemäß SGB III soll, anders als im vorher gültigen Arbeitsförderungsgesetz (AFG), eher eine vorausschauende und aktive Arbeitsmarktpolitik betrieben werden. Im Rahmen des AFG hatte eher die Absicherung der Arbeitslosen im Vordergrund gestanden.[25] Im SGB III wird die Unterstützungsfunktion der Arbeitsförderung stärker betont, d.h. Arbeitslose sollen verstärkt in eine Beschäftigung vermittelt werden. Neben den traditionellen Instru-

---

[24] Von 262 befragten Städten antworteten 209; das entspricht einer Rücklaufquote von ca. 80 %. Vgl. *Fuchs* (1999).
[25] Siehe hierzu *Bundesministerium für Arbeit und Sozialordnung* (1998).

menten sind somit neue Ansätze notwendig, um eine schnellere Eingliederung in den ersten Arbeitsmarkt zu gewährleisten. Die Hilfe zur Selbsthilfe für den Einzelnen soll hierbei verstärkt gefördert werden. Im folgenden sollen die wichtigsten Bereiche der Aktiven Arbeitsmarktpolitik kurz vorgestellt werden.
Um arbeitslosen Menschen den Einstieg in den Arbeitsmarkt zu erleichtern, sind *Eingliederungszuschüsse* vorgesehen (§§ 217 ff. SGB III).[26] Diese Förderung von Beschäftigung in Form von Arbeitgeberzuschüssen gilt auch für befristete Arbeitsverhältnisse, wobei die Dauer der Beschäftigung doppelt so lange sein muß wie die der Förderung. Neu findet sich im SGB III die Möglichkeit für einen *Einstellungszuschuß bei Neugründungen* (§§ 225 ff. SGB III), die einerseits den Existenzgründern in Form günstiger Arbeitnehmer zugute kommen soll, andererseits soll aber auch den Arbeitslosen der Einstieg in eine berufliche Tätigkeit erleichtert werden.
Eine wichtige Rolle nimmt die *berufliche Weiterbildung* nach §§ 77 ff. SGB III ein. Gegenüber dem AFG wird der Spielraum für die Arbeitsämter deutlich ausgeweitet, Bildungsangebote werden in einem weiteren Umfang anerkannt. Auch die teils starre Einteilung der Förderungsmaßnahmen wird flexibler gestaltet, eine Unterscheidung in Maßnahmen der Fortbildung (mit abgeschlossener Berufsausbildung) und Umschulung (in eine andere Tätigkeit) wird nicht mehr getroffen. Entscheidend ist vielmehr die Notwendigkeit für eine bestimmte Maßnahme der beruflichen Weiterbildung für die Chancen auf dem Arbeitsmarkt der betreffenden Person, unabhängig von der Einteilung in eine bestimmte Kategorie. Neben den „klassischen" Maßnahmen der beruflichen Weiterbildung und der Lohnkostenzuschüsse verfügen die Arbeitsämter mit den *Trainingsmaßnahmen* (§§ 48 ff. SGB III) über ein neues, kurzfristig einsetzbares Instrument der Arbeitsförderung. Während der Maßnahmen wird weiterhin Arbeitslosengeld bzw. –hilfe gewährt, so daß nicht erst Leistungen bewilligt werden müssen und evtl. Restriktionen hinsichtlich der Haushaltsmittel unterliegen. Hierbei handelt es sich eher um kurze Maßnahmen (längstens acht Wochen).
Ein zentrales Instrument der aktiven Arbeitsförderung ist die direkte *Vermittlung* in den ersten Arbeitsmarkt (§§ 29 ff. SGB III). Hierzu gehört u.a. die Gewinnung von Ausbildungs- und Arbeitsplätzen für arbeitslose Personen. Sollte eine direkte Vermittlung von Hilfeempfängern nicht möglich sein, besteht die Möglichkeit der Förderung von Arbeitslosen über *Arbeitsbeschaffungsmaßnahmen (ABM)* nach §§ 260-271 SGB III. Diese Förderung hat zum Ziel, die arbeitslosen Personen über eine Beschäftigung im sogenannten Zweiten Arbeitsmarkt für eine ungeförderte Beschäftigung zu qualifizieren. Arbeitslose finden im Rahmen der ABM zunächst eine vorübergehende Tätigkeit, innerhalb derer Arbeiten im öffentlichen Interesse erledigt werden können. Ziel der Maßnahme ist es, die

[26] Vgl. im folgenden *Bundesministerium für Arbeit und Sozialordnung* (1998, 2000).

Aussichten auf eine dauerhafte Anstellung im Anschluß an die vorübergehende Beschäftigung zu steigern.

2.3 Ansätze zur Kooperation zwischen Sozialamt und Arbeitsamt

Im System der sozialen Sicherung in der Bundesrepublik Deutschland gibt es theoretisch betrachtet eine klare Aufteilung zwischen der Arbeitslosenversicherung als Teil der Sozialversicherung und der Sozialhilfe als Teil des steuerfinanzierten Transferleistungssystems zur Absicherung gegen Risiken, unter anderem gegen das Risiko der Erwerbslosigkeit. Arbeitslose werden demnach durch das Sicherungssystem der Arbeitslosenversicherung (einschließlich der Maßnahmen der aktiven Arbeitsmarktpolitik) aufgefangen. Die Sozialhilfe dient in ihrer eigentlichen Rolle lediglich als unterstes soziales Netz. Diese Aufgabenverteilung zwischen den Institutionen der Arbeitsbehörden und den kommunalen Sozialämtern war bei Inkrafttreten des BSHG im Jahre 1962 nachvollziehbar. Mit der Entwicklung des Arbeitsmarktes in den 1980er und 90er Jahren änderte sich jedoch diese klare Verteilung der Zuständigkeiten, es kam vielmehr zu Verlagerungen von arbeitslosen Personen von einer Institution in die andere.
Lange Zeit war eine Tendenz zur „Kommunalisierung der Arbeitslosigkeit“ zu beobachten, d.h. es kam zu einer Verlagerung der Kosten auf die Kommunen. Neben anderen Entwicklungen führte insbesondere die Reform des BSHG im Jahre 1996 zu einer umgekehrten Kostenverlagerung, von den Kommunen zurück zu den Arbeitsämtern. Diese institutionalisierte Abwälzung von Verantwortung auf ein anderes Hilfesystem ist auch unter dem Begriff „Politik der Verschiebebahnhöfe“ bekannt geworden.[27] Insgesamt lassen sich drei Prozesse nennen, die die ineffiziente Politik der Umverteilung zwischen verschiedenen Institutionen verdeutlichen.[28]

- *Kommunen* finanzieren sozialversicherungspflichtige Beschäftigungsverhältnisse, so daß die Hilfeempfänger im Anschluß Leistungen nach SGB III erhalten und im Folgenden von der Arbeitsverwaltung betreut werden (Vgl. Abschnitt 2.2.2, Maßnahmen nach § 19 Abs. 2 BSHG, erste Alternative).
- Der *Bund* versucht durch bevorzugte Betreuung seiner Klientel Einsparungen auf Kosten der Hilfeempfänger vorzunehmen, die ganz oder teilweise von den Kommunen finanziert werden. Des weiteren wird versucht, über Gesetzesänderungen wie z.B. der Befristung der originären Arbeitslosenhilfe Kosten auf die Kommunen zu verlagern.

---

[27] Siehe hierzu etwa *Sell* (1999) oder *Berthold/Thode/von Berchem* (2000).
[28] Vgl. hierzu *Sell* (1999), S. 28.

- Bei den *Versicherungen* wie der Arbeitslosenversicherung kommt es zu Beitragsmindereinnahmen, wenn die Beiträge nicht mehr an der früheren Höhe des Arbeitsentgeltes ausgerichtet werden, sondern nur noch anteilig erfolgen. Durch diese Einsparung auf seiten der Bundesanstalt für Arbeit (bzw. beim Bund) kommt es zu einer Kostenverlagerung auf die Versicherungsträger.

Im folgenden werden ausschließlich die Interdependenzen zwischen Arbeitsverwaltung und Kommunen betrachtet. Bei der Verlagerung von Zuständigkeiten von den Arbeitsämtern auf die kommunale Ebene der Sozialämter kommt es nicht nur zu einer Umschichtung von Kosten, sondern auch von Aufgaben. Von den Kommunen muß nicht nur zunehmend die Grundversorgung für Personen sichergestellt werden, die eigentlich zum produktiven bzw. erwerbsfähigen Teil der Bevölkerung zählen,[29] zusätzlich müssen auch immer mehr Aufgaben hinsichtlich der Betreuung und Vermittlung von Hilfeempfängern übernommen werden, die eigentlich den Arbeitsämtern zustehen.[30]

Zwischen den Personen, die als arbeitsfähige Hilfeempfänger bei den Sozialämtern registriert sind, und den Personen, die von den Arbeitsämtern betreut werden, besteht eine große Überschneidung.[31] Wie in Abschnitt 2.2.2 dargestellt wurde, müssen Empfänger von Sozialhilfe gemäß BSHG nach Möglichkeit ihre Arbeitskraft einsetzen, um ihren Lebensunterhalt zu bestreiten. Grundsätzlich müssen arbeitslose Sozialhilfeempfänger daher auch beim Arbeitsamt gemeldet sein und ihren laufenden Meldepflichten nachkommen. Sowohl Arbeitsamt als auch Sozialamt bemühen sich daher parallel, jedoch mit unterschiedlichen Instrumenten, darum, die Hilfeempfänger in eine Tätigkeit zu vermitteln. § 18 Abs. 2 BSHG fordert hierzu, daß „die Träger der Sozialhilfe und die Dienststellen der Bundesanstalt für Arbeit [...] hierbei zusammenwirken" sollen.

Diese Annäherung zwischen den Institutionen ist kein neues Thema in der politischen Diskussion, dennoch wird weiter über eine Annäherung von Sozialhilfe und Arbeitslosenhilfe diskutiert.[32] Nach Ansicht des Bundesministers für Arbeit

[29] Vgl. hierzu *Freidinger/Schindler* (1996) und ihrer Analyse der Kostenverlagerung auf Städte und Gemeinden.

[30] Dieser Aspekt wird beispielsweise von *Priester/Klein* (1992) behandelt. *Wilk* (1997b) beschreibt, wie unterschiedlich Kommunen auf diese neuen Herausforderungen reagieren.

[31] Grundsätzlich muß jeder Sozialhilfeempfänger, der wegen Arbeitslosigkeit Sozialhilfe bezieht, auch beim Arbeitsamt gemeldet sein, was normalerweise auch regelmäßig überprüft wird. Ausgehend vom Nettoarbeitskräftepotential, das durch das Statistische Bundesamt geschätzt wurde (vgl. Abschnitt 2.1), sind ca. 70 % der arbeitslosen Sozialhilfeempfänger als arbeitslos beim Arbeitsamt registriert.

[32] Für einen exemplarischen Vorschlag der Integration der Sozialhilfe in die Arbeitsverwaltung siehe *Hackenberg/Wagner* (1997); *Sell* (1999) entwirft als Lösung des Schnittstellenproblems zwischen Arbeitsamt und Sozialamt das Profil des „Case Managers" und des „Netzwerkkoordinators"; Für die Effektivität der Kooperation der beiden Institutionen siehe beispielsweise *Schulze-Böing/Johrend* (1994).

und Sozialordnung, Riester, wird die Vermittlung in eine Beschäftigung erschwert, wenn Arbeitslose zwischen den beiden Sozialleistungen wechseln.[33] Die Einteilung in „Arbeitslose erster und zweiter Klasse“[34] und damit einhergehende Stigmatisierungseffekte sollen vermieden werden. Die CDU hält eine Zusammenführung der beiden Leistungen insbesondere vor dem Hintergrund von Mehrarbeit in den Ämtern und daraus resultierenden unnötigen Verwaltungskosten als für sinnvoll. Hinzu komme eine gestiegene Transparenz bei Betroffenen und Mitarbeitern der Behörden, was die verschiedenen Transferleistungen und arbeitsmarktpolitischen Hilfen angeht.[35]
Gegen das gegenwärtige System, das Sozialhilfe und Arbeitslosenhilfe nebeneinander bestehen läßt, werden noch weitere Argumente angeführt.[36] Während das Arbeitslosengeld auf zwölf Monate begrenzt ist,[37] kann die Arbeitslosenhilfe als nettolohnproportionale Lohnersatzleistung ohne zeitliche Befristung bezogen werden. Hierbei wird die Frage aufgeworfen, ob nach einem gewissen Zeitraum eine Anpassung an den realen Wert des Arbeitsuchenden auf dem Arbeitsmarkt angebracht wäre. Ein weiteres Argument gegen die Arbeitslosenhilfe in ihrer derzeitigen Form zielt wiederum auf die Nettolohnproportionalität. Insbesondere bei unteren Einkommen kann es recht schnell passieren, daß das Einkommen unter dem Existenzminimum liegt, was eine Aufstockung durch ergänzende Sozialhilfe erforderlich macht.
Die Überschneidung in den Zuständigkeiten zwischen den beiden Behörden wird deutlich, wenn Arbeitslosenhilfe durch Sozialhilfe ergänzt werden muß. Bezieht eine Person Arbeitslosenhilfe wird ihre Bedürftigkeit zunächst durch das Arbeitsamt überprüft. Liegen diese Transferzahlungen unter dem soziokulturellen Existenzminimum und besteht Anspruch auf ergänzende Sozialhilfe, muß eine zusätzliche, nunmehr sozialhilferechtliche Bedürftigkeitsprüfung vorgenommen werden. Dies führt zu einer erheblichen Doppelarbeit und Doppelbürokratie in der Sozial- und Arbeitsverwaltung.[38]
Obwohl eine Zusammenfassung von Sozialhilfe und Arbeitslosenhilfe gegenwärtig nicht geplant ist, soll doch die Zusammenarbeit von Sozialamt und Arbeitsamt nachhaltig verbessert werden.[39] Um dieses Ziel zu erreichen, bestehen derzeit einige Modellprojekte, in denen diese Zusammenarbeit zwischen den Institutionen erprobt werden soll. Beispiele für gemeinsame Aktivitäten im Be-

[33] *O.V.* (1999a).
[34] *O.V.* (1999b).
[35] *O.V.* (1999c).
[36] Vgl. im folgenden *Sell* (1999).
[37] Die maximal mögliche Bezugsdauer von Arbeitslosengeld liegt heute bei zwei Jahren und acht Monaten für Arbeitslose ab dem 57. Lebensjahr. Vgl. hierzu § 127 II SGB III.
[38] Siehe hierzu *Berthold/Thode/von Berchem* (2000).
[39] Vgl. *Deutscher Bundestag* (1999).

reich der aktiven Arbeitsmarktpolitik sind etwa die gemeinsame Planung und Durchführung von Eingliederungsprojekten, der Einsatz von Koordinatoren für die Organisation von Arbeitsbeschaffungs- und Strukturanpassungsmaßnahmen, einheitliche Zugangsstellen oder die Verknüpfung von Leistungen nach SGB III (Arbeitsamt) und BSHG (Sozialamt) in Form von Kombi- bzw. Aufstockungsförderung.[40] In zwei bis drei Bundesländern soll die Zusammenlegung von Arbeitslosenhilfe und Sozialhilfe zunächst erprobt werden, wenngleich für eine vollständige Integration keine konkreten Pläne vorliegen.

[40] *Deutscher Bundestag* (1999), S. 2.

Teil 3. Theoretische Grundlagen

3.1 Erfolgsmessung von Beschäftigungsprogrammen durch mikroökonometrische Evaluationsstudien

3.1.1 Grundfragen der Evaluation beschäftigungspolitischer Programme

3.1.1.1 Zentrale Komponenten und Aufbau von Evaluationen

Das methodische Vorgehen bei einer Evaluierung ist entscheidend für eine fundierte Erfassung des tatsächlichen Erfolges eines Programms. Almus et al. (1998) nennen als zentrale Komponenten einer fundierte Evaluation:[1]

1. Bestimmung von Zielen und Instrumenten des Programmes
2. Beschreibung der Umsetzung und Entwicklung der Maßnahme
3. Ermittlung der kausalen Effekte der Maßnahme
4. Ermittlung indirekter und gesamtwirtschaftlicher Effekte der Maßnahme
5. Abschätzung und Bewertung der Nettokosten und Erträge unter Berücksichtigung der erwünschten direkten und erwünschten und unerwünschten indirekten Wirkungen

Die Bestimmung von Zielen und Instrumenten eines Programmes stellt gleichzeitig den ersten Ansatz für die Formulierung von Erfolgskriterien dar, ohne die eine Messung und Bewertung des Programmerfolgs sehr schwierig ist. Über die Wichtigkeit dieser Zielformulierung besteht in der Literatur weitgehende Übereinstimmung. Als Beispiele für mögliche allgemeine Erfolgsfaktoren von Qualifizierungsmaßnahmen werden die Komponenten „Verbesserung der Beschäftigungsaussichten, der Entlohnung oder der Dauerhaftigkeit der Beschäftigung nach Abschluß der Maßnahme“[2] genannt.

Die Gewichtung der verschiedenen Komponenten ist abhängig von der jeweiligen Zielgruppe, für die ein entsprechendes Programm aufgelegt wird. Während für Gruppen mit großen Vermittlungshemmnissen eher die Integration in den Arbeitsmarkt im Vordergrund steht, ist für andere Zielgruppen der staatlichen Arbeitsmarktpolitik auch bzw. vorwiegend die Entlohnungskomponente von Bedeutung.

---

[1] *Almus et al.* (1998), S. 565.

[2] *Fitzenberger/Prey* (1998), S. 42.

Insbesondere bei kommunalen Programmen ist die Definition von Erfolgsfaktoren eher ungenau, eine Messung anhand exakter Vorgaben kaum möglich. In den meisten Fällen werden bei kommunalen Beschäftigungsprogrammen zwar Zielvorgaben festgelegt, diese sind jedoch häufig unpräzise formuliert. Beispiele hierfür sind „Einsparung von Geldern im Haushalt" (ohne genaue Angabe eines Betrages), „besserer Service für die Hilfeempfänger", „höhere Vermittlungsquoten in den ersten Arbeitsmarkt". Das Fehlen von exakten Vorgaben macht bei rückblickenden Analysen eine Präzisierung bzw. Neudefinition von Erfolgsfaktoren notwendig, die in ihrer Aussagekraft hinter der einer frühzeitigen Festlegung zurückbleiben.
Je nach Untersuchungsauftrag haben die Komponenten (1-5) ein unterschiedliches Gewicht innerhalb einer Studie. So sind im Rahmen einer Kosten-Nutzen Analyse die Bewertungen der Kosten und Einnahmen bzw. Einsparungen (Punkt 5) von entscheidender Bedeutung, während diese bei einer reinen Messung des Vermittlungserfolgs weniger Gewicht haben. In anderen Fällen sind eher die lokalen oder aber die gesamtwirtschaftlichen (makroökonomischen) Effekte von Interesse. In den meisten Konstellationen steht jedoch unabhängig von den genannten unterschiedlichen Schwerpunkten zunächst Punkt 3 im Mittelpunkt des Interesses. Die Ermittlung des eigentlichen kausalen Effekts der Maßnahme wird in den meisten Fällen als zentral für eine aussagefähige Analyse des jeweiligen Programms angesehen.[3]
Der Einstieg in eine Analyse eines Beschäftigungsprogramms kann zunächst aus einer deskriptiven Untersuchung der zur Verfügung stehenden Daten bestehen. Um eine gewisse Ordnung in die ihnen vorliegenden Daten zu bringen, bildeten Fitzenberger/Prey (1998) in ihrer Untersuchung einer Qualifikationsmaßnahme auf dem ostdeutschen Arbeitsmarkt eine so genannte „naive Kontrollgruppe"[4] von Personen, die nicht an der untersuchten Maßnahme teilgenommen haben. Diese Personen werden den Teilnehmern an der Maßnahme in mehreren deskriptiven Elementen gegenübergestellt. Eine erste Aussage aus diesem Vorgehen ist schließlich beispielsweise die unterschiedliche Beschäftigungshäufigkeit von teilnehmenden und nicht teilnehmenden Personen zu unterschiedlichen Zeitpunkten nach der Maßnahme.

---

[3] Für eine erkenntnistheoretische Einordnung des Begriffs „kausaler Effekt" siehe *Holland* (1986).

[4] Eine naive Kontrollgruppe berücksichtigt die für eine Vermittlung relevanten persönlichen Merkmale der untersuchten Personengruppen nicht vollständig. Es werden lediglich rückblickend eine Kontroll- und eine Programmgruppe gebildet und hinsichtlich ihres Erfolges verglichen. Dieser u. U. zunächst sehr plausibel klingende Weg des Vergleichs birgt jedoch die grosse Gefahr von Verzerrungen, die die Aussage der Untersuchung entscheidend verändern können. Vgl. *Fitzenberger/Prey* (1998), S. 45 f.

Im Falle einer unzureichenden Datenqualität kann die deskriptive Analyse den Hauptteil der Untersuchung liefern, wobei dieses Vorgehen sicherlich eine an die Daten angepasste Minimallösung darstellt. Wie im Folgenden zu sehen ist, bietet eine rein deskriptive Analyse entscheidende Nachteile hinsichtlich ihrer Aussagefähigkeit.
Die theoretische Analyse zur Ermittlung des kausalen Effektes erfolgt zumeist im Rahmen von sogenannten „mikroökonometrischen Evaluationsstudien".[5] Hierbei werden die Auswirkungen eines Programms anhand der Informationen über einzelne Teilnehmer und Nichtteilnehmer an einer beschäftigungspolitischen Maßnahme untersucht. Das Ziel ist es hierbei, den isolierten Effekt eines Programms zu beschreiben und zu bewerten.

3.1.1.2 Fragestellungen bei Evaluationen: Der Modellrahmen

3.1.1.2.1 Indikatoren für den Erfolg eines Programmes

Um den kausalen Effekt einer Maßnahme präzise ermitteln zu können, muß diese Kausalität zunächst formal korrekt beschrieben werden. Im einfachsten Fall wird als kausaler Effekt der Unterschied zwischen der Situation einer Person mit und ohne Teilnahme an einem Programm verstanden. Die Individuen können demnach theoretisch auf zwei Arten beobachtet werden: *mit* oder *ohne* Teilnahme am untersuchten Programm.[6]
Der Erfolg eines Programms läßt sich sowohl an einem einzelnen Indikator messen, es kann aber auch ein Vektor mit verschiedenen Indikatoren definiert werden. Ein Beispiel für einen einzelnen Indikator ist das Einkommen, das sich sowohl vor als auch nach einer Maßnahme beobachten läßt. Ein Ansatz mit mehreren Parametern könnte beispielsweise neben dem Einkommen auch den Arbeitsmarktstatus und sonstige öffentliche Leistungen beinhalten.[7] Diese Ergebnisvariable wird im folgenden mit Y bezeichnet. Demnach läßt sich schreiben:

$Y = Y^T$ bei Teilnahme an der untersuchten Maßnahme
$Y = Y^N$ bei Nichtteilnahme an der untersuchten Maßnahme

Die Variable S bezeichnet im folgenden das Teilnahmeverhalten der betrachteten Person. Auch hier läßt sich zwischen Teilnahme und Nichtteilnahme unterscheiden:

$S = 1$ wenn die betrachtete Person Teilnehmer ist,
$S = 0$ wenn die Person nicht teilnimmt.

---

[5] Vgl. *Lechner* (1998), S. 14f.
[6] *Heckman* (1998) erweitert dieses Modell auf mehrere Zustände. Im hier vorgestellten Ansatz ist eine Betrachtung mit zwei potentiellen Zuständen ausreichend.
[7] Vgl. *Heckman/LaLonde/Smith* (1999).

Als kausale Wirkung eines Programms gilt demnach ein Eingriff oder eine Maßnahme, die Veränderungen in der Ergebnisvariablen hervorruft, und diese Änderungen anhand einer Meßgröße (Kontrollgruppe) nachvollzogen werden können.[8]
Die Variablen, die in der weiteren Betrachtung verwendet werden, werden im folgenden an der jeweiligen Stelle im Text eingeführt.

3.1.1.2.2 Das Modell potentieller Ereignisse

Im Rahmen systematischer Untersuchungen von Arbeitsmarktprogrammen hat sich in der Evaluationsforschung weitgehend das „Modell potentieller Ergebnisse" durchgesetzt. Die Entwicklung des Modells basiert auf den Arbeiten von Roy (1951) und Rubin (1974), weshalb häufig auch vom „Roy-Rubin-Modell" die Rede ist.[9] Ein ähnlicher Ansatz für andere wissenschaftliche Bereiche findet sich bereits bei Fisher (1935) und Neyman (1935), weitere Beiträge stammen von Quandt (1972, 1988) und Holland (1986).
Jede Person verfügt demnach über zwei potentielle Zustände, (Y^T) bei einer Teilnahme und (Y^N) bei einer Nichtteilnahme am untersuchten Programm. Y ist hierbei wie eingangs erwähnt der Wert der Meßgröße für den Erfolg, die sogenannte Ergebnisvariable. Das Modell folgt der Überlegung, wie die Wirkung einer bestimmten Maßnahme auf ein teilnehmendes Individuum einzuschätzen ist im Vergleich zu der Situation, in der die selbe Person nicht teilgenommen hätte. Als kausaler Effekt einer Maßnahme wird die Differenz zwischen einer Teilnahme (Y^T) und einer Nichtteilnahme (Y^N) verstanden, gemessen anhand der Ergebnisvariablen.

$$\Delta = Y^T - Y^N \tag{3.1}$$

Durch diesen Ansatz beschreibt das Modell zwar vollständig und präzise den Maßnahmeeffekt, begibt sich aber gleichzeitig in ein Dilemma. Da eine Person nicht gleichzeitig nach einer Teilnahme und nach Nichtteilnahme beobachtet werden kann, muß zwangsläufig eine der beiden Komponenten konstruiert werden. Die fehlenden Daten können nur geschätzt und nicht empirisch beobachtet werden. Diese zwangsläufige Unmöglichkeit, eine der beiden benötigten Angaben zu beobachten, stellt das „fundamentale Evaluationsproblem"[10] dar.

3.1.1.2.3 Der erwartete Maßnahmeeffekt für unterschiedliche Personengruppen

Trotz des per definitionem vorhandenen Dilemmas der Unbeobachtbarkeit eines der beiden Parameter ist es möglich, über einen präzisen theoretischen Ansatz zu

---

[8] Siehe hierzu *Holland* (1986).
[9] *Holland* (1986) spricht lediglich vom Rubin-Modell.
[10] Exemplarisch dargestellt in *Heckman/LaLonde/Smith* (1999), S. 1878 ff..

einer Aussage hinsichtlich des Maßnahmeerfolgs zu kommen. Wenn es auch unmöglich ist, den individuellen kausalen Effekt zu bestimmen, so kann bei einer größeren Stichprobe von Teilnehmern und Nichtteilnehmern der mittlere kausale Effekt ermittelt werden. Dies geschieht in der Analyse für Untergruppen von Personen mit verschiedenen persönlichen Merkmalen, die im Folgenden allgemein mit der Variable (Z) beschrieben werden. Eine bestimmte Ausprägung von *Z* wird durch z dargestellt. Die Variable *S* kennzeichnet das Teilnahmeverhalten eines Individuums, wobei 1 für den Zustand *T* (Teilnahme) steht, 0 für den Zustand *N* (Nichtteilnahme).
Der Erwartungswert für die Auswirkung eines Programms auf eine Bevölkerungsgruppe sei

$$E(Y^T - Y^N \mid Z=z,\ S=s). \tag{3.2}$$

Die Bevölkerungsgruppe wird durch die Variablen nach dem „|"definiert. Die Variable Z muß in der Definition eine exogene Größe sein, was in diesem Zusammenhang so verstanden wird, daß die Realisation von *Z* nicht von *S* beeinflußt wird. Auch diese Annahme gilt der Vermeidung einer Selektionsverzerrung. Es gilt somit $Z=Z^T=Z^N$.
Gemäß Lechner (1998) können für den kausalen Effekt drei unterschiedliche Ausprägungen definiert werden. Der erwartete Maßnahmeeffekt wird darin für unterschiedliche Personengruppen untersucht:

1. erwarteter Maßnahmeeffekt für ein zufällig aus der Gruppe mit den Charakteristika *z* ausgewähltes Individuum

$$\gamma 0(z) := E(Y^T - Y^N \mid Z=z) = E(Y^T \mid Z=z) - E(Y^N \mid Z=z)$$

2. erwarteter Maßnahmeeffekt für ein zufällig aus der Gruppe der Teilnehmer ausgewähltes Individuum

$$\theta_0(z) := E(Y^T - Y^N \mid Z=z,\ S=1) = E(Y^T \mid Z=z,\ S=1) - E(Y^N \mid Z=z,\ S=1)$$

3. erwarteter Maßnahmeeffekt für ein zufällig aus der Gruppe der Nichtteilnehmer ausgewähltes Individuum

$$\xi_0(z) := E(Y^T - Y^N \mid Z=z,\ S=0) = E(Y^T \mid Z=z,\ S=0) - E(Y^N \mid Z=z,\ S=0)$$

Bei den genannten Ansätzen zur Identifizierung des Maßnahmeeffektes wird ersichtlich, daß sich jeweils nur ein Teil der Gleichung beobachten läßt, während der andere geschätzt werden muß. Im Mittelpunkt der meisten Evaluationsstudien steht der Parameter $\theta_0(z)$, der den Maßnahmeerfolg der eigentlichen Maßnahmeteilnehmer beschreibt. Dieser Effekt wird als „Treatment on the Treated"[11] bezeichnet. Er gilt als der am häufigsten verwendete Erfolgsindikator für

---

[11] Siehe *Heckman/LaLonde/Smith* (1999), S. 1878.

ein beschäftigungspolitisches Programm. Hinsichtlich der Verteilung der einzelnen Parameter kann über den Erwartungswert hinaus keine weitere statistische Aussage getroffen werden. Statistische Maße wie Varianz oder Median haben den Nachteil, daß sie von der gemeinsamen Verteilung (Y^T, Y^N) abhängen. Bei den untersuchten Individuen ist jedoch nur die marginale Verteilung Y^T bzw. Y^N beobachtbar, für die die statistischen Maße nicht identifizierbar sind.[12]

3.1.1.2.4 Die „Stable Unit Treatment Value Assumption“ (SUTVA)

Um in dieser Konstellation überhaupt von Kausalität sprechen zu können, wird eine zentrale Annahme benötigt. So dürfen die individuellen Ergebnisse eines potentiellen Teilnehmers nicht von den Teilnahmeentscheidungen anderer potentieller Teilnehmer abhängen, da dies nicht mehr den individuellen Maßnahmeeffekt beschreiben würde. Diese Annahme wird auch als „stable unit treatment value assumption“ (SUTVA) bezeichnet. Ist die SUTVA in dieser strengen Form nicht erfüllt, hat dies Auswirkungen auf die Anzahl der potentiellen Ergebnisvariablen, die dadurch wesentlich erhöht wird. Eine Identifikation des eigentlichen kausalen Effektes wird dadurch erschwert.[13]

3.1.1.2.5 Selektionsverzerrung (Selection Bias)

Zentrales Problem bei der Bewertung von Programmen ist ein Phänomen, das sowohl bei experimentellen als auch nicht-experimentellen Evaluationen zu finden ist und in der Literatur intensiv diskutiert wird: die Selektionsverzerrung (Selection Bias).[14] Selektionsverzerrung tritt auf, wenn sich Teilnehmer und Nichtteilnehmer an einem Programm in wesentlichen sozioökonomischen Charakteristika und ihrer Situation auf dem Arbeitsmarkt unterscheiden. Werden daraufhin die Werte einer Ergebnisvariablen der beiden Gruppen miteinander verglichen, kommt es zu einer Verzerrung. Sind beispielsweise die Teilnehmer an einem Programm aufgrund von Anreizen besser ausgebildet und weisen höhere Eingliederungschancen in den Arbeitsmarkt auf als Nichtteilnehmer, kommt es zu einer Überschätzung des Maßnahmeeffektes, da die Unterschiede bei den Erfolgen bei einem Vergleich von gleichartigen Gruppen nicht derart positiv gewesen wären.

---

[12] *Lechner* (1998) weist auf Möglichkeiten hin, wie versucht wurde, diese Probleme zu lösen. Dies ist jedoch nicht vollständig gelungen. S. 17, Fußnote 9.

[13] In vielen Fällen ist es sehr schwierig, zu erkennen, ob die betroffenen Personen einander über Marktmechanismen beeinflussen. Selbst wenn Interdependenzen erkannt werden, ist es aus Gründen der Analysierbarkeit oft immer noch sinnvoll davon auszugehen, dass die SUTVA gilt. In zahlreichen Studien wird die SUTVA schlicht ignoriert und angenommen, dass sie gelte, selbst wenn dies genau betrachtet nicht der Fall ist. Vgl. *Lechner* (1998), S. 19.

[14] Für Arbeiten, die sich mit der Selektionsverzerrung bei experimentellen Evaluationen beschäftigen siehe beispielsweise *Manski* (1989, 1991), *LaLonde* (1986) sowie *Heckman/Smith* (1995); bei nicht-experimentellen Evaluationen u.a. *Moffitt* (1991), *Heckman/Hotz* (1989).

Diese Unterschiede in der Struktur von Teilnehmern und Nichtteilnehmern können beispielsweise gemäß Fitzenberger/Prey (1998, S. 45) „aufgrund individueller Rationalität und/oder aufgrund der Zielgruppenorientierung der staatlichen Arbeitsmarktpolitik" entstehen. Das Problem der Verzerrung durch Selection Bias kann, je nach Ursache, auch als Problem nicht berücksichtigter Variablen („Omitted Variable Problem") oder Problem fehlender Daten („Missing Data Problem") bezeichnet werden.[15] Demnach können Vergleiche ohne die genannten Über- bzw. Unterschätzungen einerseits nur erfolgen, wenn die für einen Programmerfolg entscheidenden Variablen bekannt sind. Andererseits kann lediglich durch eine entsprechende Datengrundlage eine eindeutige Zuordnung zwischen Programm- und Kontrollgruppe stattfinden. Heckman/Smith (1997, S. 80) nennen einen trivial erscheinenden Lösungsvorschlag, der doch das Problem der Selektionsverzerrung verdeutlicht: „The most convincing way to solve the selection problem is to collect better data."
In einer formalen Darstellung kann die Selektionsverzerrung folgendermaßen abgebildet werden:

$$E(Y^T|S=1) \neq E(Y^T|S=0). \tag{3.3}$$

Demnach ist der hypothetische Erfolg der Personen, die als Nichtteilnehmer beobachtet werden, bei einer Teilnahme nicht zu vergleichen mit der Wirkung der Maßnahme auf die tatsächlichen Teilnehmer. Die Gefahr bei einer naiven Kontrollgruppe besteht darin, daß nicht ausgeschlossen werden kann, daß ein erheblicher Unterschied hinsichtlich der persönlichen Merkmale der Individuen besteht und eine Vergleichbarkeit zwischen den untersuchten Gruppen somit nicht gegeben ist. Die Eigenschaften, die für eine Vermittlung relevant sind, werden u. U. nicht berücksichtigt. Ziel einer Evaluation ist es, eine Programm- und Kontrollgruppe zu konstruieren, bei denen sämtliche für einen Programmerfolg relevanten Angaben bekannt sind und übereinstimmen.
Im folgenden wird gezeigt, wie nicht-experimentelle und experimentelle Evaluationsansätze versuchen, den kausalen Effekt einer Maßnahme zu bestimmen, und gleichzeitig mögliche Verzerrungen durch Selection Bias zu vermeiden.

[15] Vgl. *Moffitt* (1991), S. 294.

3.1.2 Nicht-experimentelle Evaluationen

3.1.2.1 Einführung

Die Auswertung von sozialen Programmen anhand nicht-experimenteller Evaluationen reicht zurück bis in die 1970er Jahre. In den USA galt es damals, zahlreiche der sozialen Programme der sechziger Jahre aufzuarbeiten und auszuwerten. Im Mittelpunkt dieser Evaluationen standen insbesondere Programme für untere Einkommensgruppen aus den Bereichen „Bildung und Training"[16] sowie der Transfer von sozialen Leistungen.[17] Frühe Studien in diesem Bereich waren die Arbeiten von Goldberger (1972) und Cain (1975), denen eine Vielzahl weiterer Studien folgten. Beinahe alle bedeutenden Beschäftigungs- und Trainingsprogramme in den USA (z.B. CETA, WIN, Job Corps)[18] wurden in den 70er und zu Beginn der 80er Jahre mit nicht-experimentellen Methoden analytisch aufgearbeitet.[19]

In Deutschland wurden in der Vergangenheit arbeitsmarktpolitische Maßnahmen fast ausschließlich mit nicht-experimentell gewonnenen Informationen evaluiert. Dies zeigt sich insbesondere bei der gestiegenen Zahl von Evaluationen, die den ostdeutschen Arbeitsmarkt seit der Wiedervereinigung betreffen. In einer Übersicht von Fitzenberger/Speckesser (2000) über Evaluationen, die die aktive Arbeitsmarktpolitik in Ostdeutschland[20] analysieren, finden sich ausschließlich nicht-experimentelle Untersuchungen. Erst in jüngster Zeit werden auch experimentelle Untersuchungskonzepte gewählt, diese sind jedoch nach wie vor die Ausnahme.[21]

Bei nicht-experimentellen Studien muß ebenso wie bei experimentellen Untersuchungen eine Kontrollgruppe („Comparison Group") gebildet werden, um

[16] Dies ist in Deutschland vermutlich am ehesten mit Programmen der beruflichen Weiterbildung (Fortbildung und Umschulung), die von den Arbeitsämtern angeboten werden, zu vergleichen.

[17] *Moffitt* (1991), S. 291.

[18] CETA: Comprehensive Employment and Training Act von 1973; WIN: Work Incentive Program von 1967. Für einen historischen Überblick über die unterschiedlichen Programme siehe *LaLonde* (1995).

[19] Als Beispiele gelten hierfür *Ashenfelter* (1979), *Westat* (1980), *King/Geraci* (1982), *Bassi* (1984), *Bassi et al.* (1984), *Dickinson et al.* (1986), *Kiefer* (1979), *Mallar et al.* (1982) und *Ketron, Inc.* (1980).

[20] Die Übersicht über mikroökonomische Studien umfaßt Beiträge zwischen 1994 und 2000, die die Untersuchung von Weiterbildungs- und ABM-Maßnahmen in Ostdeutschland zum Gegenstand haben.

[21] Dies geschieht beispielsweise im Rahmen der kontrollierten Einführung des Einstiegsgeldes im Rahmen von Modellversuchen. Vgl. hierzu *Kirchmann/Spermann/Volkert* (2000), *O.V.* (2000 a,b), *Deutscher Bundestag* (1999), *Kress* (1999).

über einen Maßstab für den Programmerfolg zu verfügen. Welche Personengruppe hierzu verwendet wird und welche Schätzmethode zur Auswertung eingesetzt wird, hängt stark von den zur Verfügung stehenden Daten ab.[22] Friedlander/Robins (1995) bilden in ihrer Studie beispielsweise vier Typen von unterschiedlichen Vergleichsgruppen, die sich aufgrund der vorliegenden Daten bilden lassen.[23] Als Vergleich dienen erstens andere Bundesstaaten, in denen das Programm nicht angeboten wird; zweitens wird ein Vergleich mit Nichtteilnehmern aufgrund für die Programmteilnahme relevanter Merkmale vorgenommen; eine dritte Möglichkeit für einen Vergleich bieten unterschiedliche Gebiete oder Amtsbezirke innerhalb eines Bundesstaates, wenn der Zeitpunkt der Einführung unterschiedlich ist (diese Vergleichsmöglichkeit hat allerdings eher den Charakter eines Pilotversuchs); schließlich vergleichen die Autoren die zeitliche Entwicklung von Maßnahmeteilnehmern vor und nach der Teilnahme an dem Programm. Die gängigsten dieser Methoden sollen in diesem Kapitel beschrieben werden, wenn auch aufgrund der Vielfalt der Möglichkeiten kein Anspruch auf Vollständigkeit erhoben werden kann.
Obwohl nicht-experimentelle Methoden zur Bestimmung des Erfolgs eines Programms bei Teilen der Wissenschaft auf heftige Kritik stossen,[24] gelten diese insbesondere in Europa als bevorzugter Weg der Evaluierung. Aus diesem Grund soll in diesem Kapitel schwerpunktmäßig beschrieben werden, wie diese Methoden versuchen, den kausalen Effekt einer Maßnahme bezüglich einer Ergebnisvariablen zu ermitteln und dabei gleichzeitig Verzerrungen wie den Selection Bias zu vermeiden. Worin die Kritikpunkte an nicht-experimentellen Evaluationen, aber auch wo die Vorteile dieser Ansätze liegen, soll dargestellt werden. Den Einstieg bildet die Vorstellung typischer Ansätze, wie das Evaluationsproblem auf nicht-experimentelle Weise gelöst werden kann. Im Mittelpunkt der Betrachtung steht hier zunächst „die Trilogie der herkömmlichen Schätzer für nicht-experimentelle Evaluationen“[25]: Der Vorher-Nachher-Vergleich, der Differenz-von-Differenzen Schätzer, sowie der Querschnittsvergleich. Eine Unterscheidung zwischen Schätzmethoden, die auf beobachtbaren bzw. unbeobachtbaren Variablen beruhen, erfolgt in den Abschnitten 3.1.2.3 und 3.1.2.4. Als zusätzliche Methoden, um den Maßnahmeerfolg anhand beobachtbarer Variablen schätzen zu können, werden das Verfahren des Matchings sowie Parametrische Methoden vorgestellt.

---

22 Vgl. hierzu *Almus et al.* (1998), S. 566.

23 *Friedlander/Robins* (1995), S. 925 ff.

24 Siehe hierzu insbesondere *Card/Sullivan* (1988), *LaLonde* (1986) und *Fraker/Maynard* (1987).

25 *Heckman/LaLonde/Smith* (1999), S.1898; Übersetzung des Autors.

3.1.2.2 Typische Methoden zur Bestimmung des kausalen Effektes

3.1.2.2.1 Der Vorher-Nachher-Vergleich (Before-After Estimator)

Eine in der empirischen Evaluation häufig verwendete Methode ist der Vorher-Nachher-Vergleich („Before-After Comparison"). Der Vorher-Nachher-Vergleich diente bereits frühen Trainingsprogrammen in den USA als Instrument zur Erfolgsmessung des Programms, Ergebnisvariable war meist das Einkommen.[26] Das Konzept dieser Methode beruht darauf, eine Person bzw. Personengruppe hinsichtlich ihrer zeitlichen Entwicklung zu beobachten. Das eingangs beschriebene Evaluationsproblem wird dadurch zu lösen versucht, daß die Situation einer an einer Maßnahme teilnehmenden Person vor der Maßnahme verglichen wird mit dem Ergebnis, das für diese Person nach der Maßnahme erzielt wurde.

Der Vergleich bedient sich der Annahme, daß sich die Situation einer Person im Zeitablauf ändert, und der Vergleich der Situationen eine gute Annäherung an den Erfolg eines arbeitsmarktpolitischen Eingriffs darstellt. Während andere Methoden versuchen, eine Gruppe der Nichtteilnehmer zu konstruieren, die dann mit der Gruppe der Teilnehmer verglichen werden kann, werden hier die Teilnehmer an der Maßnahme in ihrer Situation vor der Maßnahme als Nichtteilnehmer verstanden. Für dieses Vorgehen wird somit entweder der Zugriff auf Zeitreihendaten (Längsschnittsdaten) notwendig, oder es kann auf wiederholte Querschnittsdaten von Personengruppen zurückgegriffen werden; von diesen Beobachtungen muß jedoch zumindest eine vor der Maßnahme gemacht worden sein.[27]

Dieses Vorgehen dient der Ermittlung von θ_0 (siehe Abschnitt 3.1.1.2.3). Zur Erinnerung: θ_0 ist der erwartete Maßnahmeeffekt für ein zufällig aus der Gruppe der Teilnehmer ausgewähltes Individuum. Da alle Personen in der Betrachtung Teilnehmer an der Maßnahme sind, muß nicht ein gesonderter Filterungsprozeß hinsichtlich der Verfügbarkeit von Daten stattfinden. Für jede der einbezogenen Personen ist somit ein Y^1 ($=Y^T$) zu beobachten. Da aber jede Person auch automatisch über eine Historie vor der Maßnahme verfügt, läßt sich auch für jede dieser Personen Y^0 ($=Y^N$) feststellen.

Für die weitere Betrachtung wird die Zeitdimension t eingeführt. Y^{1t} stellt demnach den Zustand der Ergebnisvariablen (beispielsweise der Höhe des Einkommens) einer Person nach Abschluß der Maßnahme dar, während das Einkommen vor der Maßnahme durch $Y^{0t'}$ abgebildet wird. In einer vereinfachten Darstellung soll der Beginn einer Maßnahme ausschließlich im Zeitpunkt k stattfinden, mit

---

[26] *Heckman/Smith* (1999), S. 314.

[27] *Heckman/LaLonde/Smith* (1999), S. 1891f.

t > k > t'.[28] Der Vorher-Nachher-Vergleich bedient sich $Y^{0t'}$, um den Zustand ohne die Maßnahme abzubilden. Demnach beruht der Vergleich auf der Annahme, daß die Abweichung zwischen dem Ergebnis bei einer Nichtteilnahme an der Maßnahme und dem Zustand der Ergebnisvariablen vor der Maßnahme gleich null ist. Dies kann folgendermaßen algebraisch dargestellt werden:

$$E(Y^{0t}-Y^{0t'}|S=1) = 0 \qquad \text{(AN1)}$$

Diese Annahme beinhaltet die Voraussetzung der Zeitinvarianz. Es werden Zustände in den Zeitpunkten *t* und *t'* verglichen, ohne daß beispielsweise strukturelle Änderungen berücksichtigt würden. Hat diese Annahme Gültigkeit, dann kann der Vorher-Nachher-Vergleich folgendermaßen dargestellt werden:

$$(\overline{Y}^{1t}-\overline{Y}^{0t'})1 \qquad (3.4)$$

Der Index „1“ kennzeichnet hierbei den Teilnahmestatus $S = 1$, während die Querbalken kennzeichnen, daß es sich um die entsprechenden Mittelwerte handelt.

Der Vorher-Nachher-Vergleich bringt jedoch einige gravierende Nachteile mit sich. Die Beobachtungen von Ashenfelter (1978) in seiner Evaluierung der Wirksamkeit von staatlichen Trainingsmaßnahmen in den Vereinigten Staaten wird häufig als Beispiel für eine zentrale Schwachstelle der Methode herangezogen. In dieser Arbeit wird festgestellt, daß das Einkommen von Personen, die an der betrachteten Trainingsmaßnahme teilnehmen, im Jahr vor Beginn der Maßnahme signifikant zurückgeht. Wie durch spätere Studien festgestellt werden kann, handelt es sich hierbei um ein häufig beobachtbares Phänomen bei Trainings- und Erwachsenenbildungsprogrammen.[29] In die Literatur hat dieses Phänomen unter den Namen „Ashenfelter's Dip“ oder auch „Pre-Programme Dip“ Eingang gefunden.[30]

Dieser Einkommensrückgang ist nicht weiter überraschend, zumal hier ein gewisser Selektionsprozeß zum Tragen kommt: Die zuständigen Sachbearbeiter, die über eine Teilnahme entscheiden, sind angehalten, Personen mit aktuellen Schwierigkeiten auf dem Arbeitsmarkt zu betreuen. Hinzu kommt der naheliegende Grund, daß sich insbesondere Personen, die gerade einen signifikanten Einkommensrückgang zu verkraften hatten, besonders um Beschäftigung bemühen.[31]

---

[28] Vgl. hierzu *Heckman/LaLonde/Smith* (1999), S. 1892.

[29] Als Beispiele hierfür gelten *Ashenfelter/Card* (1985), *Bassi* (1983, 1984), sowie der Übersichtsartikel von *Heckman et al.* (1999).

[30] Vgl. hierzu *Heckman/Smith* (1999), S. 314.

[31] Vgl. *Ashenfelter/Card* (1985), S. 648.

Da sich diese Entwicklung nur für Teilnehmer an der Maßnahme treffen läßt, nicht jedoch für die entsprechende Kontrollgruppe der Nichtteilnehmer, kommt es meist zu einer Überschätzung des eigentlichen Maßnahmeeffektes. Die folgende Einkommenssteigerung erfolgt ausgehend von einem niedrigeren Niveau als dies ohne nachfolgendes Maßnahmeangebot der Fall wäre. Es kann jedoch auch zu einer Unterschätzung des Maßnahmeeffektes kommen. Heckman/Smith (1999) treffen hierbei die Unterscheidung, ob es sich bei dem vor der Programmteilnahme beobachteten Einkommensrückgang um eine vorübergehende oder dauerhafte Situation handelt. Zu einer *Überschätzung* kommt es demnach, wenn der Rückgang nur vorübergehend ist; der darauffolgende Anstieg im Einkommen fällt im Vergleich zur Kontrollgruppe überproportional aus. Sollte der Einkommensrückgang jedoch dauerhaft wirken, kann es möglicherweise zu einer *Unterschätzung* der Maßnahme kommen; die Programmgruppe hat hierbei unter Umständen mit schwierigeren Voraussetzungen zu kämpfen als die Kontrollgruppe.
Zentral für den Ausgang der Schätzung ist demnach der Zeitpunkt der Messung, insbesondere wenn temporäre Entwicklungen zu berücksichtigen sind. Entscheidend sind somit auch in diesem Zusammenhang die zugrundeliegenden Daten der Evaluierung. In ihrer Studie mit der Datenbasis von Teilnehmern am Job Training Partnership Act (JTPA), einem Berufsvorbereitungsprogramm in den USA, in der das Einkommen die Ergebnisvariable darstellt, kommen Heckman/Smith (1999, S. 317) zu der Einschätzung:

> „The timing of the earnings dip indicates that valid before-after comparisons will require more than a year of pre-programme data for adults. Even with sufficient pre-programme data, post-programme earnings growth among controls implies a large upward bias in before-after estimators of programme impact [...].

Der Vorher-Nachher-Vergleich birgt also selbst bei sehr aufwendigen Vorerhebungen die Gefahr, den Effekt der untersuchten Maßnahmen falsch einzuschätzen. Diese Nachteile, die der Methode immanent sind, schwächen die Aussagekraft des einfachen Vorher-Nachher-Vergleichs erheblich. So kommt auch Ashenfelter (1978) in seiner Studie zu dem Schluß:

> „This suggests that simple before and after comparisons of trainee earnings may be seriously misleading evidence on the effect of training on earnings [...]." (S. 55).

3.1.2.2.2 Differenz-von-Differenzen („Differences-in-Differences")

Eine in der Evaluationsforschung weiter verbreitete Methode ist die der Differenz-von-Differenzen (DvD). Mit einer breiteren Verwendung von Paneldaten in

den 70er Jahren gelangte diese Methode zu großer Popularität.[32] Im Gegensatz zum Vorher-Nachher-Vergleich hat diese Evaluationsmethode den Vorteil, mögliche Verzerrungen, die durch zeitliche Invarianzen entstehen, durch Differenzenbildung in einem linearen Modell herauszukürzen.[33] Dieser Ansatz baut auf dem beschriebenen Vorher-Nachher-Vergleich auf und erweitert diesen.
Die Schätzung setzt einerseits Zeitreihendaten voraus, kann andererseits aber auch mit wiederholten Querschnittsvergleichen mit Nichtteilnehmern vorgenommen werden.[34] Diese wiederholten Vergleiche setzen Gegenüberstellungen zu den Zeitpunkten t und t' voraus. Folgende (hypothetische) Konstellation ist als fundamentale Annahme für die Methode der Differenz-von-Differenzen zu sehen:

$$E(Y^{0t}-Y^{0t'}|S=1) = E(Y^{0t}-Y^{0t'}|S=0) \qquad \text{(AN2)}$$

Mit anderen Worten heißt das, daß die zeitliche Entwicklung der betrachteten Gruppen zwischen den Zeitpunkten t' und t bei gleicher Ausgangssituation identisch sein muß. Die Programmgruppe, daß heißt die Personengruppe, die an einer Maßnahme teilnimmt, muß im Durchschnitt im Fall einer Nichtteilnahme das gleiche Resultat hinsichtlich der Ergebnisvariablen aufweisen wie die Vergleichsgruppe der Nichtteilnehmer. Im Fall der Gültigkeit dieser Annahme lautet der Schätzer für die Differenz von durchschnittlichen Differenzen:

$$(\overline{Y}^{1t}-\overline{Y}^{0t'})^1 - (\overline{Y}^{0t}-\overline{Y}^{0t'})^0, \qquad t>k>t' \qquad (3.5)$$

Dies gilt für $E(\Delta^t|S=1) = E(Y^{1t}-Y^{0t}|S=1)$ mit[35] $\Delta^t = Y^{1t}-Y^{0t}$.
Bei Gültigkeit von Annahme (AN2) bildet der DvD-Schätzer den zusätzlichen Nutzen eines Programms ab, da eine neutrale Entwicklung, d.h. eine Entwicklung ohne den Eingriff, anhand der Kontrollgruppe nachgezeichnet werden kann. Es findet eine Bereinigung des Maßnahmeerfolges um die Ereignisse statt, die nicht der Maßnahme zuzuschreiben sind: Der Ausdruck in der ersten Klammer in Gleichung (3.5) entspricht dem in Abschnitt 2.2.1 beschriebenen Vorher-Nachher-Vergleich (siehe Gleichung (3.4)). Um die im vorigen Abschnitt be-

---

[32] Folgende Studien können exemplarisch genannt werden: *Ashenfelter (1978)* verwendet Daten von Teilnehmern an Trainingsprogrammen unter dem Manpower Development and Training Act (MDTA); *Ashenfelter/Card (1985)* untersuchen das Nachfolgeprogramm des MDTA, den Comprehensive Employment and Training Act (CETA) mit Daten von 1976.

[33] Vgl. *Fitzenberger/Prey* (1998), S. 49, *Heckman/Ichimura/Smith/Todd* (1998).

[34] *Heckman/LaLonde/Smith* (1999), S. 1894.

[35] Begründung: $E[(\overline{Y}^{1t}-\overline{Y}^{0t'})^1 - (\overline{Y}^{0t}-\overline{Y}^{0t'})^0] = E(\Delta^t|S=1)$. Dieser Zusammenhang wird deutlich, wenn der erste Ausdruck folgendermaßen umgeformt wird: $(\overline{Y}^{1t}-\overline{Y}^{0t'})^1 = (\overline{Y}^{1t}-\overline{Y}^{0t})^1 + (\overline{Y}^{0t}-\overline{Y}^{0t'})^1$; unter Berücksichtigung von (AN2) kann gekürzt werden. Siehe auch *Heckman et al.* (1999), S. 1895.

schriebenen Nachteile dieser Methode einzuschränken, wird der reine Vergleich von Personen zu den Zeitpunkten *t* und *t'* (z.B. vor und nach der Maßnahme) um eine Vergleichsgruppe der Nichtteilnehmer bereinigt, die ebenfalls zu den genannten Zeitpunkten beobachtet wird. Auf diese Weise soll der reine Maßnahmeeffekt dargestellt werden, da eine Vergleichsbetrachtung über die Entwicklung einer alternativen Personengruppe Effekte abbildet, die auch ohne die Maßnahme erreicht worden wären. Durch diese zusätzliche Komponente wird der Vorher-Nachher-Vergleich erweitert und präzisiert.
Wiederum können die benötigten Komponenten des DvD-Terms (3.5) nicht für eine einzelne Person beobachtet werden, da jede Person lediglich einer der beiden Gruppen Teilnehmer oder Nichtteilnehmer zugeordnet werden kann. Die Beobachtung kann bei Betrachtung von θ_0 jedoch für einen Teil der Gleichung (Verlauf der Teilnahme an der Maßnahme) gemacht werden, während die fehlende Komponente (alternativer Verlauf bei Nichtteilnahme) ergänzt werden kann. Wie schon beim Vorher-Nachher-Vergleich kann auch bei der Differenz-von-Differenzen-Methode eine Aussage für Mittelwerte bei wiederholten Vergleichen mit Querschnittsdaten getroffen werden. Es muß sich hierbei nicht um die gleichen Personen handeln, die jeweils zu den Zeitpunkten *t* und *t'* beobachtet werden, vielmehr ist auch hier die betrachtete Personengruppe entscheidend.
Doch auch für die Differenz-von-Differenzen-Methode kann Ashenfelters (1978) Beobachtung vom systematischen Einkommensrückgang vor Maßnahmebeginn als Einschränkung angeführt werden. Kritikpunkt ist hier Annahme (AN2): Auch bei dieser Evaluationsmethode ist die Überschätzung des Maßnahmeeffektes wahrscheinlich, da die zeitliche Entwicklung zwischen Kontrollgruppe und teilnehmenden Personen von einem unterschiedlichen Ausgangsniveau ausgeht. Das Phänomen „Ashenfelter's Dip" hat Auswirkungen auf die Einkommensentwicklung zwischen *t'* und *t*, die den Einkommensanstieg durch die Maßnahme verzerrt angibt.
Die gemachten Einschränkungen gelten insbesondere für den herkömmlichen DvD-Schätzer. Es gibt jedoch auch Ansätze, diese Evaluationsmethode beispielsweise durch nicht-parametrische Schätzungen zu erweitern.[36] Die gemachten Erfahrungen belegen zwar, daß sich die Resultate hinsichtlich ihrer Genauigkeit im Vergleich mit experimentell gewonnenen Vergleichsdaten verbessern. Es bestehen jedoch nach wie vor Verzerrungen, die zu Ungenauigkeit im Ergebnis führen.

3.1.2.2.3 Querschnittsvergleiche: Der Cross-Section-Estimator

Der dritte hier vorgestellte Schätzer ist der auf Querschnittsvergleichen beruhende „Cross-Section-Estimator". Dieser Ansatz beruht auf einem Vergleich

[36] Siehe hierzu beispielsweise *Heckman/Smith* (1999).

von Mittelwerten von Ergebnisvariablen von Teilnehmern und Nichtteilnehmern an einem Beschäftigungsprogramm zum Zeitpunkt t. Da nur von einem Zeitpunkt, jedoch von Personen mit unterschiedlichen Voraussetzungen ausgegangen wird, kann nun nicht mehr nur eine Personengruppe betrachtet werden. Dies ist das eingangs beschriebene Evaluationsproblem, nach dem eine Person nicht zu einem Zeitpunkt verschiedene Zustände (z.B. „Teilnahme" vs. „Nichtteilnahme" an einem Programm) einnehmen kann.
Dieses Vorgehen erfordert die zusätzliche Annahme, daß die Gruppe der Teilnehmer an einem Programm bei einer (hypothetischen) Nichtteilnahme zu einem identischen Zustand der Ergebnisvariablen kommt, wie die Gruppe der Nichtteilnehmer. Auch hier wird von Durchschnittswerten ausgegangen. Idee hinter dieser Annahme ist, daß sich die beiden Gruppen, die Kontroll- und Programmgruppe, lediglich hinsichtlich ihrer Eigenschaft „Teilnahme" bzw. „Nichtteilnahme" an der Maßnahme unterscheiden. Alle übrigen, die Ergebnisvariablen beeinflussenden Merkmale müssen übereinstimmen. Die formale Darstellung lautet demnach:

$$E(Y^{0t}|S=1) = E(Y^{0t}|S=0) \qquad \text{(AN3)}$$

Hat diese Annahme Gültigkeit, kann der Cross-Section-Estimator folgendermaßen formuliert werden:

$$(\overline{Y}^{1t})^{1} - (\overline{Y}^{0t})^{0}\,.^{37} \qquad (3.6)$$

Der Mittelwert der Ergebnisvariablen der Teilnehmer zum Zeitpunkt *t* wird dem durchschnittlichen Ergebnis der Nichtteilnehmer zum Zeitpunkt *t* gegenübergestellt. Gemäß Annahme (AN3) ergibt sich so der isolierte Maßnahmeeffekt.

3.1.2.2.4 Fazit

Die drei beschriebenen Schätzer stellen herkömmliche Methoden dar, die verwendet werden, um das Evaluationsproblem auf nicht-experimentelle Weise zu lösen. Ein Anspruch auf Vollständigkeit wird nicht erhoben, vielmehr sollen die hier vorgestellten Verfahren Lösungsansätze aufzeigen. Den genannten Schätzern ist gemeinsam, daß sie alle einen Vergleich zwischen Teilnehmern und Nichtteilnehmern an Maßnahmen vornehmen. Beim Vorher-Nachher-Vergleich werden die Personen vor ihrer Teilnahme als Nichtteilnehmer betrachtet. Die Ergebnisse der Schätzung sind abhängig von der Verteilung der Charakteristika (*Z*) der beiden Gruppen. Diese müssen sich in der Verteilung der *Z* gleichen, der einzige Unterschied besteht in der Frage der Teilnahme oder Nichtteilnahme am Programm. Sollten die Ergebnisvariablen durch unbeobachtbare Ereignisse oder

---

[37] Der Schätzer gilt unter Annahme (AN3), da $E[(\overline{Y}^{1t})^{1}-(\overline{Y}^{0t})^{0}] = E(\Delta^{t}|S=1)$. Für den Beweis dieses Zusammenhangs vgl. *Heckman/LaLonde/Smith* (1999), S. 1898.

Einflüsse („unobservables") verzerrt werden, gelten die zentralen Annahmen der Schätzer nicht mehr.
Die hier vorgestellten Schätzer beziehen sich auf Untersuchungen, die nicht auf soziale Experimente zurückgreifen. Da jedoch nicht-experimentelle Evaluationen, insbesondere in Deutschland, weit mehr verbreitet sind als soziale Experimente, scheint es angemessen, diese Verfahren ausführlicher zu betrachten.
Sämtliche der hier vorgestellten Verfahren weisen jedoch einen Nachteil auf, der die Ergebnisse unter gewissen Umständen in erheblichem Maße angreifbar macht. Der Vorher-Nachher-Vergleich, der Differenz-von-Differenzen Schätzer und der Querschnittsvergleich basieren allesamt auf Annahmen, deren Erfüllung Voraussetzung für die Gültigkeit der Ergebnisse ist, die jedoch nicht testbar sind (AN1-AN3). Die Gültigkeit der Ergebnisse unterliegt somit der bloßen Einschätzung, ob die Annahmen erfüllt sind oder nicht.

3.1.2.3 Methoden mit beobachtbaren Variablen

3.1.2.3.1 Einführung

In den folgenden Abschnitten wird eine Unterscheidung getroffen zwischen Methoden, bei denen diejenigen sozio-demografischen Merkmale bekannt sind, die für eine Teilnahme an einer Maßnahme und für deren Erfolg entscheidend sind, und Methoden, bei denen dies nicht der Fall ist.[38] Zunächst sollen Methoden betrachtet werden, bei denen diese Informationen bekannt sind. Beispiele für beobachtbare bzw. meßbare Variablen sind Programme, bei denen eine Programmteilnahme von einem bestimmten Arbeitsmarktstatus (z.B. Langzeitarbeitslosigkeit) oder Ausbildungsstand (z.B. Schulabbrecher) abhängt. Schwieriger ist es, wenn eine Auswahl aufgrund unbeobachtbarer Variablen getroffen werden muß. Sollte die Programmteilnahme von einem Faktor wie „Motivation der Person" abhängen, wird eine Beobachtung schwieriger.
In Teilen der Literatur wird eine Trennung in diese beiden Variablengruppen auch als künstlich angesehen:

> To a degree, making the distinction between selection on observables and selection on unobservables is artificial (and perhaps even misleading), because unobservables may represent mainly factors that are difficult, but not necessarily impossible to measure."[39]

Heckman/Smith (1995) sind ebenso der Ansicht, daß bereits die Erhebung qualitativ besserer Daten ausreichend sein kann, die Probleme im Zusammenhang mit

---

[38] Auf die Bedeutung der Informationen über die Selektionsprozesse in eine Maßnahme weist *Lechner* (1998, S. 21) hin: „Eine Lektion [...] ist sicher, daß es ohne hinreichendes Wissen über die Art und Weise, wie Individuen in die Maßnahmen hineinselektiert werden, unmöglich ist, die Effekte hinreichend genau zu quantifizieren."
[39] *Friedlander/Greenberg/Robins* (1997), Fußnote 11, S. 1816.

der Selektion hinsichtlich unbeobachtbarer Variablen zu minimieren, wenn nicht sogar vollständig zu beseitigen.
In vorliegender Arbeit wird jedoch, wie in weiten Teilen der Literatur,[40] eine derartige Unterscheidung vorgenommen. In zahlreichen Fällen können bei Studien fehlende Daten nicht nacherhoben werden, da eine derartige Datengewinnung oftmals mit zu großem Aufwand verbunden ist. Das Problem, daß die Selektion in ein Programm hinsichtlich unbeobachtbarer Variablen stattfindet, ist somit ein gegebenes. Wenngleich eine Interpretation der Ergebnisse mit Schwierigkeiten verbunden ist, werden Methoden für den Umgang mit solchen Daten kurz vorgestellt.
Die meiste Verbreitung hat jedoch ein Verfahren gefunden, das auf der Selektion hinsichtlich beobachtbarer Variablen basiert: das sogenannte Matching-Verfahren. Aufgrund der Relevanz für die empirische Forschung und die hier vorgestellte Studie (siehe Teil 4, Fallstudie 1) bilden die verschiedenen Matchverfahren und ihre Voraussetzungen den Schwerpunkt der folgenden Betrachtung nicht-experimenteller Methoden. Neben den Verfahren des Matchings werden parametrische Verfahren vorgestellt, die auf der Selektion hinsichtlich beobachtbarer Variablen basieren. In Abschnitt 2.4 folgt eine kurze Darstellung der Methoden, die auf einer Selektion hinsichtlich unbeobachtbarer Variablen basieren.

3.1.2.3.2 Matching

Grundsätzlich kann zwischen statistischem und ökonometrischem Matching unterschieden werden. Die beiden Ansätze unterscheiden sich dahingehend, daß das funktionale Verhältnis zwischen den beobachteten Charakteristika und der relevanten Ergebnisvariablen auf unterschiedliche Weise spezifiziert wird.[41] In der Praxis unterscheiden sich die Methoden jedoch kaum, so daß mit einem einheitlichen Datensatz bei vergleichender Anwendung der beiden Verfahren recht übereinstimmende Ergebnisse erzielt werden können.[42] Im folgenden werden die Verfahren des *statistischen* Matchings betrachtet.
Wie erwähnt handelt es sich beim Matching[43] um einen sehr weit verbreiteten Ansatz, um den kausalen Effekt eines Programms zu bestimmen. Dieser große Zuspruch hängt weitgehend mit dem intuitiv einsichtigen Untersuchungsdesign

---

[40] Beispielsweise *Fitzenberger/Speckesser* (2000), *Friedlander/Greenberg/Robins* (1997), und interessanterweise auch *Heckman/Hotz* (1989), *Heckman* (1997) und *Heckman/Smith* (1997), um nur einige Quellen zu nennen.
[41] Vgl. *Friedlander/Greenberg/Robins* (1997), S. 1818.
[42] Zu diesem Ergebnis kamen *Friedlander/Robins* (1995).
[43] In der Literatur wird teilweise zwischen „Screening" und „Matching" unterschieden. Da sich die beiden Verfahren jedoch nur geringfügig unterscheiden, wird diese Differenzierung im folgenden nicht getroffen und beide Verfahren als Matching bezeichnet. Siehe hierzu *Heckman/LaLonde/Smith* (1999), S. 1938 f.

zusammen: Um das grundlegende Evaluationsproblem zu lösen, wird einer Gruppe von Teilnehmern an einem Programm eine vergleichbare Gruppe von Nichtteilnehmern gegenübergestellt. Die Unterschiede in der Ergebnisvariablen werden dem Programm zugeschrieben. Welche Methoden genau dabei zur Anwendung kommen, und aufgrund welcher Attribute eine Vergleichsgruppe als vergleichbar bezeichnet werden kann, wird in den folgenden Abschnitten beschrieben.

Matching ist, in unterschiedlichen Ausprägungen, bereits seit langer Zeit Bestandteil wissenschaftlicher Untersuchungen. Als älteste Quelle wird in der Literatur Fechner (1860) genannt. Zunächst wurde diese Methode vorwiegend in den Naturwissenschaften eingesetzt, später dann auch in den Sozialwissenschaften. Insbesondere in den 70er und 80er Jahren wurden zahlreiche Untersuchungen mittels dieser Methode durchgeführt.[44] Entscheidende Beiträge zur Weiterentwicklung und Spezifizierung des Matching in der jüngeren Vergangenheit haben das Verfahren als ein Standardinstrument in der sozialwissenschaftlichen Forschung etabliert.[45]

Der Matching-Ansatz (auch Zuordnungsansatz) dient dazu, „die durchschnittliche Differenz zwischen Teilnehmern und Nichtteilnehmern mit möglichst gleichen beobachtbaren Charakteristika (gematchte Stichprobe)“[46] zu beobachten. Basis für diesen Ansatz bildet die „Annahme der bedingten Unabhängigkeit“ (ABU),[47] die im folgenden dargestellt werden soll. Durch diese Annahme wird ein Vergleich der beiden Gruppen von Teilnehmern und Nichtteilnehmer erst möglich. Im weiteren Kapitel werden darauf unterschiedliche Verfahren des Matchings vorgestellt, die in der Praxis Anwendung finden. Diese Übersicht ist nicht vollständig, da je nach Datensituation in einer Untersuchung unterschiedliche Ansätze angepaßt werden können. Vielmehr sollen die unterschiedlichen Ideen, die sich hinter den Ansätzen verbergen, aufgezeigt werden. Bei den betrachteten Methoden handelt es sich um das *Cell Matching*, das *Distance-Function Matching* und um das *Propensity-Score Matching*. Letztgenannte Methode bildet hierbei den Schwerpunkt der Betrachtung.

(1) Annahme der bedingten Unabhängigkeit (ABU)

Wie in Kapitel 3.1.1.2.5 beschrieben, stellt das Phänomen der Selektionsverzerrung das größte Problem dar, das es bei einer Untersuchung mit den vorliegenden Daten zu überwinden gilt. Kann dieser Bias nicht nachhaltig beseitigt wer-

---

[44] Vgl. hierzu *Heckman/Ichimura/Smith/Todd* (1998), S. 1023, *Heckman/LaLonde/Smith* (1999).

[45] Siehe hierzu exemplarisch *Rosenbaum/Rubin* (1983, 1985).

[46] *Fitzenberger/Speckesser* (2000), S. 8.

[47] In der englischsprachigen Literatur wird die ABU als „Conditional Independence Assumption“ (CIA) bezeichnet.

den, müssen Einbußen in der Aussagekraft der Ergebnisse in Kauf genommen werden. Im schlimmsten Fall droht die Interpretierbarkeit der Untersuchungsergebnisse verlorenzugehen. Rubin (1977) führt jedoch mit der Annahme der bedingten Unabhängigkeit eine Bedingung ein, wie auch bei nicht-experimentellen Modellen mit Hilfe von Nichtteilnehmern eine Vergleichsgruppe zur Bestimmung des Maßnahmeeffektes gebildet werden kann.
Die Annahme beruht auf der Voraussetzung, daß, bedingt auf einen Vektor mit den Kovariablen Z und Y^N, das potentielle Ergebnis ohne Maßnahme unabhängig vom Teilnahmestatus S ist. Diese identifizierende Annahme läßt sich in der Darstellung von Dawid (1979) folgendermaßen formal ausdrücken:[48]

$$Y^N \perp S \mid Z, \quad Z \in \chi \tag{3.7}$$

χ bezeichnet demnach einen Raum von Charakteristika, für den die ABU Gültigkeit hat. Das Symbol „$\perp$" drückt die Unabhängigkeit aus, während die Variable rechts von „|" die bedingte Variable darstellt.[49]
Die ABU ist dann gültig, wenn alle Variablen bekannt und im Datensatz vorhanden sind, die sowohl Y^N als auch Z gemeinsam beeinflussen. Das bedeutet, daß in der empirischen Untersuchung sehr genaue Informationen sowohl zum Teilnahmeprozeß als auch zu den Bestimmungsgründen von Y^N benötigt werden. Auch stellen die benötigten Daten zu den Merkmalen der Personen, die für eine Teilnahme von Bedeutung sind, hohe Anforderungen an die in die Untersuchung einbezogenen Daten. Ist die ABU erfüllt, gilt

$$E(Y^N|z, S=1)=E(Y^N|z, S=0). \tag{3.8,ABU}$$

Mit den hohen Anforderungen an die Daten ergibt sich allerdings ein Dimensionsproblem, da sehr viele Variablen benötigt werden, um die Ähnlichkeit zwischen Personen aus den Gruppen der Teilnehmer und der Nichtteilnehmer aussagekräftig festzustellen bzw. systematische Unterschiede zwischen Programm- und Kontrollgruppe aufzudecken. Bei Gültigkeit schließt die ABU jedoch eine Selektionsverzerrung bezüglich der Nichtteilnahme und der Teilnahmeentscheidung auf der Basis der beobachtbaren Charakteristika aus.

(2) Matching: Vorgehen und Methoden

Um ein Matching zwischen Personen aus den beiden Vergleichsgruppen vorzunehmen, wurden verschiedene Verfahren entwickelt. Diese Methoden und ihre

---

[48] *Dawid* (1979), S. 3, stellt $Y^N \perp S \mid Z$ allgemein dar durch $X \perp Y \mid Z$ und definiert seine Darstellung derart: „[...] X and Y are independent in their joint distribution given $Z=z$, for any value of z."

[49] Häufig wird in der Literatur eine strengere Version der Annahme verwendet: $(Y^N, Y^T \perp S \mid Z)$. Vergleiche hierzu *Heckman/Ichimura/Smith/Todd* (1998), S. 1023 oder *Heckman/Smith* (1997), S. 68.

Anwendung sollen im folgenden vorgestellt werden. Häufig werden bei den Matchverfahren sogenannte externe Kontrollgruppen verwendet. Diese unterscheiden sich von internen Kontrollgruppen dahingehend, daß die Informationen über Vergleichspersonen aus einer anderen, vom untersuchten Programm unabhängigen Datenquelle stammen. Interne Kontrollpersonen können auch potentielle, aber abgelehnte Programmteilnehmer sein.[50] Beide Konstellationen sind jedoch denkbar.

Ein Verfahren, das insbesondere im Rahmen der Evaluierung des US-amerikanischen CETA-Programms in den 70er Jahren verwendet wurde, ist das sogenannte *„Cell-Matching"*.[51] Bei diesem Verfahren werden anhand beobachtbarer Merkmale wie beispielsweise Alter, Geschlecht oder Ausbildung Untergruppen von Personen mit bestimmten Charakteristika gebildet und daraufhin zu Personengruppen mit vergleichbaren Merkmalen zugeordnet. Häufig wurde hinsichtlich der Merkmale noch unterschieden, ob eine genaue Übereinstimmung herrschen mußte oder ob Abweichungen toleriert wurden. Alter und Geschlecht mußten demnach normalerweise genau übereinstimmen, während es bei zusätzlichen Faktoren wie Berufserfahrung oder Einkommen vor der Maßnahme gewissen Spielraum gab.

Ebenfalls Anwendung bei der Evaluation des CETA-Programms fand das Verfahren des *„Distance Function"-Matchings.* Dickinson/Johnson/West (1986) beispielsweise verwenden dieses Verfahren auf der Basis der von Rubin (1979) entwickelten „Nearest Neighbor"-Technik. Anhand dieser Technik wird die sogenannte Mahalanobis-Distanz zwischen einem Teilnehmer und jeder potentiellen Vergleichsperson berechnet, wobei zwischen dem Teilnehmer und derjenigen Kontrollperson gematcht wird, bei denen die geringste Abweichung besteht.[52] Die Mahalanobis-Distanz (MD) ist hierbei ein metrisches Distanzmaß im Raum der Charakteristika X, aufgrund derer der Vergleich stattfindet.[53] Das Maß beschreibt die Differenz zwischen zwei Beobachtungen im Hinblick auf

---

[50] Vgl. hierzu *Friedlander/Greenberg/Robins* (1997), die eine ausführliche Beschreibung der Aufteilung in interne und externe Kontrollgruppen geben.

[51] Vgl. beispielsweise *Westat* (1984), *Bassi* (1983), *Bassi et al.* (1984) sowie *Bryant/Rupp* (1987). Eine weitere Analyse findet sich im Übersichtsartikel von *Barnow* (1987).

[52] Normalerweise werden im Rahmen der „Nearest Neighbor"-Methode die gematchten Personen der Kontrollgruppe aus der Datenbank genommen, so daß eine wiederholte Zuordnung vermieden wird. Aus diesem Grund sind die Ergebnisse, die mit dieser Technik erzielt werden, nicht invariant hinsichtlich der Reihenfolge, in der die Personen in der Kontrollgruppe angeordnet sind. Dieses Problem kann jedoch beispielsweise durch eine wiederholte Prozedur beim Matching in unterschiedlicher Reihenfolge der Beobachtungen eingeschränkt werden.

[53] Vgl. hierzu die grundlegenden Artikel von *Cochran/Rubin* (1973) und *Rubin* (1979) sowie exemplarisch die Anwendung von *Dickinson/Johnson/West* (1986). Weiter wird auf die Mahalanobis-Distanz eingegangen in *Jerger/Pohnke/Spermann* (2001) sowie in Kapitel 4 dieser Arbeit im Rahmen von Fallstudie 1.

jedes untersuchte Charakteristikum, wodurch die Ähnlichkeit zwischen den Beobachtungen bestimmt werden kann. Die Mahalanobis-Distanz verwendet zu dieser Bestimmung eine Gewichtungsmatrix, für die üblicherweise die Inverse der Kovarianzmatrix herangezogen wird. Die Mahalanobis-Distanz zwischen zwei Beobachtungen ist demnach:

$$MD = (X^T - X^N)' \, G \, (X^T - X^N), \tag{3.9}$$

wobei X^T (X^N) der Spaltenvektor der Matchvariablen für die Beobachtung der Gruppe der Teilnehmer (Nichtteilnehmer) darstellt. G ist die genannte Gewichtungsmatrix der Matchvariablen.

Die Ergebnisvariable in den genannten Untersuchungen war das Einkommen. Das Matching fand auch hier unter Berücksichtigung einer Gruppe von Variablen statt, von denen angenommen werden konnte, daß sie die Ergebnisvariable beeinflussen. Wiederum gehörten Alter und Geschlecht zu den entscheidenden Merkmalen, ergänzt um Informationen hinsichtlich der Ausbildung und des Einkommens vor der Maßnahme. Um die Bedeutung für das Ergebnis genauer bestimmen zu können, wurde eine Gewichtung hinsichtlich der Variablen vorgenommen.

Wie erwähnt handelt es sich beim Matching um eine Methode, die aufgrund ihrer Voraussetzungen eine hohe Datenqualität erfordert; ferner müssen die für einen Maßnahmeerfolg relevanten Merkmale bekannt sein. Diese Bedingungen, die für die Gültigkeit der ABU erfüllt sein müssen, führen entweder zu einer Beschränkung in den berücksichtigten Variablen, oder verursachen ein massives Dimensionsproblem bei der Auswertung. Um dennoch einen Vergleich auf der Basis von sämtlichen Variablen, die für entscheidend gehalten werden, vornehmen zu können, wurde ein weiteres Verfahren entwickelt: das „*Propensity Score-Matching*" (PSM). Diese Methode ermöglicht ein Matching anhand der Teilnahmeneigung (bzw. Teilnahmewahrscheinlichkeit). Auf diese Weise kann die Ähnlichkeit zwischen Teilnehmern und Nichtteilnehmern bestimmt werden. Je größer die Übereinstimmung zwischen den Teilnehmern ist, desto höher ist die Matchqualität. Aufgrund der Bedeutung, die das PSM in Untersuchungen erlangt hat, wird auf diese Methode nun genauer eingegangen.

Die Entwicklung des PSM geht zurück auf Rosenbaum/Rubin (1983, 1985). Erst allmählich fand die Methode in der empirischen Praxis Anwendung.[54] In jüngster Zeit gibt es jedoch immer mehr Studien, die auf diesen Ansatz zurückgreifen, insbesondere auch in Deutschland.[55] Um das Dimensionsproblem zu lösen, wird der Vektor z (der Vektor exogener Variablen) zu einem einzigen Maß – dem

[54] Vgl. hierzu *Heckman/Ichimura/Todd* (1997) sowie den Kommentar von *Dehejia/Wahba* (1998), S. 1.

[55] Exemplarisch seien genannt: *Almus et al.* (1998), *Lechner* (1995), *Fitzenberger/Prey* (1998), *Hujer/Maurer/Wellner* (1998a,b, 1999).

propensity score p(z) – verdichtet. Rosenbaum/Rubin (1983) haben gezeigt, daß die ABU auch für den *propensity score* (PS) gilt. Dieser kann formuliert werden als

$$p(z) = P(S=1 \mid Z=z). \qquad (3.10,PS)$$

Für den Fall der Gültigkeit der ABU ist demnach eine Konditionierung auf den Teilnahmestatus ausreichend, um die statistische Unabhängigkeit zwischen potentiellem Ergebnis und dem Teilnahmestatus zu gewährleisten, die für die Bestimmung des kausalen Effekts notwendig ist.[56] Der Vorteil besteht nun in einer deutlichen Reduzierung des Dimensionsproblems, da nur noch anhand einer skalaren Größe zu matchen ist.[57] Der Nachteil dieses Verfahrens ist allerdings, daß *p(x)* nicht aus den vorhandenen Daten hervorgeht, sondern geschätzt werden muß.
Als Verallgemeinerung bzw. als Überbegriff führen ebenfalls Rosenbaum/Rubin (1983) den sogenannten *balancing score* ein (S. 43):

„(i) The propensity score is a balancing score.

(ii) Any score that is ‚finer' than the propensity score is a balancing score; moreover, *z* is the finest balancing score and the propensity score is the coarsest."

Demnach ist *Z=z* der differenzierteste und der *propensity score* der einfachste *balancing score*. Üblicherweise werden in der Literatur Zwischenwerte verwendet.
Nach der Auswahl der relevanten Charakteristika und der Bestimmung des *propensity score* ist nun zu unterscheiden, nach welchem Verfahren gematcht werden soll. Drei häufig verwendete Verfahren sind das Nearest-Neighbor Matching (siehe Seite 36), das Caliper-Matching und das Kernel-Matching.[58]
Das Caliper-Matching[59] ist eine Version des Nearest-Neighbor Matching. Wie bereits oben beschrieben werden beim Nearest-Neighbor Matching jeweils die beiden Beobachtungen aus Programm- und Kontrollgruppe einander zugewiesen, die die größte Ähnlichkeit aufweisen (Siehe Gleichung 3.9). Beim Caliper-Matching ist jedoch zusätzlich eine maximale Abweichung definiert, die zwischen den beiden Beobachtungen vorliegen darf. Eine Zuordnung von zwei Beobachtungen erfolgt somit nur, wenn

$$\| X^T - X^N \| < \varepsilon \qquad (3.11)$$

[56] Vgl. hierzu *Almus et al.* (1998), S. 567.
[57] Vgl. u.a. *Hujer et al.* (1998a).
[58] Eine weitere Übersicht über Matchverfahren anhand des *propensity score* geben *Rosenbaum/Rubin* (1985).
[59] Siehe hierzu *Cochran/Rubin* (1973).

Die Symbole ‖ ‖ stellen hier das metrische Distanzmaß für die Charakteristika X dar, während ε die vorher definierte Grenze der gerade nicht mehr zu tolerierenden Abweichung bezeichnet. Liegt die Abweichung über ε wird die betreffende Beobachtung der X^N übergangen, es findet kein Matching statt.
Ein weiteres Matchverfahren, das sich nicht auf das PSM beschränkt, ist das *Kernel-Matching*. Dieses Verfahren verwendet die gesamte Kontrollgruppe, und nicht, wie die oben genannten Verfahren, lediglich bestimmte Beobachtungen. Die Beobachtungen in der Kontrollgruppe werden allerdings für jede Beobachtung unterschiedlich gewichtet.[60] Daher kann das Kernel-Matching punktbezogen auf eine bestimmte Beobachtung vorgenommen werden, aber auch für weitere Intervalle definiert werden.

3.1.2.3.3 Parametrische Modelle

Die bisher vorgestellten nicht-parametrischen Ansätze basieren im Wesentlichen darauf, detailliertes Wissen über den Teilnahmeprozeß mit aussagekräftigen Daten zu verknüpfen. Für die Bestimmung von θ_0 konnte daher weitgehend auf Annahmen verzichtet werden, die eine ökonomische Interpretation erschweren. Eine weitere Möglichkeit, den Erfolg einer Maßnahme zu bestimmen, ist die der parametrischen oder semi-parametrischen Modellierung. Diese Modellierung bezieht sich sowohl auf Auswahlprozesse der Teilnahme an einem Programm, als auch die Bestimmung der Ergebnisvariablen.[61] Dabei werden restriktivere Annahmen benötigt als noch bei der nicht-parametrischen Schätzung.
Ökonometrische Regressionsansätze weisen bei einer Vielzahl von Variablen im Verhältnis zur Stichprobengröße große praktische Vorteile auf. Der Einfluß von beobachtbaren Charakteristika auf die Ergebnisvariable wird typischerweise anhand einer parametrischen Spezifikation zu modellieren versucht.[62] Lechner (1998) unterscheidet zwei Ansätze zur Identifikation von θ_0. Zum einen ist dies der strukturelle Ansatz, zum anderen der Reduzierte-Form-Ansatz. Beim *strukturellen Ansatz* wird der Einfluß einer Teilnahme an einer Maßnahme auf die Ergebnisvariable ausgehend von einem individuellen Nutzenmaximierungskalkül gemessen. Unter Berücksichtigung von Annahmen über die gemeinsame Verteilung und gewissen Fehlertermen kann θ_0 bestimmt werden. Da nicht alle Annahmen auf ökonomischen Sachverhalten basieren, werden diese teilweise vernachlässigt. Dann kann θ_0 nicht mehr genau bestimmt werden, sondern muß auf ein Intervall eingeschränkt werden.[63]

---

[60] Typischerweise ist die Gewichtung mittels des Kernels normalverteilt. Siehe *Heckman/LaLonde/Smith* (1999), S. 1954.
[61] Vgl. *Lechner* (1998), S. 31.
[62] *Fitzenberger/Speckesser* (2000), S. 9.
[63] Siehe hierzu *Manski* (1990).

Der zweite von Lechner (1998) dargestellte Ansatz wird als *Reduzierter-Form-Ansatz* bezeichnet. Mittels semi-parametrischer Selektionsmodelle können hier auch konsistente Schätzungen für θ_0 erzielt werden, wenn die ABU nicht gilt. Um diese Methoden anwenden zu können, werden umfangreiche Annahmen benötigt, auch um die ABU zu ersetzen. Diese zusätzlichen Annahmen sind allerdings aus ökonomischer Sicht meist kaum nachzuvollziehen. Die Anwendung dieser (semi)parametrischen Ansätze ist zudem mit einigen Komplikationen in der praktischen Umsetzung verbunden, weshalb eine weitere Verbreitung speziell in Deutschland bisher unterblieben ist. Auch die bereits erwähnte Verwendung von teils sehr restriktiven und dem ökonomischen Verständnis widersprechende Annahmen schränken die Handhabung parametrischer Methoden stark ein.[64]

3.1.2.4 Methoden mit unbeobachtbaren Variablen

In Teilen der Literatur wird angemerkt, daß die ABU keine adäquate identifizierende Annahme darstellt.[65] So ist es durchaus denkbar, daß es Charakteristika gibt, die gleichzeitig auf die Teilnahmeentscheidung und die Ergebnisvariable Einfluß haben. Fitzenberger/Speckesser (2000) nennen als Beispiele hierfür die individuelle Einschätzung eines potentiellen Maßnahmeerfolgs oder eine Maßnahmeteilnahme in näherer Zukunft, die potentielle Teilnehmer in ihrem Verhalten beeinflußt. Sollte dies der Fall sein, reichen die beobachtbaren Charakteristika nicht für einen Vergleich zwischen Programm- und Kontrollgruppe aus.
Der Umgang mit Modellen, die Selektion aufgrund unbeobachtbarer Variablen vornehmen, ist jedoch schwieriger als mit beobachtbaren Variablen:

> „This is a much more serious problem than selection on observables because solutions require strong (largely untestable) behavioral assumptions, complex nonlinear estimation models, or difficult to obtain data."[66]

Im folgenden sollen kurz drei Ansätze vorgestellt werden, die das Evaluationsproblem auf der Basis von Selektion hinsichtlich unbeobachtbarer Variablen mit Hilfe ökonometrischer Verfahren zu lösen versuchen. Zum einen handelt es sich dabei um das *„Fixed-Effect Model"*, zum zweiten die Methode der *„Instrumental Variables"* (Instrumentenvariablen) und zum Dritten um die Methode der *„Index Sufficient Models"*.
(1) Fixed Effect Model: Die vermutlich erste Studie, die versuchte, einen Maßnahmeeffekt ökonometrisch zu lösen und dabei auf die Selektion in ein Programm auf Basis unbeobachtbarer Variablen zurückgriff, ist die von Ashenfelter

---

64 Vgl. *Heckman/Ichimura/Smith/Todd* (1996).
65 Beispielsweise *Heckman/LaLonde/Smith* (1999), *Fitzenberger/Speckesser* (2000); *Heckman/Smith* (1997) sehen die ABU als strenge Annahme und daher nachteilig.
66 *Friedlander/Greenberg/Robins*, S. 1816.

(1978). Hierbei wird ein einfaches Modell von Humankapital-Investitionen entwickelt, bei dem die Erwerbsgeschichte eine bedeutende Rolle spielt. Da die Ergebnisvariable das Einkommen ist, wird somit das Einkommen vor der Programmteilnahme betrachtet. Die entscheidende Annahme in der Untersuchung ist die, daß die Entwicklung der Einkommensfunktion durch einen sogenannten „fixed effect“ beeinflusst wird, der unbeobachtbare Größen wie Fähigkeiten, Motivation oder andere vorangegangenen Investitionen in das Humankapital abbildet.[67]
In diesem Modellrahmen gelang Ashenfelter der Nachweis des sogenannten „Pre-Programm Dip“, nach dem Maßnahmeteilnehmer unmittelbar vor dem Programm einen signifikanten Einkommensrückgang erfahren mußten (siehe Kapitel 3.1.2.2). Dieser Sachverhalt konnte zwar durch zahlreiche andere Studien bestätigt werden, Ashenfelters methodisches Vorgehen im Rahmen seiner Untersuchung war jedoch Gegenstand kontroverser wissenschaftlicher Analyse.[68] Eine abschließende Beurteilung der Methode konnte jedoch nicht getroffen werden. Die Fixed-Effect Methode findet jedoch weiter in der Literatur Beachtung.[69]
(2) Methode der Instrumentenvariablen (Instrumental Variables): Diese Methode genießt einige Verbreitung, um verschiedene Arten von Programmen zu evaluieren und die Wirkungen der Maßnahmen zu identifizieren.[70] Im Vergleich mit anderen ökonometrischen Schätzern sind die erforderlichen Annahmen recht schwach und wenig restrikitv, was einen Vorteil gegenüber anderen Verfahren darstellt.[71] Ziel dieses Schätzers ist es, ein Instrument für die Variable des Teilnahmestatus (in den obigen Gleichungen S) zu definieren, das unkorreliert ist mit den unbeobachtbaren Fehlertermen.[72] Da dieses Instrument den Teilnahmestatus beeinflussen soll, nicht jedoch die Ergebnisvariable, ist es schwierig, eine geeignete Variable zu finden. Dieser Umstand macht die Methode eher schwierig in der Anwendung, obwohl bereits einige Versuche erfolgreich verlaufen waren.[73] Hinzu kommt, daß die Methode schnell an ihre Grenzen stößt, wenn hinsichtlich der Programmwirkung Heterogenität bei den Teilnehmern beobachtet wird.[74]

---

[67] *Ashenfelter* (1978), S. 49.
[68] Siehe hierzu beispielsweise *Bloom* (1984) und *Bassi* (1987).
[69] Beispielsweise *Heckman/Robb* (1985a, b); *Heckman/Hotz* (1989) entwickeln beispielsweise zwei Varianten dieses Schätzers (S. 865).
[70] Vgl. *Heckman* (1997).
[71] Vgl. *Heckman/Robb* (1985a, b).
[72] Exemplarisch können *Heckman/Robb* (1985a,b), *Angrist/Imbens/Rubin* (1996) genannt werden.
[73] Vgl. *Friedlander/Greenberg/Robins* (1997).
[74] Vgl. zum Beispiel *Heckman* (1997).

(3) Index Sufficient Models: Das Problem der Selektionsverzerrung bei Selektion hinsichtlich unbeobachtbarer Variablen soll im Rahmen dieser Methode mittels Annahmen gelöst werden, wie sich der Index der Selektion darstellt.[75] Das Verfahren geht zurück auf Heckman (1979). Die häufigste Anwendung erfolgt anhand eines zweistufigen Schätzverfahrens. In einem ersten Schritt wird der Datensatz mit einer Probit-Funktion nach der Teilnahme analysiert. In einem zweiten Schritt wird mit dem geschätzten Teilnahmestatus (gewichteter Mittelwert) die Ergebnisvariable bestimmt.[76] Diese Methode ist jedoch recht unzuverlässig. Auf einige Schwächen weisen beispielsweise Westat (1984) in ihrer Studie hin. Sie kommen zu der Einschätzung, daß „ [...] die geschätzten Partizipations-Variablen in der Einkommensfunktion schwach mit der eigentlichen Teilnahme korreliert und die sich daraus ergebenden Schätzungen für den Nettoeinfluß instabil sind [...]“ (0-10, Übersetzung des Autors).

3.1.3 Soziale Experimente

3.1.3.1 Einführung

Soziale Experimente gelten als die zuverlässigste Form, Informationen über die reine Programmwirkung zu gewinnen. Bei diesem Weg, Daten für eine Evaluierung zu erheben, werden potentielle Teilnehmer an der zu untersuchenden, beschäftigungspolitischen Maßnahme in (mindestens) zwei Gruppen eingeteilt: eine Programm- und eine Kontrollgruppe. Den Personen, die für die Programmgruppe vorgesehen sind, wird eine Teilnahme an der Maßnahme ermöglicht, während die Personen der Kontrollgruppe bewußt von der Maßnahme ausgeschlossen werden. Da es sich bei der Einteilung in die beiden Beobachtungsgruppen um einen stochastischen Prozeß („Randomization“) handelt, werden die Gruppen vergleichbar. So sollen Verzerrungen ausgeschlossen werden.
Die Idee einer vergleichenden Studie dieser Art liefert bereits Fisher (1935), wenn auch für den landwirtschaftlichen Sektor. Schon hier spielt die Frage nach dem kausalen Effekt einer bestimmten Handlung die zentrale Rolle. In die Sozialwissenschaften hielt dieser Ansatz Einzug im Rahmen des Paradigmas der sozialen Planung, das insbesondere durch Haavelmo (1944), Marschak (1953)[77] und Tinbergen (1956) begründet wurde. Schon hier werden Zufallsprozesse als

---

[75] Siehe *Barnow* (1987), S. 181.

[76] Siehe zu dieser Methode *Friedlander/Greenberg/Robins* (1997), *Barnow* (1987), *Barnow/Cain/Goldberger* (1980).

[77] Auf *Haavelmo* (1944) und *Marschak* (1953) läßt sich bereits die Verwendung ökonometrischer Modelle als Instrument zur Generierung verschiedener Kontrollgruppen zurückverfolgen; vgl. hierzu *Heckman/Ichimura/Smith/Todd* (1998), S. 1026.

Teil ökonomischer Betrachtung verstanden. Weitere Beiträge stammen u.a. von Cox (1958), Rubin (1978) und Holland (1986).
In den vergangenen Jahren wurde bei der Evaluation sämtlicher bedeutender Beschäftigungs- und Trainingsprogramme in den USA auf die Methode der experimentellen Datengewinnung zurückgegriffen. In Europa ist dieser Ansatz weit weniger verbreitet, wenn auch einige wenige experimentelle Evaluationen in Großbritannien, Norwegen und Schweden durchgeführt wurden. Auch in Deutschland besteht weitgehende Zurückhaltung, die mit der politischen Akzeptanz dieser Methode verbunden ist. Derzeit werden nur einige Programme auf Basis von Experimenten wissenschaftlich begleitet.
Im folgenden Kapitel soll zunächst der Ansatz vorgestellt werden, der bei der Verwendung von Sozialen Experimenten gewählt wird, um das Evaluationsproblem zu beantworten. Im Anschluß wird auf die Rolle eingegangen, die Soziale Experimente in den Sozialwissenschaften einnehmen. Hier soll insbesondere auch auf ethische Fragen eingegangen werden, die im Zusammenhang mit der Konstruktion von Experimenten beantwortet werden müssen. Auch auf die Bedeutung dieser Evaluationsmethode in Deutschland wird an dieser Stelle eingegangen. Des weiteren werden Vor- und Nachteile von Experimenten beschrieben.

3.1.3.2 Lösung des Evaluationsproblems mittels sozialer Experimente

Auch Evaluationen, die in ihrer Konzeption auf eine experimentelle Methode zurückgreifen, geben ihre Schätzungen hinsichtlich der gesuchten Parameter unter Berücksichtigung von Annahmen ab, die einerseits statistischer Natur sind, sich andererseits aber auf das Verhalten der teilnehmenden Personen beziehen.[78]
Wie bereits erwähnt, werden die Personen, die potentiell als Teilnehmer an dem Programm in Frage kommen, in einem Zufallsprozeß in Programm- und Kontrollgruppe aufgeteilt. Um zu kennzeichnen, daß es sich bei einer Personengruppe um eine zufällig eingeteilte Gruppe handelt, soll „*" den stochastischen Prozeß kennzeichnen.
Wie bei der Beschreibung des Evaluationsproblems und den Lösungsansätzen der nichtexperimentellen Methoden lassen sich drei Komponenten in der formalen Darstellung unterscheiden: Y_0 für Personen der Kontrollgruppe (Nichtteilnehmer), Y_1 für Personen der Programmgruppe (Teilnehmer), sowie die Indikatorvariable S, die den Teilnahmestatus einer Person definiert. Gemäß dieser Definitionen lassen sich die zufälligen Zuweisungen zu der einen oder anderen Gruppe als (Y_0^*, Y_1^*, S^*) darstellen. Um eine weitere Unterscheidung zu treffen

[78] Die folgende formale Darstellung orientiert sich weitgehend an der übersichtlichen Darstellung von *Heckman/LaLonde/Smith* (1999). Dieses Vorgehen gewährleistet einen ersten Einblick in die Funktionsweise dieses Schätzers bei einheitlicher Notation.

zwischen den Personen, die potentiell teilnehmen könnten $(S^*=1)$,[79] aber im Rahmen der zufälligen Auswahl der Kontrollgruppe zugeordnet wurden, ergibt sich $R=0$. Für potentielle Teilnehmer, die auch tatsächlich am Programm teilnehmen, ist $R=1$, wobei die Wahrscheinlichkeit, in die Programmgruppe eingeteilt zu werden, bei p liegt.[80] $(S^*=0)$ ergibt sich, wenn Personen nicht qualifiziert sind, am Programm teilzunehmen, oder aber, wenn sich potentielle Teilnehmer entschließen, nicht am Programm teilzunehmen.[81] Da diese Personengruppe nicht für eine (zufällig bestimmte) Teilnahme in Frage kommt, gibt es für diese keinen Wert für R.

Dieses Vorgehen impliziert, daß die Wahrscheinlichkeit für eine Teilnahme p als wahrer, unabhängiger Wert angesehen wird. Der Zufallsprozeß hat demnach keinen Einfluß auf die Charakteristika der potentiellen Teilnehmer.[82] Oder mit anderen Worten: Die Zufallsauswahl verändert nicht die Wahrscheinlichkeit (im Folgenden *Pr*) für eine bestimmte Personengruppe, an dem Programm teilzunehmen. Formal läßt sich diese Annahme folgendermaßen darstellen:

$$Pr\ (S=1 \mid z) = Pr\ (S^*=1 \mid z,\ p) \qquad \text{(AN4)}$$

Des weiteren wird vorausgesetzt, daß bezüglich des Wertes der Ergebnisvariablen (Y_1^*, Y_0^*) kein Unterschied in der Verteilung der Ergebnisse (*F*) vorliegt, unabhängig davon, ob es sich bei der vorliegenden Untersuchung um ein experimentelles Design handelt oder nicht. Auch dieser Zusammenhang läßt sich formal darstellen, wobei hinsichtlich der Verteilung $(y_1^*, y_0^*) = (y_1, y_0)$ vorausgesetzt wird.[83]

$$F\ (y_1^*,\ y_0^*,\ z \mid S^*=1) = F\ (y_1,\ y_0,\ z \mid S=1) \qquad \text{(AN5)}$$

Wie bereits bei der Darstellung des Modells potentieller Ereignisse beschrieben wurde ist es nicht möglich, den Effekt einer Maßnahme bei einer Person zu messen, da diese nicht im Zustand mit und ohne Maßnahme gleichzeitig beobachtet werden kann. Statt dessen werden vergleichbare Gruppen gebildet und der mittlere kausale Effekt ermittelt (vergleiche Abschnitt 3.1.1.2.2 in diesem Kapitel). Dies ist auch das Vorgehen, das im Rahmen von sozialen Experimenten gewählt

---

[79] S* und S müssen sich nicht entsprechen. Ein Unterschied zwischen den Werten der Variablen kann dann vorliegen, wenn die Zufallsprozesse die Teilnahmeentscheidung potentieller Teilnehmer beeinflussen. Normalerweise ist zum Zeitpunkt der Untersuchung mit einem experimentellen Design S^* bereits bekannt. Ist $S^*=1$, dann ist R unabhängig von (Y^1, Y^0, Z). Vgl. hierzu *Heckman/Smith* (1997), *Heckman* (1992).

[80] Für den Fall, daß eine Auswahl nicht zufällig erfolgt, ist die Wahrscheinlichkeit für R=1 bei S*=1 gegeben mit p=1.

[81] Vgl. *Heckman/Smith* (1997), S. 45.

[82] Vgl. *Heckman* (1992), S. 215.

[83] Vgl. *Heckman/Smith* (1997), S. 46.

wird. Wie bereits beschrieben können durch die Randomisierung, d.h. die zufällige Einteilung in Programm- und Kontrollgruppe, Verzerrungen im Ergebnis entstehen, wenn durch das Vorgehen die Struktur der Teilnehmer oder die Wirkung des Programms beeinflusst werden.
Anders als die Annahmen (AN4) und (AN5), die an der Teilnahmewahrscheinlichkeit bzw. der Verteilung der Ergebnisse ansetzen, begegnet Annahme (3.12) diesem Problem über die Bestimmung der Eigenschaften der Mittelwerte von Programm- und Kontrollgruppe. Mit der Ausnahme von zwei Spezialfällen, die weiter unten im Text beschrieben werden sollen, schließt Annahme (3.12) sowohl Änderungen im Teilnahmeverhalten aufgrund der Zufallsauswahl aus, als auch Veränderungen im eigentlichen Prozeß der Programmteilnahme.

$$E(Y_1{*}-Y_0{*}|Z,\ S{*}=1) = E(Y_1-Y_0|Z,\ S=1). \qquad (3.12)$$

Diese Annahme besagt, daß die Mittelwerte von Kontroll- und Programmgruppe, die durch zufällige Auswahl entstanden sind, die gewünschte Information hinsichtlich der gesuchten Maßnahmeeffekte abbilden.
Durch Annahme (3.12) werden Verzerrungen durch die Zufallsauswahl bereits in ausreichendem Maße ausgeschlossen. Heckman/LaLonde/Smith (1999, S. 1899) nennen restriktivere Bedingungen, die wegen (3.12) jedoch nicht zwingend formuliert werden müssen. Demnach müssen sich bereits die einzelnen Komponenten der Gleichung (3.12) entsprechen, nicht bloß deren Differenz:

$$E(Y_1{*} \mid Z,\ S{*}=1) = E(Y_1 \mid Z,\ S=1) \qquad (3.13a)$$

sowie

$$E(Y_0{*} \mid Z,\ S{*}=1) = E(Y_0 \mid Z,\ S=1). \qquad (3.13b)$$

Gilt Annahme (3.13a), so kann für alle potentiellen Teilnehmer $(S=1)$, die als Programmteilnehmer ausgewählt wurden $(R=1)$, geschrieben werden:

$$E(Y_1 \mid Z,\ S=1,\ R=1) = E(Y_1 \mid Z,\ S=1) \qquad (3.14)$$

Diese Information läßt sich aus den Daten der eigentlichen Programmteilnehmer ermitteln, wobei somit eine Komponente des Modells potentieller Ereignisse gewonnen ist. Zu einer Identifikation des Maßnahmeeffektes fehlen nun noch die Angaben, die potentielle Teilnehmer bei einer Nichtteilnahme betreffen. Diese Information wird verwendet, um die alternative Entwicklung der Teilnehmer zu beobachten und somit als Differenz den eigentlichen Maßnahmeeffekt zu isolieren.
Die Voraussetzung für diese Beobachtung findet sich bei Betrachtung von Gleichung (3.13b). In einem weiteren Schritt werden die Personen beobachtet, die potentiell am Programm teilnehmen könnten $(S=1)$, jedoch in die Kontrollgrup-

pe eingeteilt wurden *(R=0)*. Daraus ergibt sich die Information, die ein soziales Experiment hinsichtlich der Vergleichsgruppe zur Verfügung stellt:

$$E(Y_0 \mid Z, S=1, R=0) = E(Y_0 \mid Z, S=1). \tag{3.15}$$

Dieser Ansatz stellt die Komponenten zur Verfügung, die benötigt werden, um einen Vergleich gemäß des Modells potentieller Ereignisse anzustellen. Ein einfacher Vergleich der Mittelwerte ergibt die zusätzliche Wirkung eines Programms auf ihre Teilnehmer *(Δ)*:

$$E(\Delta \mid Z, S=1, R=1) = E(Y_1 - Y_0 \mid Z, S=1) \tag{3.16}$$

Die Selektionsverzerrung, die bei den nichtexperimentellen Verfahren eine wesentliche Schwierigkeit darstellt, kann durch das beschriebene Vorgehen weitgehend ausgeschlossen werden, da sich die Personengruppen der Programm- und Kontrollgruppe hinsichtlich der entscheidenden Charakteristika *(Z)* entsprechen.[84]

Sollten Annahme (3.12) oder Annahmen (3.13a) und (3.13b) nicht erfüllt sein, weil die Wahrscheinlichkeit für einzelne Personen, an dem Programm teilzunehmen, unterschiedlich ist, wirkt sich das auf das Gesamtergebnis aus. Es besteht die Gefahr, daß es zu einer verzerrten Einschätzung über den Programmerfolg kommt, da sich nun S und S^* in den genannten Gleichungen unterscheiden. Heckman/LaLonde/Smith (1999) unterscheiden zwei Spezialfälle, in denen eine Schätzung trotz Nichterfüllung der Ausgangsannahmen nicht verzerrt ist. Im ersten Fall handelt es sich um die sogenannte „Common Treatment Effect Assumption“[85], nach der der Maßnahmeeffekt für alle potentiellen Teilnehmer identisch ist. Die Wirkung der Maßnahme ist demnach für die Personen gleich, die am Programm teilnehmen. Dies geschieht unabhängig davon, welche Personen in der Programm- und welche in der Kontrollgruppe beobachtet werden. Eine Verzerrung hinsichtlich des Programmeffektes ist durch diese Annahme ausgeschlossen.

Der zweite Spezialfall liegt dann vor, wenn die Entscheidung, an einem Programm teilzunehmen, nicht von dem erwarteten Maßnahmenutzen beeinflußt wird. Dieser Fall kann auftreten, wenn die potentiellen Teilnehmer zwar $E(\Delta \mid Z)$ kennen, nicht jedoch das Δ zum Zeitpunkt der Teilnahmeentscheidung bekannt ist. Formal ist somit

$$E(\Delta \mid Z, S=1) = E(\Delta \mid Z) \tag{3.17}$$

und damit unabhängig von S. Hat einer dieser beiden Sonderfälle Gültigkeit, kann von einer verzerrungsfreien Schätzung ausgegangen werden, da in beiden

[84] Für eine detaillierte Herleitung vergleiche *Heckman/LaLonde/Smith* (1999), S. 1900.
[85] Vgl. *Heckman* (1992).

Fällen der mittlere Wert der Maßnahme auf eine zufällig ausgewählte Person identisch ist mit der durchschnittlichen Wirkung der Maßnahme auf die Programmgruppe („Treatment on the Treated"-Effekt).

3.1.3.3 Mögliche Einschränkungen sozialer Experimente

Auch soziale Experimente unterliegen Einschränkungen in ihrer Interpretierbarkeit aufgrund von möglichen Verzerrungen. Einige dieser Grenzen von sozialen Experimenten werden im folgenden dargestellt. Die hier vorgestellten Einschränkungen dienen vorwiegend der Illustration der Schwierigkeiten, mit denen experimentelle Ansätze trotz ihrer teilweisen Vorteile behaftet sind. Im folgenden wird auf die Schwierigkeiten des Randomization Bias, des Substitution Bias, der Unzulänglichkeit von Daten sowie der ethischen Einwände, die häufig gegen ein experimentelles Untersuchungsdesign vorgebracht werden, eingegangen. Weitere Bias Probleme sind jedoch je nach Untersuchungsgegenstand denkbar.[86]

3.1.3.3.1 Verzerrung durch Zufallsprozesse: Randomization Bias

Die mögliche Verzerrung der Ergebnisse einer Evaluation mit experimentellem Design durch Randomization Bias setzt an bei den impliziten Annahmen *(AN4)* und *(AN5)*. Wie geschildert setzen diese voraus, daß weder die Teilnahmeentscheidung (und somit die Teilnahmewahrscheinlichkeit) für potentielle Teilnehmer, noch die Verteilung der Werte der Ergebnisvariablen von der experimentellen Vorgehensweise beeinflußt wird. Sollten jedoch die Auswahlprozesse die Teilnahmebereitschaft beeinflussen, kann es zu signifikanten Abweichungen in den Ergebnissen kommen.[87]

Der Hinweis auf möglich Verzerrungen durch die verwendeten Zufallsprozesse hat durchaus Berechtigung. Die genannten Annahmen sind durchaus sinnvoll im Kontext des Modells von Fisher (1935), auf denen das Vorgehen im Rahmen der sozialen Experimente basiert. Hierbei werden Versuche im landwirtschaftlichen bzw. biologischen Bereich vorgenommen. Sobald jedoch menschliches Handeln in ein Experiment einbezogen wird, kann es zu angepaßtem Verhalten kommen.[88] Menschliches Verhalten basiert auf bewußten Entscheidungen, und das

---

[86] Einige Schwierigkeiten können sich aus der jeweiligen Untersuchung individuell ergeben. Zu denken ist hier an die sabotierenden Aktivitäten von Beamten in Norwegen, die nicht mit der Untersuchung einverstanden waren. *Torp/Rauum/Herneas/Goldstein* (1993).

[87] Hinsichtlich *(AN4)* läßt sich dann feststellen, daß $E(\Delta \mid S^{*}=1, z)$ anstatt $E(\Delta \mid S=1, z)$ geschätzt wird. Dieser Wert ist allerdings nur dann von Interesse, wenn die angewandten zufälligen Auswahlprozesse permanenter Bestandteil des Programms sind. Vgl. hierzu *Heckman/ Smith* (1997).

[88] *Heckman* (1992, S. 215) schreibt hierzu treffend: „The Fisher model may be ideal for the study of fertilizer treatments on crop fields. Plots of ground do not respond to anticipated treatments of fertilizer, nor can they excuse themselves from being treated."

experimentelle Untersuchungsdesign ist Teil dieser Entscheidungs- und Verhaltensprozesse. Risikoaverse Personen treffen beispielsweise andere Entscheidungen als risikofreudige Menschen. Während das experimentelle Vorgehen im Zusammenhang mit Menschen zunächst im Rahmen von klinischen Tests in der Medizin problematisiert wurde,[89] konnten die genannten Schwierigkeiten jedoch auch auf die sozialwissenschaftliche Verwendung übertragen werden.[90] So findet das Phänomen des Randomization Bias durchaus Beachtung in der praktischen Umsetzung von Programmen.[91]
Die Verzerrung durch den Zufallsprozeß eines sozialen Experiments wird bestimmt im Vergleich mit dem Handeln der potentiellen Teilnehmer an einer Maßnahme bei Abwesenheit der experimentellen Untersuchung. Da Menschen, die mit dem untersuchten Programm zu tun haben, dieses Zufallsdesign in ihr Kalkül aufnahmen, kann es zu Abweichungen im Vergleich mit dem Programm ohne Zufallsauswahl kommen. Dieses abweichende und daher verzerrende Handeln kann theoretisch bei allen beteiligten Personen festgestellt werden. Als Beispiel für eine Verhaltensänderung auf Seiten der potentiellen Programmteilnehmer kann genannt werden, wenn risikoaverse Personen von einer Bewerbung für eine Programmteilnahme wegen der Unsicherheit über eine Einteilung in die Programmgruppe absehen. Dieses angepasste Verhalten verändert die ursprüngliche Zielgruppe eines Programms.[92] Aber auch Einrichtungen, deren Programme untersucht werden, können die Quellen von Verzerrungen sein. Wenn aufgrund des Untersuchungsdesigns mehr Personen in den Kreis der potentiellen Teilnehmer aufgenommen werden als dies normalerweise der Fall gewesen wäre (z.B. durch Vorgabe einer Mindestzahl von Personen in der Programm- und Kontrollgruppe), kann sich dies nachteilig auf das (durchschnittliche) Profil der berücksichtigten Personen auswirken. Das Qualifikationsniveau wird durch das experimentelle Design gesenkt.
Da das Auftreten von Randomization Bias häufig keine Beachtung findet, handelt es sich um ein entscheidendes Problem, das nicht nur im Rahmen von theoretischen Überlegungen auftreten kann. Tatsächlich handelt es sich um eine empirisch relevante Schwierigkeit. Insbesondere jedoch wenn die Untersuchung bereits bei Beginn eines Programms mit gestaltet werden kann, können Verzerrungen dieser Art zumeist vermieden werden. Eine Überprüfung hinsichtlich der Verzerrungen durch die experimentellen Zufallsprozesse ist jedoch generell empfehlenswert.

---

[89] *Kramer/Shapiro* (1984).
[90] Beispielsweise *Ashenfelter/Card* (1985).
[91] *Doolittle/Traeger* (1990) dokumentieren beispielsweise die Schwierigkeiten im Rahmen des MDRC-Programms.
[92] Vgl. *Heckman/ Smith* (1997), S. 49.

3.1.3.3.2 Substitution Bias

Eine weitere Quelle möglicher Verzerrungen von Programmwirkungen liegt im sogenannten Substitution Bias. Dieser entsteht, wenn die Mitglieder der Kontrollgruppe Zugang zu anderen Maßnahmen oder Programmen als den untersuchten haben. Im Fall von Weiterbildungsmaßnahmen sind Programme denkbar, in deren Rahmen sich die Personen der Kontrollgruppe weiterbilden, ohne daß dies von der Konzeption der Untersuchung her vorgesehen wäre. Hierdurch kommt es zu einer Verwässerung der Vergleichsbasis für die eigentlichen Maßnahmeteilnehmer.

Das Problem trat ursprünglich bei klinischen Versuchen auf, als Personen merkten, daß sie als Teilnehmer der Kontrollgruppe nicht in den Genuß bestimmter Behandlungsmethoden kommen sollten. Statt dessen versuchten diese Personen, sich anderweitig mit einer Behandlung zu versorgen.[93] Der Status der Kontrollgruppe als Maßstab „Zustand ohne Behandlung" war somit nicht länger gültig. Auch in der sozialwissenschaftlichen Forschung hat das Phänomen der Verzerrung durch Substitution empirische Bedeutung erlangt.[94]

3.1.3.3.3 Ethische Einwände

Die Untersuchung sozialer Programme mittels sozialer Experimente ist ein Vorgehen, daß in Europa, im Gegensatz beispielsweise zu den Vereinigten Staaten, kaum gewählt wird.[95] Zentraler Grund für diese unterschiedliche Konzeption von Analysen sind in vielen Fällen Einwände, die sich auf die ethische Vereinbarkeit von experimentellen Auswahlprozessen mit den in den jeweiligen Ländern herrschenden Gerechtigkeitsvorstellungen beziehen. So sind beispielsweise häufig politische bzw. gesellschaftliche Einwände ausschlaggebend gegen eine derartige Evaluierung.

Burtless/Orr (1986, S. 621 ff.) kategorisieren die Überlegungen, die hinsichtlich ethischer Einwände bei der Konzeption von sozialen Experimenten typischerweise vorgebracht werden. Zum Ersten gilt die Frage den Personen, die per Zufallsauswahl in die Maßnahme eingeteilt wurden, also den Mitgliedern der Programmgruppe. Hierbei muß sichergestellt werden, daß sich durch die Teilnahme an der Maßnahme kein signifikantes Risiko ergibt, sich schlechter zu stellen als ohne das Programm. Zum Zweiten muß völlige Vertraulichkeit im Umgang mit den Angaben über die in die Untersuchung einbezogenen Personen gewahrt werden, verbunden mit der freien Entscheidung, überhaupt am Programm teilzunehmen bzw. eine Teilnahme abzubrechen. Schließlich werden ethische Be-

---

[93] Vgl. *Heckman/Smith* (1997), S. 49 f.

[94] siehe hierzu *Heckman/Hohmann/Khoo/Smith* (1995) in ihrer Evaluation des JTPA-Programms; weitere Studien, in denen der Substitution Bias eine Rolle spielt, sind beispielsweise *Cave/Quint* (1991) sowie *Puma/Bernstein/Merrell/Silverstein* (1990).

[95] Siehe hierzu exemplarisch die übersichtliche Darstellung in *OECD* (1993).

denken geltend gemacht, da einem Teil der Personen ein potentiell hilfreiches Programm vorenthalten wird. Da dies der am häufigsten geäußerte und vorkommende Kritikpunkt ist, soll dieser in den folgenden Betrachtungen im Mittelpunkt stehen.
Deutlich wird dieser Einwand am Beispiel der medizinischen Forschung, an die sich die Vorgehensweise bei sozialen Experimenten anlehnt.[96] Palca (1989) berichtet beispielsweise im Magazin „Science" von den Protesten gegen einen Versuch mit Medikamenten für AIDS-Patienten. Während einem Teil der Patienten ein potentiell heilendes Medikament zur Verfügung gestellt wird, wird genau dieses einem anderen Teil der Patienten vorenthalten. Da es nicht primäres Anliegen eines Versuchs ist, so vielen Menschen wie möglich zu helfen, sondern verläßliche Informationen über eine Behandlungsform zu gewinnen, ist das Vorgehen umstritten.[97] Daß experimentelle Studien auch bei den betroffenen Personen, d.h. potentiellen Teilnehmern an der Untersuchung, weniger beliebt sind als nicht-experimentelle Evaluationen, zeigt sich in der Untersuchung von Kramer/Shapiro (1984), ebenfalls im Zusammenhang mit der Erprobung von Arzneimitteln.
Ähnlich verhält sich die Problematik bei der Untersuchung von Programmen aus dem Bereich der Sozial- bzw. Wirtschaftswissenschaften. Während beispielsweise einem Teil einer Gruppe von Arbeitslosen eine bestimmte Fortbildungs- oder Umschulungsmaßnahme gewährt wird, kommt ein anderer Teil nicht in den Genuß des Programms. Das durch das experimentelle Prinzip bedingte Vorenthalten von Programmen, von denen erwartet wird, daß sie eine Verbesserung der Situation der Zielgruppe herbeiführen, wird hierbei kritisiert und als ungerecht bzw. unmoralisch empfunden.

3.1.3.3.4 Weitere Einschränkungen

Neben den genannten Einschränkungen gibt es weitere, die jedoch nur genannt werden sollen, ohne daß eine genauere Beschreibung erfolgt. In der Literatur wird eine Vielzahl möglicher Einschränkungen genannt, die teilweise sehr spezifisch für eine bestimmte Untersuchung sind. Gleichzeitig können in Evaluationen wiederum andere, möglicherweise abgewandelte Formen von Problemen auftauchen, die so nicht unbedingt vorher analysiert wurden.

---

[96] *Ashenfelter/Card* (1985) weisen auf eine mögliche Ähnlichkeit zwischen den diesbezüglichen Fragestellungen zwischen den beiden Disziplinen hin.

[97] Zusätzlicher Kritikpunkt in erwähnter Studie war die Tatsache, daß es mit großer Wahrscheinlichkeit zu Verzerrungen durch Substitution Bias kommt. Als Folge kann es sein, daß nicht einmal aussagekräftige Ergebnisse aus den Versuchen zu erwarten sind, obwohl es sich möglicherweise um ein lebensrettendes Medikament handelt. Hier findet als weitere Analyse des Programms eine genaue Abwägung und Kontrolle durch externe Instanzen statt.

Eine erste Einschränkung bezieht sich auf die institutionellen Gegebenheiten, in deren Rahmen eine experimentelle Untersuchung stattfindet. Heckman/Smith (1995) nennen drei mögliche Hindernisse, die durch den institutionellen Rahmen bedingt sein können. Erstens kann es der institutionelle Rahmen erschweren, einen geeigneten Ansatzpunkt für eine experimentelle Beobachtung zu finden;[98] zweitens können evtl. nicht mehrere Beobachtungsgruppen gebildet werden; schließlich kann freiwillige Teilnahme an den Untersuchungen die Gültigkeit der Ergebnisse über das Programm hinaus (externe Validität) gefährden.[99]
Ferner gibt es mehrere methodische Kritikpunkte, die beispielsweise von Burtless/Orr (1986) angebracht werden. Die Autoren nennen hier Verzerrungen, die entstehen können, weil Personen in der Nachbetreuung der Teilnehmer bzw. Nichtteilnehmer nicht mehr für eine Auswertung (z.B. Befragung) zur Verfügung stehen (Nonresponse Bias). Auch können Verzerrungen aufgrund der begrenzten Laufzeit eines Programms entstehen; in diesem Fall wird von der Zielgruppe anderes Verhalten beobachtet als unter normalen Umständen, da die Personen um die begrenzte Laufzeit eines Programms wissen. Dies ist allerdings ein Phänomen, daß eine Evaluierung mit nicht-experimentellen Methoden in gleichem Maße trifft.
Burtless (1993) weist ergänzend auf die hohen Kosten hin, die im Vergleich mit nicht-experimentellen Evaluationen oftmals höher ausfallen. Diese Kosten sind einerseits auf monetäre Aufwendungen zu beziehen, die durch das Untersuchungsdesign höher ausfallen; hinzu kommt meist ein höherer Zeitaufwand, den experimentelle Erhebungen benötigen; schließlich weist Burtless auf etwas hin, was er politische Kosten nennt: die zusätzlichen Schwierigkeiten bei der verwaltungstechnischen Realisierung und Umsetzung des Programms.

3.1.3.3.5 Zwischenergebnis

Die Untersuchung von Programmen mittels sozialer Experimente wird von zahlreichen Schwierigkeiten begleitet. Als eher methodische Einwände sind die Verzerrungen durch Randomization Bias und Substitution Bias zu verstehen. Die identifizierenden Annahmen für ein soziales Experiment lassen sich im Hinblick auf diese Formen der Verzerrung zusammenfassend folgendermaßen beschreiben:

---

[98] *Heckman* (1992) weist darauf hin, daß es grundsätzlich eine schwierige Entscheidung ist, zu welchem Zeitpunkt eines dynamischen Programms eine experimentelle Untersuchung stattfinden soll. Um wirklich genaue Ergebnisse zu erhalten, müssten Evaluierungen zu jedem Zeitpunkt unternommen werden. S. 222ff.

[99] Siehe *Heckman/Smith* (1995), S.101ff.

> "Randomization does not change the program being studied (no randomization bias), and no close substitutes for the treatment are available to persons randomized out (no substitution bias)."[100]

Insbesondere in Europa sind soziale Experimente bisher wenig verbreitet, was häufig mit ethischen Einwänden zusammenhängt. Die ungleiche und daher als ungerecht verstandene Behandlung verschiedener potentieller Programmteilnehmer im Rahmen von sozialen Experimenten erweist sich in vielen Fällen als großes Problem bei der Gestaltung von Evaluationen. Besonders deutlich werden die Einwände im Bereich der medizinischen Forschung, wenn u.U. die Gesundheit von Menschen durch Untersuchungsentscheidungen beeinflusst wird. Die Probleme im medizinischen Bereich lassen sich allerdings grundsätzlich auf sozialwissenschaftliche Fragestellungen übertragen, so daß vielfach ein berechtigter Einwand gegen experimentelle Untersuchungen gegeben scheint.
Weitere Einschränkungen, die gegenüber der Verwendung von Experimenten in der Untersuchung von Arbeitsmarktprogrammen angebracht werden, können einerseits institutioneller Art sein; andererseits sprechen weitere methodische Schwächen wie der Nonresponse Bias gegen diese Form der Evaluierung. Hinzu kommt meist ein höherer Zeit- und Kostenaufwand als bei nichtexperimentellen Untersuchungen.
Trotz dieser Schwierigkeiten gelten soziale Experimente als die zuverlässigste Methode, Informationen hinsichtlich der eigentlichen Programmwirkung zu erhalten. Können die genannten Probleme gelöst werden, stellen experimentell gestaltete Untersuchungen sicherlich eine Methode dar, die nicht weiter gemieden werden sollte. Erste experimentelle Studien in Deutschland beschreiten bereits diesen Weg der Informationsgewinnung.[101]

3.1.3.4 Die Rolle von sozialen Experimenten in der empirischen Forschung

Über die Bedeutung von sozialen Experimenten herrscht in der Wissenschaft keine übereinstimmende Beurteilung. Demnach stellen zwar bei einem Großteil der Literatur experimentelle Auswertungen von Programmen die zu bevorzugende Basis für Evaluationen dar. Während ein Teil der Literatur kontrollierte Experimente für die einzig zuverlässige Möglichkeit hält, eine Kontrollgruppe zur Messung des Programmerfolgs zu bilden,[102] kommen für eine andere Gruppe auch nicht-experimentelle Verfahren in Frage, um das Problem der Selektions-

---

[100] *Heckman/Smith* (1998), S. 265.
[101] Siehe das experimentelle Design zur Auswertung der Ergebnisse des Modellversuchs zum Einstiegsgeld, *Kirchmann/Spermann/Volkert* (2000).
[102] Beispielsweise *LaLonde* (1986), *Card/Sullivan* (1988), *Fraker/Maynard* (1987), *Bassi* (1983, 1984), *Friedlander/Robins* (1995).

verzerrung zu lösen.[103] Eine notwendige Überlegenheit von experimentellen Untersuchungen läßt sich nicht unbedingt feststellen.[104]

Trotz der oben genannten Nachteile stellen soziale Experimente den wirkungsvollsten Zugang zu den Informationen hinsichtlich des kausalen Effektes eines Programms dar, auch für Autoren, die starke Einwände gegen Experimente vorbringen können.[105] Wie bereits erwähnt stellen jedoch insbesondere in Europa ethische Einwände eine oft unüberwindbare Hürde für eine experimentelle Evaluation dar. Vor diesem Hintergrund ist es jedoch wichtig, und, wie in Abschnitt 3.1.2 gezeigt werden konnte, auch erfolgversprechend, sich mit Evaluationen nicht-experimenteller Art zu beschäftigen.

---

[103] Beispielsweise *Heckman/Hotz* (1989).

[104] Vgl. *Heckman/Smith* (1995).

[105] Exemplarisch sind *Burtless* (1993), *Burtless/Orr* (1986).

3.2 Monetäre Kosten-Nutzen Analysen

3.2.1 Einleitung

Effizienzanalysen werden häufig als Erweiterung der Wirkungsanalysen einer Maßnahme betrachtet, wie sie im vorangegangenen Kapitel behandelt wurden.[106] In der Tat dient die Ermittlung des kausalen Effektes einer Maßnahme der Arbeitsmarktpolitik in vielen Fällen als Voraussetzung für eine monetäre Bewertung, denn es ist beispielsweise wenig hilfreich, eine unwirksame Arbeitsmarktpolitik effizient zu gestalten. Mit anderen Worten: sollte der kausale Effekt einer Maßnahme kaum spürbar oder sogar negativ sein, macht es meist wenig Sinn, die fiskalischen Wirkungen näher zu betrachten.
Ihren Ursprung hat der Gedanke der fiskalische Effizienzanalyse, zu der auch die Kosten-Nutzen Analyse gehört, in den USA. Während einige Autoren den Ursprung in den 1930er Jahren sehen,[107] wird an anderer Stelle eine erste Kosten-Nutzen Analyse im Jahr 1808 genannt.[108] Bereits bei diesen frühen Untersuchungen ging es um das Grundproblem bei Effizienzanalysen, das auch heute noch im Mittelpunkt der Betrachtungen steht: die optimale Allokation von knappen Ressourcen. Ziel war es, Entscheidungskriterien für öffentliche Investitionsentscheidungen zu finden.
Während in den USA zunächst wasserwirtschaftliche Fragen im Mittelpunkt der Untersuchungen standen, fand die Idee der Kosten-Nutzen Analysen in England eher Anwendung im Transportwesen. Nach dem zweiten Weltkrieg wurde das Konzept von internationalen Organisationen wie der Weltbank aufgegriffen, um beispielsweise Projekte der Entwicklungshilfe zu untersuchen. Der größte Anstoß, Kosten-Nutzen Analysen auf breiter Basis anzuwenden, wurde vermutlich durch das „Planning, Programming, and Budgeting System“ (PPBS) in den USA in den 1960er Jahren gegeben, in dessen Rahmen versucht werden sollte, ökonomische Effizienz in alle Entscheidungen öffentlicher Haushalte einfließen zu lassen.[109] Im Rahmen von sozialen Programmen waren zunächst Trainingsprogramme Gegenstand von Kosten-Nutzen Analysen. In diesem Zusammenhang

---

106 Siehe hierzu beispielsweise *Delander/Niklasson* (1996).

107 Vgl. hierzu *Rossi/Freeman* (1993), S. 365.

108 *Hanley/Spash* (1993, S. 4 f.) nennen als älteste Quelle eine Empfehlung des US Secretary of the Treasury, Albert Gallatin, die Kosten und Nutzen von wasserwirtschaftlichen Projekten miteinander zu vergleichen. Dieser sogenannte „Gallatin-Report“ wird von den Autoren auf das Jahr 1808 datiert.

109 Für einen Überblick über Anwendungen von Kosten-Nutzen Analysen siehe *Nelson* (1987), insbesondere S. 74 ff.

werden beispielsweise die Studien von Hardin/Borus (1969) und später von Kempter/Long/Thornton (1981) als wegweisend genannt.
Häufig wird der Ansatz der Kosten-Nutzen Analyse aufgrund seiner Effizienzorientierung verglichen mit Effizienzentscheidungen in Unternehmen, die einer Wettbewerbssituation unterworfen sind. Diese Betrachtungsweise und die Notwendigkeit für solche Untersuchungen ist mittlerweile weitgehend anerkannt. Die Frage nach der „richtigen“ Art und Weise, wie ein öffentliches Projekt zu bewerten sei, unterliegt jedoch einer heftigen Kontroverse. Im Zentrum dieser Kontroverse stehen einerseits die analytischen Verfahren, die bei den Untersuchungen zur Anwendung kommen, aber auch die Tatsache, daß sämtliche Einflußfaktoren monetär bewertbar gemacht werden müssen, um über eine einheitliche Vergleichsbasis zu verfügen. Diese Einwände stehen insbesondere bei Analysen sozialer Programme im Mittelpunkt, bei rein technischen Evaluierungen sind diese Themen eher unproblematisch.[110] Diese Fragen sowie die einzelnen Komponenten von Effizienzuntersuchungen werden in diesem Kapitel untersucht.
Zunächst sollen die konzeptionellen Grundlagen von Effizienzanalysen allgemein vorgestellt werden, die die Abgrenzung zwischen Kosten-Nutzen Analysen und Kosten-Effizienz Analysen einschließen. Eine Konzentration auf Kosten-Nutzen Analysen erfolgt ab Abschnitt 3.2.3. Nach einer Darstellung von typischen Elementen von Kosten-Nutzen Analysen wird auf mögliche Arten der Gegenüberstellung von Kosten und Nutzen eingegangen. Ebenso wird auf Schwierigkeiten und mögliche Trugschlüsse, die bei solchen Analysen vorkommen können, hingewiesen. Eine Betrachtung von drei exemplarischen Kosten-Nutzen Analysen aus dem kommunalen Bereich in Deutschland bildet den Abschluß dieses Kapitels.

3.2.2 Konzeptionelle Grundlagen der Effizienzanalyse

3.2.2.1 Verwendung von Effizienzanalysen

Der in vielen Fällen größte Verdienst von Effizienzanalysen ist die Tatsache, daß durch sie der Anlaß gegeben wird, in strukturierter Art und Weise über die Kosten- und Nutzenkomponenten einer Maßnahme nachzudenken. Allein dieser Ansatz kann, selbst wenn sich die Komponenten für eine vollständige Analyse nicht genau ermitteln lassen, zu einem großen Erkenntnisgewinn führen. Diese Tatsache macht Kosten-Nutzen Analysen oder Kosten-Effizienz Analysen zu einem wertvollen Instrument für beinahe jedes öffentliche Projekt.
Es gelten jedoch auch Einschränkungen für Situationen, bei denen eine Effizienzanalyse wenig hilfreich erscheint. Erstens kann hier genannt werden, daß

---

[110] Vgl. *Rossi/Freeman* (1993), S. 374.

bei manchen Evaluationen das notwendige methodische Wissen bei den beauftragten Personen fehlt bzw. eine derartige Untersuchung aufgrund des geringen Programmumfangs nicht erforderlich scheint. Zweitens kann die Aussage einer Analyse durch mögliche politische oder moralische Einwände eingeschränkt werden, wenn dadurch zentrale Annahmen hinsichtlich des Nutzens oder der Kosten angreifbar werden. Schließlich spielen drittens Datenprobleme eine oft zentrale Rolle bei der Möglichkeit zur Durchführung von Effizienzanalysen. Insbesondere im sozialen Bereich sind die relevanten Daten oftmals nicht in dem Umfang vorhanden, in dem sie im Rahmen einer fundierten Analyse benötigt würden. Genannte Einschränkungen führen zu Fehleinschätzungen in der Interpretation.[111]

Obwohl hinsichtlich der Interpretation der Ergebnisse von Effizienzanalysen Vorsicht und eine gewisse Skepsis geboten sind, da viele der zu treffenden Annahmen untestbar sind, ist diese Form der Untersuchung ein wichtiges Instrument bei der Entscheidung über öffentliche Ausgaben. Es sollte jedoch darauf hingewiesen werden, daß Kosten-Nutzen Analysen bzw. Kosten-Effizienz Analysen lediglich einen, wenn auch wichtigen Baustein im Rahmen dieser Entscheidungsprozesse darstellen sollten – gemeinsam mit der Berücksichtigung des gesamten komplexen Umfeldes der Untersuchung.

3.2.2.2 Zeitpunkt der Analysen

Grundsätzlich können Effizienzuntersuchungen zu jedem Zeitpunkt eines Programms unternommen werden. Üblich sind jedoch die Zeitpunkte vor der eigentlichen Umsetzung des Programms (ex ante) oder nachdem das Programm bereits angelaufen ist (ex post).[112]

Der Vorteil von *ex ante*-Analysen ist der, daß noch planend auf die Gestaltung des Programms eingewirkt werden kann. Es wird nicht erst analysiert, nachdem die einzelnen Bestandteile der Maßnahme bereits installiert und schwieriger zu verändern sind. Der Zeitpunkt der Untersuchung vor dem eigentlichen Beginn der Maßnahme bringt jedoch einige Schwierigkeiten mit sich. Da zu diesem Zeitpunkt des Programms noch keine Daten vorliegen, auf die direkt bezug genommen werden könnte, müssen sämtliche der Komponenten einer Untersuchung geschätzt werden. Hierzu können einerseits ähnliche Programme herangezogen werden, falls es diese schon geben sollte, und es können hierdurch Orientierungshilfen gewonnen werden. Andere Komponenten müssen ebenfalls auf indirekte Weise konstruiert werden. Diese Verfahren machen die Ergebnisse der Untersuchung überaus angreifbar, da darüber hinaus noch eine Fortschrei-

---

[111] Vgl. hierzu *Rossi/Freeman* (1993), S. 366f.

[112] Der Europäische Sozialfonds grenzt Evaluationen ab in ex ante-, ongoing-, und ex post-Evaluationen. Vgl. hierzu *Blaschke/Plath/Nagel* (1992) sowie *Blaschke/Plath* (1994). Im Text soll weitgehend auf ex ante- und ex post-Evaluationen eingegangen werden.

bung der gewonnenen Informationen auf die Dauer des Projekts oder einen anderen definierte Zeitspanne stattfinden muß. Durch diese Voraussetzungen besteht die Gefahr, daß es zu erheblichen Über- oder Unterschätzungen der fiskalischen Effekte kommt.
Dennoch haben ex ante-Untersuchungen durchaus ihre Berechtigung in der empirischen Anwendung. Einerseits gibt es Projekte, die nur sehr schwer zu korrigieren sind, nachdem sie installiert wurden. Zu denken ist hier beispielsweise an Projekte, die hohe und irreversible fixe Kosten verursacht haben. Auch Projekte, die mit einem hohen Schulungsaufwand für Personal einher gegangen sind können als Beispiele genannt werden. In diesem Fall ist nicht nur die monetäre Dimension der Änderung von Interesse, sondern auch eine logistische (Organisation der Umschulung) und zeitliche (neuerliche Inbetriebnahme des Programms).
In der Praxis viel häufiger vorkommend sind jedoch *ex post*-Analysen. Dies hängt einerseits zusammen mit den genannten Schwierigkeiten bei den ex ante-Untersuchungen, mehr noch aber mit der politischen Entscheidung und den entsprechenden Bedürfnissen nach Evaluierung. In der Mehrzahl der Fälle wird nach einer gewissen Zeit des Programms die Forderung nach einer Evaluierung des Programmerfolgs verlangt, um eine gewisse Rechtfertigung gegenüber Kontrollinstanzen vornehmen zu können. Dies war auch der Fall bei den in dieser Arbeit vorgestellten Evaluationen in Zusammenarbeit mit den Kommunen Freiburg und Mannheim, bei denen entweder der jeweilige Gemeinderat einen Zwischen- bzw. Endbericht über den Erfolg eines neuen Programms oder eines neuen Behördenteils verlangte, oder aber, wie im Fall Mannheim, der Erfolg einer neuen Einrichtung gegenüber dem Förderer Bundesministerium für Arbeit und Sozialordnung belegt werden musste.
In dieser Situation kann zur Bestimmung des Erfolgs (bzw. Mißerfolgs) eines Projektes bereits auf empirische Daten aus der Vergangenheit zurückgegriffen werden, die sich direkt auf das Projekt beziehen. Dieser Umstand läßt die Einschätzungen deutlich präziser werden.

3.2.2.3 Kosten-Nutzen Analyse versus Kosten-Effizienz Analyse

Um die Effizienz von Programmen zu messen, werden hauptsächlich zwei Instrumente genannt: Kosten-Nutzen Analyse und Kosten-Effizienz Analyse. Im Rahmen einer Kosten-Nutzen Analyse werden die Wirkungen eines Programms (Nettonutzen) in monetären Einheiten ausgedrückt, während bei einer Kosten-Effizienz Analyse die Wirkungen in anderen Dimensionen formuliert werden können. Rossi/Freeman (1993) nennen ein Beispiel zur Unterscheidung zwischen diesen beiden Ansätzen: Bei der Evaluierung eines Programms zur Abschätzung der Folgen von Zigarettenkonsum ermittelt eine Kosten-Nutzen Analyse den Unterschied in den Ausgaben für eine Anti-Raucher-Kampagne und den Einsparungen, die dadurch auf Seiten der Krankenkassen erzielt werden können. Bei Kosten-Effizienz Analysen wird lediglich ein Teil der Einheiten in monetären Größen bestimmt. Beispielsweise wird der Maßstab des Erfolgs in nicht-monetären Einheiten gemessen, während das Budget für das Programm gegeben ist. Im Rahmen eines fest budgetierten Anti-Raucher Programms kann beispielsweise gemessen werden, wie viele Raucher zu Nichtrauchern werden; der Betrag des Budgets kann daraufhin z.B. mit den Kosten für die medizinische Versorgung von Folgeschäden des Zigarettenkonsums verglichen werden, um den Erfolg des Programms zu bestimmen. Während das Budget in monetären Einheiten gegeben ist, werden die neu gewonnen Nichtraucher in ihrer Personenzahl gewertet. Beide Instrumente, sowohl die Kosten-Nutzen Analyse als auch die Kosten-Effizienz Analyse, werden eingesetzt, um eine effiziente Allokation knapper Ressourcen zu erreichen.

Im folgenden Abschnitt sowie im Rest des Kapitels soll die Kosten-Nutzen Analyse im Mittelpunkt der Betrachtung stehen. Eine Kosten-Nutzen Analyse erfordert die Ermittlung von Nutzenwerten (tangibler und intangibler[113]) sowie Kosten (direkte und indirekte)[114] eines Projektes. Sobald diese einzelnen Komponenten ermittelt sind, werden sie in ein einheitliches Maß umgewandelt, normalerweise in monetäre Werte. Dadurch werden sie aggregierbar und verschiedene Projekte vergleichbar. Für diese Umwandlung in monetäre Werte sind Annahmen erforderlich, die häufig massiver Kritik unterliegen. Da diese Annahmen normalerweise nicht testbar sind, ist der einzige Weg der Analysten, diese offenzulegen und plausibel zu begründen. Eine weitere Möglichkeit, mit der Unsicherheit bezüglich der Annahmen umzugehen, sind Sensitivitätsanalysen, innerhalb derer verschiedene Szenarien vorgestellt werden können. Wie diese Umwandlung in monetäre Werte genau vor sich geht und wie Annahmen sein können, auf denen diese Prozesse beruhen, wird im folgenden Kapitel dargestellt.

Da die Annahmen bei technischen und industriellen Projekten recht unkompliziert und nachvollziehbar sind, sind diese Kosten-Nutzen Analysen am wenigsten umstritten. Anders bei Kosten-Nutzen Analysen des sozialen Bereiches, bei denen lediglich ein Teil der Kosten- und Nutzenelemente plausibel in monetärer Form darstellbar ist. Da hier ethische Fragen eine große Rolle spielen, sind die Kontroversen um eine monetäre Bewertung von Elementen sehr groß. Als extremes Beispiel gilt die Diskussion um die Bewertung eines menschlichen Lebens, wie sie beispielsweise im Zusammenhang mit der Einrichtung von Ret-

[113] Für eine genaue Beschreibung der Fragestellungen bei der Berücksichtigung *intangibler* Effekte siehe Abschnitt 3.2.3.2.

[114] *Heckman/Smith* (1998, S. 280 ff.) beschreiben exemplarisch die Bedeutung der Berechnung *direkter* Kosten für die Bestimmung des Programmerfolgs (hier: des JTPA-Programms). Auf die Schwierigkeiten im Umgang mit *indirekten* Effekten wird in Abschnitt 3.2.3.4 eingegangen.

tungsdiensten oder ähnlichem geführt wird.[115] In vielen Fällen scheint eine Kosten-Effizienz Analysen geeigneter zur Evaluation, da hierbei nur ein Teil der Elemente in monetärer Form genannt werden muß.

3.2.3 Methodisches Vorgehen bei der Kosten-Nutzen Analyse

Während einige Autoren in einer Kosten-Nutzen Analyse hauptsächlich den Vergleich zwischen verschiedenen Programmen oder Projekten sehen (komparative Effizienz)[116], werden Kosten-Nutzen Analysen an anderer Stelle auch als Erfolgsmesser für ein einziges Programm betrachtet (absolute Effizienz).[117] In der vorliegenden Arbeit soll auch die Betrachtung der absoluten Effizienz eine Rolle spielen.
Zunächst steht jedoch die Frage im Mittelpunkt, aus wessen Perspektive eine Untersuchung durchgeführt werden soll. Davon hängt dann maßgeblich ab, welche Kosten- und Nutzenelemente als relevant für die Analyse anzusehen sind. Diese Fragestellung soll Mittelpunkt der folgenden Betrachtung sein.

3.2.3.1 Perspektive der Berechnung

Hinsichtlich der Perspektive einer Kosten-Nutzen Analyse können verschiedene Aufteilungen vorgenommen werden. Friedlander et al. (1997) unterscheiden zwischen den Teilnehmern am untersuchten Programm,[118] den Personen, die nicht an dem Programm teilnehmen (inklusive der Steuerzahler, die für die Programmkosten aufkommen), sowie der gesamten Gesellschaft, bestehend aus den beiden genannten Gruppen. Rossi/Freeman (1993) verwenden eine leicht unterschiedliche Abgrenzung: Neben den Teilnehmern an der untersuchten Maßnahme gehen die Geldgeber für das Programm als eigene Gruppe ein; anhand einer dritten Gruppe werden die Auswirkungen auf die gesamte Gesellschaft untersucht. Da in der folgenden empirischen Analyse kommunal betriebene Beschäftigungsprogramme vorgestellt werden sollen, bietet sich die Abgrenzung von Rossi/Freeman als die geeignetere Aufteilung an.
1. Zielgruppe: In dieser Betrachtung werden die Kosten und Nutzen für die jeweilige Zielgruppe eines Programms aufgeführt. Als Beispiel für Kosten, die von den Teilnehmern an einem Programm zu tragen sind, sind Einbußen in den Transferzahlungen zu verzeichnen. Wenn beispielsweise Transfers ersetzt werden durch Lohnzahlungen, die im Rahmen von Beschäftigungsprogrammen verdient werden, wird die Differenz in den Transfers als Kosten gewertet; die Ein-

[115] Zu diesen Fragestellungen siehe *Rosen* (1994) sowie *Jones-Lee* (1994).
[116] Vgl. *Delander/Niklasson* (1996).
[117] Vgl. *Rossi/Freeman* (1993).
[118] Hier: Trainingsmaßnahmen im Rahmen von US-Programmen.

kommen durch die Tätigkeit hingegen wird für den Teilnehmer als Nutzen verbucht.

2. Geldgeber des Programms: Der Geldgeber eines Programms wird dieser Definition nach verstanden als diejenige Einrichtung, die das untersuchte Projekt finanziert und betreut. Im Beispiel eines kommunalen Beschäftigungsprogramms für Sozialhilfeempfänger wäre die Kommune der hier betrachtete Geldgeber. Das Interesse der Kommune ist beispielsweise in diesem Fall, die Gesamtausgaben für eine bestimmte Zielgruppe zu minimieren, etwa durch Einsparungen bei der Sozialhilfe. Um dieses Ziel zu erreichen werden häufig Entscheidungskriterien angelegt wie in privatwirtschaftlichen Unternehmen.

Der Geldgeber eines Programms nimmt somit in Teilen eine deutlich andere Perspektive ein als die Teilnehmer an der Maßnahme. Dies wird besonders deutlich, wenn es zu Alternativentscheidungen zwischen mehreren Projekten kommt, die durch Budgetrestriktionen beeinflußt werden.

3. Gesellschaft: Auf der Betrachtungsebene der Gesellschaft als ganzes sind weitgehend die Nettoeffekte von Interesse, die das jeweilige Projekt erzeugt. Diese Ebene ist zwar die vollständigste hinsichtlich der berücksichtigten Informationen, dies macht sie jedoch gleichzeitig auch zur komplexesten Perspektive. Diese Komplexität wird gesteigert, wenn neben den Nettoeffekten auch Verteilungswirkungen berücksichtigt sowie indirekte Auswirkungen einbezogen werden. Indirekte Effekte sind Auswirkungen des Projekts auf Gruppen, die nicht direkt in das Projekt involviert sind.

3.2.3.2 Messung von Kosten und Nutzen

Das Vorgehen im Rahmen von Kosten-Nutzen Analysen gestaltet sich derart, daß zunächst alle relevanten Nutzen und Kosten identifiziert werden müssen, und diese danach in monetäre Werte umgerechnet werden. Hinsichtlich der Messung der einzelnen Kosten- und Nutzenelemente sind einige Schwierigkeiten zu bewältigen, die sich beispielsweise bei privatwirtschaftlichen Unternehmen nicht stellen. Diese sollen in den folgenden Abschnitten genauer behandelt werden.

Die Umrechnung in monetäre Einheiten ist ein gravierendes Problem bei Kosten-Nutzen Analysen, da nur in einigen wenigen Fällen auf Marktpreise zurückgegriffen werden kann. Insbesondere bei Projekten aus dem sozialen Bereich müssen zahlreiche emotionale Werte einbezogen werden wie Zufriedenheit, soziale Isolation etc. Diese Einflußfaktoren in eine monetäre Analyse einzubeziehen stellt ein häufig nur schwer zu überwindendes Hindernis dar.

Ein weiteres Problem, das sich häufig bei empirischen Untersuchungen stellt, sind Datenprobleme. Dies kann sich einerseits auf die Verfügbarkeit der benötigten Informationen, andererseits aber auch auf die Qualität der Daten beziehen (vergleiche hierzu auch die Probleme bei der Ermittlung des kausalen Effektes,

Kapitel 3.1.1.2). Wenn eine dieser Komponenten als wichtiger Einflußfaktor auf das Ergebnis der Analyse identifiziert worden ist, kann es sein, daß keine Daten verfügbar sind, um diesen Einfluß zu quantifizieren. In diesem Fall müssen häufig Daten geschätzt oder auf indirektem Wege herangezogen werden.
Die folgenden Komponenten von typischen Kosten-Nutzen Analysen erheben nicht den Anspruch auf Vollständigkeit. Aufgrund der Vielfalt der möglichen Evaluierungsgegenstände sind vielfältige Instrumente und Ansätze notwendig, die häufig auf den Einzelfall abgestimmt werden müssen.

(1) Monetarisierung

Wie bereits mehrfach geschildert stellt die Umrechnung von Elementen der Kosten-Nutzen Analyse in monetäre Einheiten einen zentralen Schritt zur Ermittlung des Nettoeffektes dar.
Rossi/Freeman (1993) nennen fünf häufig gebrauchte Ansätze für diese Monetarisierungsprozesse:

1. *Messung von Geldströmen*: Dieser wenig umstrittene Ansatz beruht auf der Messung von Geldströmen, die sich direkt aus den durch das Projekt beeinflußten Ereignissen messen lassen. Werden beispielsweise Sozialhilfekosten eingespart, lassen sich aus den bisherigen Zahlungen die Einsparungen für die Zukunft hochrechnen.
2. *Marktbeobachtung*: Eine andere, ebenfalls recht unumstrittene Methode, ist die Bewertung von Effekten mit Marktpreisen. Diese Verwendung von Marktpreisen kann auch zur indirekten Berechnung von Effekten dienen: Sinkt beispielsweise die Kriminalität aufgrund einer bestimmten Maßnahme, kann der Nutzen an den in der Folge gestiegenen Immobilienpreisen abgelesen werden.
3. *Ökonometrische Schätzung*: Eine weitaus kompliziertere Methode ist die, den angenommenen Wert der Programmwirkungen zu schätzen. Sollen beispielsweise die (vermuteten) positiven Auswirkungen einer Reduzierung der Kriminalität auf die Steuereinnahmen einer Kommune geschätzt werden, so kann dies anhand der Steuereinnahmen in ähnlichen Gemeinden mit geringerer Kriminalitätsrate geschehen. Durch ökonometrische Schätzungen können Einflüsse des Projekts aufgezeigt werden, die mit einfachen Untersuchungen sonst eventuell nicht hätten nachgewiesen und belegt werden können.
4. *Erfragen der Zahlungsbereitschaft*: Eine durchaus umstrittene Methode, den Preis für einen für die Untersuchung relevanten Sachverhalt zu ermitteln, ist die Befragung von betroffenen Personen, wie viel sie bereit wären, für eine bestimmte Leistung oder einen bestimmten Zustand zu bezahlen. Diese hypothetische Erfragung von Näherungswerten ist bei fehlenden Marktpreisen für das in der Untersuchung zu berücksichtigende Element interessant, stößt jedoch bei der Interpretation auf Schwierigkeiten. Dennoch kann dieses Vor-

gehen einen ersten Eindruck von der Dimension einer Größe geben, die dann in anderer Form in die eigentliche Berechnung einfließt.

5. *Beobachtung politischer Präferenzen*: Ein Ansatz, dessen Ergebnisse nur mit größtem Vorbehalt zu interpretieren sind, stellt die Beobachtung von politischen Entscheidungen dar. Aus in der Vergangenheit getroffenen Entscheidungen werden die in die Analyse eingehenden Kosten- oder Nutzenwerte abgeleitet. Gemäß dieser Methode ließe sich aus den Ausgaben, die im Rahmen eines staatlichen Programms für eine bestimmte Zielgruppe ausgegeben werden, auf den Wert des jeweiligen Gutes schließen. Wird beispielsweise ein Lebensrettungssystem mit 100.000 Euro veranschlagt, und es können durch dieses Rettungssystem 5 Personen gerettet werden, würde der Wert für ein gerettetes Leben mit 20.000 Euro angesetzt.[119] Dieses Vorgehen ist jedoch als sehr eingeschränkt verwendbar anzusehen, nicht zuletzt wegen sich ändernder oder widersprüchlicher politischer Präferenzen.

(2) Schattenpreise

Schattenpreise und ihre Bestimmung haben zentrale Bedeutung für die Durchführung einer fundierten Kosten-Nutzen Analyse. Brent (1996, S. 79) weist beispielsweise auf diesen Stellenwert hin: „Shadow price [...] determination is at the heart of Cost-Benefit Analysis and public policy". Auch im Rahmen von wohlfahrtstheoretischen Untersuchungen im Zusammenhang nehmen Schattenpreise eine zentrale Rolle ein.

Der Schattenpreis eines Gutes bestimmt, anders als der Marktpreis, den Nettoeinfluß dieses Gutes auf die gesellschaftliche Wohlfahrt, wenn das Angebot dieses Gutes um eine Einheit steigt.[120] Beim Schattenpreis handelt es sich somit um eine marginale Größe, da der gesellschaftliche Wert einer *zusätzlichen* Einheit des Gutes betrachtet wird, das durch öffentliche Einrichtungen zur Verfügung gestellt wird. Mit anderen Worten geben Schattenpreise den für die gesellschaftliche Wohlfahrt relevanten Wert an. Liegt der Schattenpreis eines Gutes über dem Marktpreis (SP>MP), dann sollten die staatlichen Aktivitäten in diesem Bereich ausgebaut werden; liegt der Schattenpreis unter dem Marktpreis (SP<MP), sollten diese Aktivitäten eingeschränkt werden. Zu denken ist hier an Desinvestitionen in dem betreffenden Gebiet oder zusätzliche Steuern auf Aktivitäten in diesem Bereich.[121]

Für eine Kosten-Nutzen Analyse sind grundsätzlich diese für die betreffende Zielgruppe realen Preise relevant, insbesondere wenn keine Marktpreise vorlie-

[119] Für Beispiele, die die Schwierigkeit der Bewertung menschlichen Lebens im Zusammenhang mit der Beobachtung politischer Entscheidungen verdeutlichen, siehe *Shabecoff* (1981) sowie *Greer* (1985).

[120] Vgl. hierzu *Drèze/Stern* (1987), S. 911 sowie S. 912 ff.

[121] Siehe hierzu *Brent* (1996), S. 79 f.

gen oder diese verzerrt sind.[122] Dies gilt auf jeder der oben genannten Betrachtungsebenen, sei es auf Ebene der Teilnehmer, der Geldgeber oder der gesamten Gesellschaft. Auch auf der kleineren als der gesamtstaatlichen Ebene, beispielsweise auf Ebene einer Kommune, die ein Programm zur Bekämpfung der Arbeitslosigkeit bei Sozialhilfeempfängern betreibt, sind die realen Preise in Form von Schattenpreisen interessant. Wird das Projekt durch außergewöhnlich hohe Kosten belastet, oder erzielt das Projekt außergewöhnlich hohe Einsparungen, die jeweils nicht in dieser Höhe in der Zukunft bestand haben, sollte dies berücksichtigt werden. Im Sinne einer vorsichtigen finanziellen Planung sollten die jeweils höheren Kosten bzw. niedrigeren Einsparungen angesetzt werden, um eine verzerrende Kalkulation zu vermeiden.
Rossi/Freeman (1993) nennen als diesbezügliches Beispiel ein Projekt, das in seiner Gründungsphase auf die Dienste eines eigentlich pensionierten Direktors zurückgreifen kann, der lediglich die Hälfte des normalen Gehalts fordert. Da er nach der Gründungsphase nicht mehr zur Verfügung stehen wird und ein entsprechender Nachfolger nur zu den doppelten Gehaltskosten einzustellen ist, ist es sinnvoll, bereits zum frühstmöglichen Zeitpunkt die normalen Kosten für das Gehalt anzusetzen. In diesen Fällen sind die Schattenpreise den Marktpreisen vorzuziehen. Grundsätzlich sind die Marktpreise jedoch als erste Orientierung für die Bestimmung der Schattenpreise heranzuziehen.[123]

(3) Opportunitätskosten

Die Frage nach den Opportunitätskosten eines öffentlichen Projektes ergibt sich aus der Tatsache, daß die für eine Umsetzung des Projekts zur Verfügung stehenden Mittel knapp sind. Sollten mehrere alternative Projekte zur Auswahl stehen, die hinsichtlich der qualitativen Anforderungen identisch sind, kann die Entscheidung aufgrund der Rentabilität der jeweiligen Projekte getroffen werden. Diese Art der Renditeüberlegungen im Zusammenhang mit öffentlichen Ausgaben ähnelt dem Investitionsverhalten von Unternehmen, auch wenn keine eindeutigen Mindestrenditen gefordert werden können, wie dies bei gewinnorientierten Unternehmen der Fall ist.[124]
Während der Ansatz recht einsichtig ist, ist die genaue Abgrenzung und Erfassung der Opportunitätskosten bisweilen recht schwierig. In vielen Fällen können lediglich Vermutungen angestellt und Annahmen getroffen werden über die tatsächlich relevanten alternativen Verwendungsmöglichkeiten und die dadurch

[122] Vgl. hierzu den ausführlichen Artikel zum Thema Schattenpreise von *Drèze/Stern* (1994).
[123] Siehe hierzu *Layard/Glaister* (1994, S. 12): „As a practical matter it is necessary to start with market prices as our first estimate of shadow prices where they exist."
[124] Mit diesen Überlegungen im Zusammenhang mit öffentlichen Investitionen beschäftigt sich bereits *Pearce* (1971), S. 44 f.

anfallenden Kosten. Aus diesem Grund wird die Verwendung und Berechnung von Opportunitätskosten kontrovers diskutiert.

(4) Sekundärwirkungen (Externalitäten)

Als Sekundärwirkungen von Programmen werden die Effekte bezeichnet, die nicht direkt durch das Projekt gefördert werden, sondern die indirekte Wirkungen bzw. Verhaltensanpassungen erzielen. Da je nach Art des zu untersuchenden Programms eine Vielzahl verschiedener Sekundäreffekte beobachtet werden kann, sollen im folgenden zwei Effekte betrachtet werden, deren Existenz im Zusammenhang mit Programmen des Arbeitsmarktes heftig diskutiert wird: Mitnahme- und Abschreckungswirkungen auf der einen, sowie Verdrängungseffekte auf der anderen Seite. Lassen sich diese Effekte eindeutig identifizieren, sollten sie auch in eine Kosten-Nutzen Analyse einfließen; ähnlich der Diskussion um die Opportunitätskosten ist auch hier eine genaue Abgrenzung und Quantifizierung schwierig.[125]

1. Mitnahme- und Abschreckungswirkungen: Programme der aktiven Arbeitsmarktpolitik wie Maßnahmen der Fortbildung und Umschulung oder Beschäftigungsprogramme für arbeitslose Sozialhilfeempfänger beeinflussen die Verhaltensweisen der Menschen, die von den Programmen betroffen sind oder von ihnen betroffen sein könnten. Sollte das untersuchte Programm große Anreize und Vorteile für die teilnehmenden Personen versprechen, besteht der Anreiz für Personen, die ursprünglich nicht zur Zielgruppe gehören, ihren Arbeitsmarktstatus dahingehend zu ändern, daß sie zur Zielgruppe gehören. Dieses Verhalten wird als *Mitnahmeeffekt* bezeichnet.

Die Verzerrungen durch Mitnahmeeffekte sind im Normalfall nicht besonders hoch. Die eigentliche Zielgruppe (z.B. Alleinerziehende, Geringqualifizierte) kann durch bestimmte Anreize oder Einschränkungen hinsichtlich der Teilnahmeberechtigung recht genau abgegrenzt werden. Auch im Rahmen von wissenschaftlichen Untersuchungen dieses Effektes läßt sich keine eindeutige Aussage treffen, die die Relevanz dieses Effektes unterstreicht.

Anders verhält es sich jedoch mit den *Abschreckungseffekten*. Diese können den Betreibern des Programms, wie beispielsweise einer Kommune, als Filter für die Bedürftigkeit der Empfänger von Leistungen dienen. In einigen Fällen werden Personen, die aufgrund der abschreckenden Wirkungen der Verpflichtungen, die mit den Transfers verbunden sind, zu einer erheblichen Quelle für Einsparungen – dem eigentlichen Ziel des Programms (Vergleiche Kapitel 4.2, Evaluation der

---

[125] Vgl. hierzu *Friedlander/Greenberg/Robins* (1997), S. 1845.

Kommunalen Leitstelle für Arbeit, Freiburg). Diese Einschätzung wird durch Erfahrungen mit anderen Programmen bestätigt.[126]

2. Verdrängungseffekte: Dieser Sekundäreffekt ist ein häufig in der praktischen Umsetzung geäußerter Einwand, wenn eine Zielgruppe hinsichtlich ihrer Situation auf dem Arbeitsmarkt besonders gefördert wird. Gemäß dieses Effektes nehmen Arbeitslose, die unter bevorzugter Behandlung und mit finanzieller Unterstützung in Tätigkeiten vermittelt werden, anderen Arbeitnehmern die Arbeitsstelle weg. Beschäftigte Personen werden demnach durch die geförderten Arbeitslosen aus ihrer Arbeitsstelle verdrängt und werden selbst zu Arbeitslosen. Dies kann einerseits zu einem deutlich geringeren Nettoeffekt in der Vermittlung führen, oder andererseits die Löhne senken, da die verdrängten Personen bereit sind, für ein geringeres Einkommen zu arbeiten. Trotz der potentiellen Richtigkeit dieser Einwände läßt sich kein empirischer Beleg für das Ausmaß dieser Effekte vorbringen.

Statt dessen lassen sich drei Argumente finden, die dem Phänomen der Verdrängungseffekte entgegen stehen. Erstens ist ein Arbeitsmarkt nicht von fester Größe: Absolventen von Trainings- und Beschäftigungsmaßnahmen oder zusätzlich in den Arbeitsmarkt kommende Langzeitarbeitslose ergänzen und erweitern unter Umständen den betrachteten Arbeitsmarkt und tragen auf diese Weise zu insgesamt wachsender Beschäftigung bei. Zweitens stehen Arbeitslose, die sich in einer Maßnahme der aktiven Arbeitsmarktpolitik befinden (z.B. FuU), dem Arbeitsmarkt während dieser Zeit gar nicht zur Verfügung. Vorübergehend stehen somit den übrigen Arbeitsuchenden sämtliche Stellen offen.[127]

Drittens können durch Maßnahmen und Programme der aktiven Arbeitsmarktpolitik Arbeitskräfte gezielt in Arbeitsmärkte vermittelt werden, in denen Arbeitskräfte benötigt werden. Insbesondere durch FuU-Maßnahmen können aus Arbeitsmärkten mit Arbeitskräfteüberschuß Personen in weniger dichte Arbeitsmärkte überführt werden. Diese Tatsache kommt sowohl den Personen in den überfüllten Arbeitsmärkten zu gute, als auch den mit einer neuen Qualifikation versehenen Arbeitskräften.[128] Der gegenteilige Nettoeffekt wäre hier zu verzeichnen: gestiegene statt gesunkene Beschäftigung.

(5) Verteilungswirkungen

Nachdem in den vorangegangenen Abschnitten entscheidende Fragen wie die Strukturierung der Kosten-Nutzen Analyse, die Monetarisierung der wesentlichen Elemente, sowie die Preisfindung beschrieben wurden, soll nun auf einen

---

[126] Siehe hierzu beispielsweise *Manski/Garfinkel* (1992), *Moffitt* (1992, 1996); exemplarisch für kommunale Programme in Deutschland ist das „Leipziger Modell" zu nennen. Siehe *Feist/Schöb* (2000), S. 161.

[127] Diese Argumentation geht zurück auf *Cohen* (1969) und *Johnson* (1979).

[128] Vgl. hierzu beispielsweise *Johnson* (1979) und *Katz* (1994).

weiteren wichtigen Bestandteil der Analysen eingegangen werden: die Verteilungswirkungen des untersuchten Projektes oder Programms.[129] Die Berücksichtigung von Verteilungswirkungen gehört zu den zentralen Fragen von Kosten-Nutzen Analysen. Tresch (1981) schreibt hierzu: „The distribution question is the single most important issue in all of cost-benefit analysis".
Üblicherweise wird ein Euro, der von einem Nichtteilnehmer (z.B. Steuerzahler) an einen Teilnehmer an dem untersuchten Programm (z.B. Langzeitarbeitsloser) transferiert wird, mit dem selben Wert angesetzt: mit einem Euro. Erwartungsgemäß haben die Nichtteilnehmer jedoch ein weit höheres Durchschnittseinkommen als die (u.U. langzeitarbeitslosen) Teilnehmer an der Maßnahme. Hieraus ergibt sich, daß der Grenznutzen der transferierten Summe für einen Teilnehmer höher ist, als dies für den finanzierenden Nichtteilnehmer der Fall ist.[130] Es ist daher im Sinne einer politischen Entscheidung naheliegend, den Wert eines Euros für den Transferempfänger höher anzusetzen, beispielsweise mit 2 Euro. Dieser Ansatz wurde in der Literatur ausführlich diskutiert.[131]
Die Verwendung von Verteilungsparametern dieser Art sind jedoch sehr umstritten, auch bei Befürwortern dieses Elements der Effizienzuntersuchungen. Die einzige, weitgehend unbestrittene Erkenntnis ist jedoch, daß eine gesonderte Bewertung von Umverteilung zu befürworten ist. So schreibt Brent (1996, S. 262) beispielsweise: „The only requirement we have is one of inequality, not of magnitude", und an anderer Stelle: „The real issue [...] is not whether to use distribution weights, but how to set them" (S. 263). Diese Beschreibung macht die Schwierigkeit deutlich, einen geeigneten und unumstrittenen Faktor zu finden, mit dem die jeweiligen Zahlungen zu bewerten sind. Da diese Entscheidung auf der Einschätzung von Personen beruht (typischerweise den Initiatoren des Programms), haftet an den getroffenen Entscheidungen das Makel der Willkür.

(6) Diskontierung und Soziale Diskontrate

Im Rahmen eines Projektes ist es möglich, daß Kosten- und Nutzeneffekte nicht lediglich innerhalb einer einzigen Periode anfallen, sondern sich über einen längeren Zeitraum erstrecken. Da die meisten öffentlichen Projekte einen Investitionscharakter beinhalten, ist diese Konstellation recht häufig zu beobachten. Als Beispiele können hier Präventionsprogramme genannt werden, bei denen der größte Teil der Kosten zwar heute anfällt, deren Nutzen jedoch hauptsächlich

---

[129] *Delander/Niklasson* (1996) beschreiben diesen Zusammenhang ungefähr so: Nachdem bisher die Vergrößerung des gesellschaftlichen „Kuchens" im Mittelpunkt stand, soll nun der Aspekt der Verteilung und Gleichheit im Mittelpunkt stehen. (S. 172, Übersetzung des Autors).
[130] Vgl. hierzu *Friedlander/Greenberg/Robins* (1997), S. 1843.
[131] Siehe u.a. *Boardman et al.* (1996), Kap. 14.

langfristig zu beobachten ist.[132] Ähnlich verhält es sich mit Programmen der Fortbildung und Umschulung, bei denen der Nutzen z.B. in Form von eingesparten Transferzahlungen erst nach der eigentlichen Maßnahme eintritt.
Eine weit verbreitete Methode, um die Kosten- und Nutzenwerte zu einem bestimmten Zeitpunkt auch einschließlich der in der Zukunft anfallenden Beträge vergleichbar zu machen, ist die Methode des Gegenwartswertes (auch Barwertmethode). Der Gegenwartswert ist definiert als

$$GW = R_0 + \frac{R_1}{(1+i)} + \frac{R_2}{(1+i)^2} + \ldots + \frac{R_T}{(1+i)^T}. \qquad \text{(GW)}$$

Der Gegenwartswert bestimmt den Betrag, den eine Zahlung in der Zukunft wert wäre, wenn sie heute schon geleistet würde. Da in dem in der Zukunft zu bezahlenden Wert ein Zinssatz *i* berücksichtigt ist, wird dieser Betrag geringer ausfallen als dies in der Zukunft der Fall wäre. Wenn beispielsweise in einem Jahr ($t=1$) ein Betrag von 100 DM gezahlt werden muß, und der Zinssatz 5 % beträgt, beträgt der Gegenwartswert *GW* 100 DM / $(1+0{,}05)^1$ = 95,24 DM (gerundet). Auf diese Weise können zukünftige Zahlungsströme zu einem bestimmten Zeitpunkt berechnet und mit anderen Zahlungsströmen verglichen werden. Entscheidend ist hier jedoch die Frage nach der Höhe des Zinssatzes *i*, der bei einer Kosten-Nutzen Analyse nicht unbedingt dem Marktzins entsprechen muß, sondern vielmehr eine Soziale Diskontrate widerspiegelt.
Die Rolle der Sozialen Diskontrate, mit der diese zukünftigen Ereignisse im Rahmen einer Kosten-Nutzen Analyse in der Gegenwart bewertet werden, verhält sich analog zur Bestimmung der Verteilungswirkungen.[133] Sowohl die Gewichtungen, die im Rahmen der Verteilungswirkungen vorgenommen werden (siehe vorangegangenes Kapitel), als auch die Soziale Diskontrate sind Koeffizienten, die eine Kosten-Nutzen Analyse auf wertvolle Weise ergänzen können. Hinsichtlich der Verteilungswirkung werden die Kosten und Nutzen zu *einem* bestimmten Zeitpunkt in ihrem Bezug zu den *verschiedenen* Personengruppen bewertet; bei der Sozialen Diskontrate werden die Kosten und Nutzen für *eine* Personengruppe zu *unterschiedlichen* Zeitpunkten berechnet.
Die Soziale Diskontrate ist definiert als „the rate at which society discounts a marginal addition to consumption in the future relative to the present".[134] Der Unterschied zum Marktzins liegt darin, daß der Marktzins eher die private Diskontrate widerspiegelt.[135] Aus der Tatsache, daß jedes Individuum dem gleichen Marktzins gegenübersteht, kann nicht (etwa per Aggregation) auf die Soziale Diskontrate geschlossen werden. Einige Ökonomen argumentieren daher, daß das private Sparen mit dem Ziel der Bildung von Vermögen einen externen Nut-

[132] Siehe *Delander/Niklasson* (1996), S. 179.
[133] Vgl. hierzu *Brent* (1996), S. 267 ff.
[134] *Boadway/Wildasin* (1984), S. 213-214.
[135] Für die Voraussetzungen, daß dies so gültig ist, vgl. *Boadway/Wildasin* (1984), S. 214.

zen für andere abwirft, die der einzelnen Sparer nicht in seine Überlegungen einbezieht.[136] Die privaten Ersparnisse weichen demnach von den gesellschaftlich wünschenswerten Sparquoten ab. Für die Betrachtung auf gesellschaftlicher Ebene ergibt sich somit ein anderer Zinssatz, der diese Externalitäten einbezieht. Nicht immer wird jedoch die Verwendung von Sozialen Diskontraten als notwendig oder sogar als positiv für eine Analyse erachtet, insbesondere dann, wenn sie nicht plausibel zu bestimmen sind und den Verdacht nahelegen, ein bestimmtes Ergebnis provozieren zu wollen.[137]

(7) Intangible Effekte

Die Bewertung öffentlicher Programme kann es notwendig machen, sogenannte intangible Effekte in eine Analyse einzubeziehen. Darunter sind Einbußen oder Anstiege beim Nutzen von Personengruppen zu verstehen, die sich nicht beobachten lassen. Allgemein lassen sich als Beispiele Belästigungen durch Lärm oder unangenehme medizinische Behandlungen nennen; im Bereich der Arbeitsmarktpolitik können darunter Nutzeneinbußen bei Teilnehmern an Maßnahmen verstanden werden, die durch eine eingeschränkte freie Zeiteinteilung (Freizeit im weiteren Sinne) hinzunehmen sind. Umgekehrt kann Nutzenzuwachs verzeichnet werden durch ein gestiegenes Selbstwertgefühl nach Aufnahme einer Tätigkeit oder eine höhere Zufriedenheit mit der allgemeinen sozialen Situation bei Teilnehmern und Nichtteilnehmern. Die gestiegene Zufriedenheit von Arbeitslosen Personen bei einer Arbeitsaufnahme ist ein Faktor, der sich wissenschaftlich ermitteln läßt. Hierzu zählt neben einem Einkommensanstieg beispielsweise auch die wegfallende Stigmatisierung durch die Arbeitslosigkeit.[138]

Im folgenden sollen die Nutzeneinbußen durch entgangene Freizeit bei Teilnehmen an Programmen der Beschäftigungspolitik im Mittelpunkt der Betrachtung stehen. Während diese intangiblen Wirkungen bei den meisten Studien wegen ihrer schwierigen Erfassung nicht berücksichtigt werden, wenden sich einige Autoren gegen diese Vernachlässigung.[139] Sie wenden ein, daß zwischen der Nutzenmessung, die normalerweise durch Einkommensänderungen vorgenommen wird (Vgl. Kapitel 3.1), und dem tatsächlichen Nutzenzuwachs unter Berücksichtigung des Wertes der entgangenen Freizeit, erheblich sein kann.

Das Problem der Bestimmung von intangiblen Effekten verhält sich ähnlich zu dem der Bestimmung von Schattenpreisen: Bei der jeweiligen Größe gilt es einen monetären Wert zu bestimmen, der sich nicht direkt beobachten läßt und

---

[136] Vgl. hierzu beispielsweise bereits *Sen* (1967).

[137] Vgl. hierzu *Stiglitz* (1994).

[138] Vgl. hierzu *Winkelmann/Winkelmann* (1995, 1998) und *Gerlach/Stefan* (1996)

[139] Die entsprechenden Ansätze werden *Greenberg* (1997) sowie *Bell/Orr* (1994) zugeschrieben.

daher indirekt konstruiert und geschätzt werden muß. Kann bei Schattenpreisen häufig noch ein Marktpreis als Orientierungsgröße dienen, fehlt diese Unterstützung bei intangiblen Effekten meist. Brent (1996, S. 185 f.) schlägt ein zweistufiges Verfahren vor, das bei der Bewertung dieser Effekte hilfreich sein soll: Erstens muß eine (physische) Einheit festgelegt werden, in der die Effekte gemessen werden sollen (z.B. Dezibel zur Lärmmessung); zweitens kann der vorher definierten Einheit ein monetärer Wert zugeordnet werden, wobei in dieser Phase wiederum auf eine Orientierung anhand von Marktpreisen zurückgegriffen werden kann.
Wie erwähnt werden intangible Effekte in den meisten Studien nicht berücksichtigt.[140] Dies hängt mit den genannten Schwierigkeiten zusammen, und diese gelten trotz der von Brent (1996) vorgeschlagenen Vorgehensweise zur Lösung, einen derartigen Effekt genau monetär zu bestimmen. Hinzu kommt, daß nicht nur die Bewertung jedes einzelnen Effektes sehr schwierig und daher umstritten ist, auch die Entscheidung, welche Effekte überhaupt zu berücksichtigen sind, ist sehr schwierig zu beantworten.
So kann gegen die Vorwürfe, die Nutzeneinbußen durch entgangene Freizeit nicht zu berücksichtigen, eingewendet werden, daß dieser Tatsache Entwicklungen gegenüberstehen, die die daraus entstandenen Verzerrungen in ebenfalls unbekanntem Ausmaß verringern. Zu denken ist hier an gegensätzliche Entwicklungen durch Nutzengewinn bei Geldgebern des Projektes (z.B. Steuerzahlern), die einen positiven persönlichen Nutzen aus der Tatsache ziehen, daß diese Maßnahmen der Arbeitsmarktpolitik überhaupt stattfinden. Der Grenzwert, den Nichtteilnehmer an den Maßnahmen bereit sind aufzuwenden, damit Transfers durch Zahlungen im Rahmen von Maßnahmen der Fortbildung und Umschulung ersetzt werden können, wurde wissenschaftlich ebenfalls noch nicht ausreichend untersucht.[141]

3.2.3.3 Vergleich von Kosten und Nutzen

Nachdem die Kosten und Nutzen anhand in Abschnitt 3.2.3.2 vorgestellter Methoden bestimmt werden konnten, gilt es, Instrumente anzuwenden, um die gewonnenen Erkenntnisse in eine Entscheidung zu überführen. Wie genau der Vergleich zwischen Kosten und Nutzen erfolgt, hängt maßgeblich von der Zielsetzung des Programms und dementsprechend von der Fragestellung der Analyse ab.
Eine erster, direkter Ansatz ist es, einfach die Kosten und den Nutzen eines Programms gegenüberzustellen, d.h. voneinander zu subtrahieren. Wurde bereits eine einheitliche Größe hinsichtlich der zeitlichen Dimension berechnet, lassen

---

[140] Dies gilt auch für zahlreiche Lehrbücher, beispielsweise seien hier genannt: *Boardman et al.* (1996), *Gramlich* (1990), *Sugden/Williams* (1978) sowie *Pearce* (1983).
[141] Siehe hierzu *Friedlander/Greenberg/Robins* (1997), S. 1845.

sich die beiden Elemente einer Kosten-Nutzen Analyse leicht vergleichen. Projekte mit einem positiven Gegenwartswert des Nettonutzens lassen sich demnach befürworten, da sie die öffentliche Wohlfahrt vergrößern. Auch zwischen mehreren Projekten kann unterschieden und sortiert werden: die Projekte mit dem höchsten Nettonutzen werden realisiert.
Zur Methode des Gegenwartswert gibt es jedoch noch eine alternative Methode, die dem Ansatz nach einer privatwirtschaftlichen Bewertung gleichkommt: die Interne-Zinssatz-Methode (Internal Rate of Return, IRR).[142] Hierbei wird nicht ein bestimmter Betrag berechnet, zu dem die einzelnen Teilbeträge im Zeitablauf aufsummiert werden, sondern ein interner Zinssatz (ρ). Formal läßt sich schreiben:

$$0 = N_0 - K_0 + \frac{N_1 - K_1}{1+\rho} + \ldots + \frac{N_T - K_T}{1+\rho} \quad mit\ 0<t<T \qquad \text{(IRR)}$$

wobei N_t und K_t den Nutzen bzw. die Kosten zum Zeitpunkt t widerspiegeln. Der interne Zinssatz ist ein Kalkulationszinssatz, der den Kapitalwert eines Projektes *0* werden läßt. Die Entscheidungsregel lautet hierbei, ein Projekt anzunehmen, wenn ρ über dem Zins i (bzw. der Sozialen Diskontrate) liegt, und es abzulehnen, wenn es darunter liegt. Der genannte alternative Zins erfüllt hier die Rolle von Opportunitätskosten.
Layard/Glaister (1994, S. 42 f.) weisen jedoch auf erhebliche Nachteile hin, die eine verläßliche Verwendung dieser Entscheidungsregel deutlich einschränken. Demnach kann ein Vergleich mit dem Zins i irreführend sein, da dieser sich im Zeitablauf ändern kann. Auch kann die Reihenfolge bei einem Vergleich von mehreren Projekten anhand der IRR die Annahme eines falschen, da suboptimalen Projektes empfehlen. Schließlich kann die Interpretierbarkeit von Ergebnissen deutlich erschwert werden, wenn es innerhalb der Berechnungen zu einem Vorzeichenwechsel kommt.
Eine weitere, ebenfalls mit Nachteilen in der Verwendung behaftete Methode ist das sogenannte Kosten-Nutzen Verhältnis (KNV). Diese Methode, in der einfach Kosten und Nutzen zueinander in Verhältnis gesetzt werden, genießt zwar einige Popularität in der Anwendung, da sie sehr einfach zu formulieren ist. Hinsichtlich der Interpretierbarkeit ergeben sich jedoch auch hier deutliche Schwierigkeiten.
Zusammenfassend läßt sich sagen, daß der abschließende Schritt einer Analyse, nämlich die Teilergebnisse zusammenzuführen und zu interpretieren, mit erheblichen Schwierigkeiten behaftet sein kann. Dies bezieht sich auf die Interpretierbarkeit der einzelnen Entscheidungsregeln, die teilweise undeutliche, teilweise sogar irreführende Empfehlungen hinsichtlich der Entscheidung für oder gegen ein bestimmtes Projekt nahelegen. Als verläßlichste und daher zentrale Methode

[142] Vgl. *Rosen/Windisch* (1992), S. 475 ff.

hat sich der Gegenwartswert bewährt, anhand dessen die Kosten- und Nutzenelemente zunächst einfach gegenübergestellt werden können. Die anderen hier vorgestellten Verfahren sollten jedoch mit größter Skepsis hinsichtlich der Resultate angewendet werden.
Unabhängig davon, ob ein betrachtetes Projekt nun einen negativen oder positiven Nettonutzen aufweist, ist die Entscheidung für oder gegen ein Projekt noch nicht eindeutig. Auch ein Programm mit einem negativen Nettonutzen kann unter Umständen eine wichtige gesellschaftliche Bedeutung haben, so daß eine Weiterführung sinnvoll scheint. Die Ergebnisse einer Kosten-Nutzen Analyse können in vielen Fällen lediglich eine Hilfestellung und einen Denkansatz für die tatsächliche Entscheidung sein, welcher Stellenwert einem Programm in der öffentlichen Gestaltung einzuräumen ist.

3.2.3.4 Schwierigkeiten und mögliche Trugschlüsse

Wie bereits angedeutet, sollten die Ergebnisse von Kosten-Nutzen Analysen kritisch betrachtet werden, da den Ergebnissen unter Umständen Annahmen zugrunde liegen, die nicht die Realität oder die Präferenzen der Gesellschaft widerspiegeln. Aus diesem Grunde ist es entscheidend, die entsprechenden Annahmen offenzulegen und gut zu begründen. In vielen Fällen lassen sich mehrere Szenarien durch eine Sensibilitätsanalyse abbilden und eine genaue Bandbreite der Lösungen vorstellen.
In diesem Abschnitt sollen einige mögliche Probleme bei der Gestaltung und Interpretation von Kosten-Nutzen Analysen vorgestellt werden, die zu massiven Trugschlüssen führen können.
1. Bewertung intangibler Kosten und Nutzen: Wie in Kapitel 3.2.3.2 beschrieben wurde, kann es in einer Untersuchung notwendig sein, intangible, also unbeobachtbare, Kosten oder Nutzen einzubeziehen. Als Beispiel wurde die Einbuße von Freizeit bei der Vermittlung von ehemals arbeitslosen Personen genannt, die bei Arbeitsaufnahme auf der Kostenseite berücksichtigt werden kann. Diese intangiblen Werte, sei es, daß sie auf der Kosten- oder aber auf der Nutzenseite angesetzt werden, haben die Möglichkeit, die Aussage einer Studie vollständig zu verändern. Da für sie keine meßbaren und daher nachprüfbaren Angaben vorliegen, können diese Werte (meist unter Verwendung ideologischer Einflüsse) willkürlich überschätzt werden. Die Offenlegung der zugrundeliegenden Annahmen bzw. der Versuch, die Werte mit konstruierten Verfahren zu schätzen (siehe den Vorschlag von Brent, 1996, in Kapitel 3.2.3.2), mindern diese Willkür. In bestimmten Situationen kann die Kosten-Nutzen Analyse sogar dazu dienen, diese ideologischen Einflüsse aufzudecken. Ein Beispiel, das nicht aus dem Bereich der Arbeitsmarktpolitik stammt, ist der Bau des Tunnels unter dem Ärmelkanal, bei dem auf den intangiblen Nutzen „Nationalstolz" hingewiesen wird. Dieser dient dazu, die den Nutzen übersteigenden Kosten zu rechtfertigen.

Die Höhe dieser Differenz kann als der Wert angesehen werden, der diesem intangiblen Nutzen zugemessen wird.[143]

2. Der Kettenreaktionstrugschluß:[144] Ein beobachtetes und analysiertes Projekt hat eine Auswirkung auf das Umfeld, in dem es umgesetzt wird. Hierbei werden nicht nur die Wirkungen erzeugt, die tatsächlich dem Ziel der Projektverantwortlichen entsprechen, vielmehr sind häufig auch indirekte Effekte zu beobachten. Diese indirekten Effekte können, müssen jedoch nicht in die gleiche Wirkungsrichtung gehen, wie das eigentliche Programm. Mit anderen Worten: die indirekten Effekte eines Programms können entweder auf der Kosten- oder auf der Nutzenseite auftauchen. Als Beispiel läßt sich der Bau einer Straße nennen, deren primärer Nutzen darin liegt, die Transportkosten für Privatpersonen und Unternehmen zu senken. Als Sekundäreffekte können nun beliebig viele weitere Wirkungen aufgeführt werden, wie z.B. steigende Gewinne für an der Straße liegende Hotels, Geschäfte oder Tankstellen, was daraufhin zu steigenden Einkommen und steigendem Konsum führt. Die Wirkungskette läßt sich beliebig lange fortsetzen.

Da indirekte Effekt meist schwer meßbar sind und die Wirkungsketten der indirekten Effekte meist unbekannt sind, werden diese häufig vernachlässigt. Ähnlich der Bewertung intangibler Nutzen und Kosten kann aber auch die Betrachtung indirekter Effekte zu einem schweren Trugschluß führen. Die Wirkungsketten von indirekten Effekten können sich, wie oben gezeigt, sehr weit fortschreiben lassen. So können bei einer Vermittlung eines Sozialhilfeempfängers in den lokalen Arbeitsmarkt nicht nur die eingesparten Transferleistungen auf der Nutzenseite nennen, sondern auch die eingesparten Gelder für öffentliche Investitionen (durch einen Rückgang im Vandalismus in der Stadt), positive Kaufkrafteffekte für die Stadt etc.

Bei der Auflistung einer ausreichenden Anzahl von Sekundärwirkungen läßt sich jedes Projekt zu einem effizienten rechnen. Dabei gilt es jedoch zu berücksichtigen, daß diesen Effekten auf der Nutzenseite normalerweise entsprechende Effekte auf der Kostenseite gegenüberstehen (oder umgekehrt). Auch sind die Effekte, je weiter sie von der Ausgangswirkung entfernt sind, schwer zu bestimmen und zuzuordnen. Auch hier ist es wichtig, die entsprechenden Annahmen offenzulegen, so daß durch die entsprechende Rechtfertigung gegenüber der Öffentlichkeit ein gewisses Korrektiv eingeschaltet wird.

3. Der Arbeitsbeschaffungstrugschluß: Als Vorteil vieler Projekte wird neben der eigentlichen Programmwirkung die Tatsache genannt, daß durch die Installierung des jeweiligen Projektes Arbeitsplätze geschaffen werden. Diese Tatsache wird, auch bei zeitlich begrenzten Projekten, insbesondere im Fall von ver-

---

[143] Vgl. *Will* (1985).

[144] Dieser sowie die folgenden möglichen Trugschlüsse bei Kosten-Nutzen Analysen finden sich bereits bei *Tresch* (1981).

breiteter Arbeitslosigkeit als Vorteil verstanden. Diese Sichtweise verleitet Analysten zu der Annahme, daß die entsprechenden Personalkosten dem Nutzen, und nicht wie eigentlich vorgesehen, den Kosten zugerechnet werden.[145] Selbst im Falle unfreiwilliger Arbeitslosigkeit ist dieser Ansatz jedoch unrichtig, da es eine unbewiesene Annahme bleiben muß, ob die entsprechenden Personen wirklich für die Zeit des Projektes arbeitslos geblieben wären. Selbst in einer Region mit Arbeitslosigkeit ist die Annahme, daß im Rahmen einer Projektes neu eingestellte Personen auch einen Nettogewinn an Arbeitsplätzen darstellen, nicht selbstverständlich.

3.2.4 Kosten-Nutzen Analysen im kommunalen Bereich

Während die bisherige Betrachtung der konzeptionellen und methodischen Aspekte von Kosten-Nutzen Analysen eher allgemein gehalten war und sich lediglich teilweise auf Fragestellungen der Arbeitsmarktpolitik bezog, sollen hier Studien vorgestellt werden, die die Vorgehensweise bei Evaluationen und Kosten-Nutzen Analysen aus diesem Bereich in Deutschland dokumentieren.
Hierbei sollen nicht die Details der Projekte mit ihren lokalen Besonderheiten vorgestellt werden, vielmehr stehen die konzeptionellen Ansätze der Evaluierung im Mittelpunkt der Betrachtung. Die Dokumentation ausgesuchter Studien soll verdeutlichen, welche Schwierigkeiten mit der Umsetzung der theoretischen Ansätze verbunden sind.

3.2.4.1 Düsseldorf

3.2.4.1.1 Gegenstand und Art der Untersuchung

Der Gegenstand dieser von Trube (1995) vorgestellten exemplarischen Kosten-Nutzen Analyse ist die örtliche Beschäftigungsförderung der Stadt Düsseldorf. Die Fragestellung dieser zwischen 1992 und 1994 vorgenommenen Untersuchungen lautete, ob sich die Aufwendungen, die der Kommune durch Maßnahmen örtlicher Beschäftigungsförderung entstehen, in Relation zu fiskalischen und sozialen Nutzeneffekten lohnen.
Trube (1995) wählt für seine Analyse zwei Abschnitte, in denen unterschiedliche Aspekte der Fragestellung behandelt werden. In einem ersten Schritt wird eine Kosten-Nutzen Analyse vorgestellt, die versucht, alle bedeutenden Kostenarten und Budgets einzubeziehen.[146] In einer zweiten Untersuchung werden Individualanalysen mit Sozialhilfeempfängern durchgeführt, die über die psycho-

---

[145] Vgl. *Rosen/Windisch* (1992), S. 494.
[146] *Bach/Spitznagel* (1992) sprechen in diesem Zusammenhang von einem „Gesamtfiskalischen Prinzip".

sozialen Effekte von Arbeitslosigkeit bzw. Sozialhilfebezug und die Wirkung von Arbeitsmaßnahmen Aufschluß geben.

3.2.4.1.2 Vorgehen und berücksichtigte Elemente

Im folgenden sollen die monetäre Analyse der fiskalischen Auswirkungen der örtlichen Beschäftigungsförderung und die individuellen psycho-sozialen Auswirkungen auf die Teilnehmer getrennt vorgestellt werden. Sowohl im Hinblick auf die vorgestellten konzeptionellen Elemente in den folgenden Abschnitten, als auch in bezug auf die Studien, die im anschließenden empirischen Teil dieser Arbeit vorgestellt werden, sollen die monetären Aspekte den Schwerpunkt der Betrachtung bilden.

Fiskalische Kosten-Nutzen Analyse: Im Rahmen der monetären Untersuchungen werden exemplarisch acht Projekte untersucht, die von der Stadt Düsseldorf (mit)finanziert werden. Diese Projekte dienen der Beschäftigungsförderung und teilweise auch der Qualifizierung von Sozialhilfeempfängern. Die Untersuchungsprojekte wurden als typische Projekte der Stadt Düsseldorf in diesem Bereich ausgewählt. In folgender Tabelle 2 sind die in der Untersuchung berücksichtigten Kosten und Nutzenwerte aufgeführt.

Auf der Kostenseite werden diejenigen kommunalen Aufwendungen verstanden, die im städtischen Haushalt zur Finanzierung der Beschäftigungs- und Qualifizierungsprogramme bereitgestellt werden. Neben sogenannten „intentional beschäftigungsorientierten Mitteln“ beispielsweise aus dem Kommunalen Beschäftigungsprogramm, die unter anderem für die Projekte bereitgestellt werden, werden auch die Zahlungen zu den Aufwendungen gezählt, die vereinzelt an Projekte gezahlt werden, wenn sie eine bestimmte Dienstleistung erbringen. Zu denken ist hierbei an Zuwendungen aus dem Etat der Abfallwirtschaft, wenn entsprechende Leistungen in diesem Bereich den Projekten zugeschrieben werden. Zusätzlich werden drittens die Mittel berücksichtigt, die die Kommune als Eigenanteil bei der Inanspruchnahme von Finanzmitteln anderer öffentlicher Körperschaften einbringen muß (beispielsweise bei Geldern von Landesprogrammen).

Auf der Nutzenseite werden zunächst sogenannte *Multiplikationseffekte* berücksichtigt. Die Aufwendungen für die Projekte werden für die Kommune dadurch erheblich verringert, daß ein erheblicher Teil der Gesamtaufwendungen von (nichtkommunalen) Drittmitteln gedeckt wird. Diese Drittmittel können aus Leistungen des Arbeitsamtes (z.B. für ABM) oder des Landes stammen. Da jedoch auch immer ein Eigenanteil zur Erlangung der Drittmittel notwendig ist, kann hier von einem Multiplikationseffekt bei der Finanzierung der Projekte gesprochen werden, der einerseits qualitativ ist (erst durch Eigenmittel erfolgt die Vergabe von Fremdmitteln), andererseits quantitativ (Höhe der Eigenmittel bestimmt Höhe der Fremdmittel). So wird der überwiegende Anteil der Projektmittel (60,6 %) aus nicht-kommunalen Geldern bestritten. Durchschnittlich erhält die Stadt Düsseldorf also für jeden selbst eingesetzten Euro noch einmal 1,54 Euro aus fremden Kassen hinzu.[147]

Tabelle 2: Berücksichtigte Elemente der Kosten-Nutzen Analyse örtlicher Beschäftigungsprojekte, Düsseldorf

Kosten	Nutzen	
Kommunale Aufwendungen: Mittel, die für die Finanzierung der Projekte im Verwaltungshaushalt bereitgestellt werden.	Multiplikationseffekte:	Vervielfältigung kommunaler Mittel durch zusätzliche Einnahme nicht kommunaler Finanzierung für die Projekte
	Einnahmeeffekte:	Einnahmen durch städtischen Anteil an Lohn-/ Einkommensteuer bei Beschäftigung
	Einsparungseffekte:	Eingesparte Sozialhilfe bei Beschäftigung der Hilfeempfänger
	Wertschöpfungseffekte:	Wirtschaftlich quantifizierbare Leistungen durch Tätigkeit in den Projekten, die der Kommune zugute kommen.

Quelle: Trube (1995), S. 25.

Als *Einnahmeeffekte* werden die Erträge bezeichnet, die der Stadt Düsseldorf als kommunaler Anteil an der Lohn- bzw. Einkommensteuer zu Gute kommen. Berechnet werden hier die Beträge, die von den Lohn- und Gehaltszahlungen sowohl von den Teilnehmern als auch deren Anleitern und Betreuern anfallen. Dieser Anteil belief sich zum Zeitpunkt der Untersuchung (1994) auf 15 %. Der Kommune entstehen durch die Beschäftigung der Hilfeempfänger in den Projekten auch *Einspareffekte* in Form eingesparter Sozialhilfezahlungen. Diese Einsparungen betreffen einerseits die laufenden Leistungen wie laufende Hilfe zum Lebensunterhalt oder Mehrbedarfszuschläge, andererseits die umgerechneten einmaligen Leistungen wie diverse Beihilfen. Diese Angaben wurden durch

[147] Die Schwankungen zwischen den Projekten sind bei den Zuschußanteilen erheblich. Diese liegen zwischen 0 (ohne Fremdmittel) und beinahe 1:18 im Verhältnis Eigenmittel zu Fremdmittel.

fremde Leistungen wie Erstattungen oder Anrechnungen (z.B. Kindergeld) bereinigt.
Bemerkenswert ist die Definition des *Wertschöpfungseffektes*, der der Stadt Düsseldorf durch die Projekte entsteht. Hierunter wird ein „quantifizierbarer wirtschaftlicher Wert" (Trube, 1995, S. 64 ff.) verstanden, der der Kommune speziell durch die Beschäftigung von Arbeitslosen als fiskalischer Zuwachs entsteht. Bei fünf der acht untersuchten Projekte konnten derartige quantifizierbare Effekte festgestellt werden.[148] Mehrere Projekte sammeln gebrauchte Möbelstücke und arbeiten diese zur Wiederverwendung auf. Die daraus erzielte Wertschöpfung findet nach Trube (1995) auf drei Ebenen statt: Zum einen gibt es Einsparungen für die Stadt, wenn Sachbearbeiter Sozialhilfeempfänger auf Gebraucht-Möbel aus den Werkstätten verweisen, anstatt neue Möbel zu bewilligen. Zum zweiten ergeben sich Einsparungen, wenn in den Projekten hergestellte Möbel in städtischen oder stadt-finanzierten Einrichtungen verwendet werden, anstatt zu diesem Zweck neue Möbelstücke anzuschaffen. Zum Dritten werden in der kommunalen Abfallbeseitigung Mittel eingespart, da die gebrauchten Möbel dem Sperrgut entzogen und recycelt werden.
Die Wertschöpfung aus diesen Projekten ergibt sich somit einerseits aus der Differenz der Beträge, die für die Anschaffung von neuen Möbelstücken hätten ausgegeben werden müssen, und den Beträgen, die den Projekten für die (deutlich günstigere) Überlassung bezahlt wurden. Andererseits konnten die eingesparten Recyclingmittel aus den Satzungen zur Abfallbeseitigung entnommen und mit dem Sammelaufkommen abgeglichen werden. Da sowohl die alternativen Kosten für Möbel als auch die Aufwendungen für das Sammeln bekannt sind,[149] können für die Wertschöpfungseffekte angemessene Bewertungsmaßstäbe angelegt werden. Da in der Hochrechnung der Effekte Abzüge z.B. für Einarbeitungszeiten oder Sammelaufkommen zu berücksichtigen sind, werden im Rahmen einer Sensitivitätsanalyse drei Szenarien der Wertschöpfung berechnet.

3.2.4.1.3 Ergebnisse der Analyse

Alleine aus der Betrachtung der repräsentativen Projekte der Stadt Düsseldorf auf rein monetärer Basis lassen sich erhebliche Einsparungen bzw. Einnahmen

[148] Auch bei den anderen Projekten konnten positive Effekte für die Stadt festgestellt werden, lediglich war eine monetäre Quantifizierung nicht möglich. Als Beispiel wird die Leistung von alleinerziehenden Berufsrückkehrerinnen in der Altenpflege, das der sozialpädagogischen Betreuung und Stabilisierung der Teilnehmerinnen dient, genannt. Die gleichzeitig stattfindende Ausbildung zur anerkannten Altenpflegerin erhöht den Fachkräfteschlüssel der städtischen Heime.

[149] Die Ansetzung von Gebühren zur Abfallbeseitigung basiert auf den Rechtsvorschriften, daß öffentliche Gebühren kostendeckend anzusetzen sind.

feststellen, die die anfänglichen Aufwendungen für die Projekte reduzieren. Zusätzlich zu den städtischen Aufwendungen werden die Projekte von externen Finanzmitteln unterstützt, die den finanziellen Beitrag der Stadt Düsseldorf bis auf die Ausnahme eines Projektes übersteigen.
Des weiteren ergeben sich Einnahmen für die Kommune aus Anteilen an der Lohn- und Einkommensteuer, die von der Höhe her ausreichend wären, ein weiteres Projekt mit fünf Teilnehmern zu finanzieren. Durch die Einsparung von Sozialhilfeleistungen bei den 161 betrachteten Projektteilnehmern ergeben sich Einsparungen in Höhe von ca. 1 Mio. DM. Hinsichtlich der Wertschöpfung, von der die Kommune durch die Leistungen der Projekte profitiert, werden drei Szenarien gebildet: eine Minimal-, eine Median- und eine Maximal-Variante. Hierbei werden die berücksichtigten Parameter in zeitlicher, ökonomischer und/oder rechtlicher Form unterschiedlich weit gefaßt, so daß sich die Wertschöpfung auf jährliche geldwerte Leitungen von ca. 200.000 DM bis ca. 2,14 Mio. DM beläuft.
Diese rein monetären Bewertungen werden ergänzt durch Individualuntersuchungen aufgrund von Befragungen der an den Projekten teilnehmenden Hilfeempfänger. In diesem Rahmen finden Konsumeffekte durch das höhere Einkommen der Empfängerhaushalte sowie Stabilisierungseffekte im psychosozialen Bereich Berücksichtigung. Während die Konsumeffekte einen positiven Nutzen für die lokale Wirtschaft haben sollen, führen die Stabilisierungseffekte zu einer geringeren Inanspruchnahme von sozialen Beratungseinrichtungen, was Einsparungen auf dieser Ebene zur Folge hat.
Abgeschlossen wird die fiskalische Analyse durch eine unterschiedliche zeitliche Betrachtung der fiskalischen Wirkungen für die Kommune. Zunächst werden Kosten und Nutzen auf Jahresbasis im Sinne einer „Jahres-Fiskal-Bilanz" gegenübergestellt. Diese Betrachtung wird erweitert durch Überlegungen zur Nachhaltigkeit der Maßnahmen, so daß durch die Rückkehrquoten von Teilnehmern in die Sozialhilfe auch langfristige Effekte bestimmt werden können. Diese Informationen gehen schließlich in eine „Mehr-Jahres-Fiskal-Bilanz" bis zum dritten Jahr nach dem Projekt ein.

3.2.4.2 Bremen

3.2.4.2.1 Gegenstand und Art der Untersuchung

Die Studie von Jacobs (1996) zur Situation von Sozialhilfeempfängern in der Hansestadt Bremen analysiert den Erfolg der sogenannten „Werkstatt Bremen", in der die kommunalen Aufgaben der „Hilfe zur Arbeit" umgesetzt werden. Im Mittelpunkt der Arbeit der Werkstatt Bremen steht die Vermittlung von Hilfeempfängern in Maßnahmen nach § 19 BSHG, hier insbesondere nach der Entgeltvariante. Ziel der Fokussierung auf diese Maßnahmen ist es, die Kosten für

Sozialhilfe zu reduzieren oder zu verlagern, indem die Hilfeempfänger entweder in den Arbeitsmarkt vermittelt werden oder auf Leistungen der Arbeitsämter verschoben werden.
In einem ersten Schritt sollte eine Wirkungsanalyse Antwort auf die Frage nach der Zielerreichung geben. Hierbei konnte anhand einer schriftlichen Befragung beispielsweise festgestellt werden, daß ca. 26 % aller Befragten im Anschluß an eine Maßnahme nach § 19 BSHG (Entgeltvariante) einen Arbeitsplatz innehatten. Zum Zeitpunkt der Befragung, 3 bis 6 Jahre nach dem Ausscheiden aus der Maßnahme, waren 36 % erwerbstätig, allerdings zahlreiche Personen lediglich mit einem befristeten Arbeitsvertrag.
Darauf aufbauend wurden im Rahmen einer exemplarischen Kosten-Nutzen Analyse die Refinanzierungswirkungen des zunächst erhöhten Mitteleinsatzes untersucht. Diese Analyse wird im nächsten Abschnitt dargestellt. Abgeschlossen wurde die Untersuchung durch qualitative Aussagen hinsichtlich der zukünftigen Entwicklungen und möglichen Erweiterungen des Programms.

3.2.4.2.2 Vorgehen und berücksichtigte Elemente

Die Kosten-Nutzen Analyse im Rahmen der vorgestellten Evaluation ist eine rein monetäre Analyse, d.h. ungenügend quantifizierbare Effekte wie psychische Belastung der betroffenen Personen werden zwar erwähnt, nicht jedoch in die fiskalische Betrachtung übernommen. Die Autoren der Kosten-Nutzen Analyse, Schaak/Jacobs,[150] betrachten die Be- und Entlastung einzelner Kostenträger als die Komponenten der Analyse. Die einzelnen Werte sind aus Tabelle 3 ersichtlich.
Als Kosten werden demnach die Ausgaben für Lohn- und Gehaltszahlungen (inklusive Arbeitgeberanteile an der Sozialversicherung und etwaige vermögenswirksame Leistungen) an die Hilfeempfänger erfasst, die zunächst deutlich höher sind als die Ausgaben für Sozialhilfe. Sollten in einer zeitlich längeren Betrachtung nach der Maßnahme selbst wieder Zahlungen im Rahmen der Sozialhilfe anfallen, werden diese ebenfalls auf der Kostenseite berücksichtigt.
Die erfassten Nutzenelemente lassen sich in Einsparungs- und Einnahmeeffekte gliedern. *Einsparungseffekte* beziehen sich hierbei auf Einsparungen im kommunalen Sozialhilfehaushalt und sind gleichbedeutend mit Minderausgaben für Sozialhilfeempfänger. Hierbei werden Sozialhilfeleistungen wie Laufende Hilfe zum Lebensunterhalt, Mietzuschüsse, Beiträge zur Krankenversicherung, sowie Einmalige Sozialhilfeleistungen berücksichtigt. Diese kommunalen Leistungen fallen weg und werden für die Dauer der Maßnahme durch Lohn- und Gehaltszahlungen ersetzt. In einer längerfristigen Betrachtung sind auch zukünftige Sozialhilfeleistungen als Einsparungen angesetzt, was für den Fall gilt, daß die Hil-

---

[150] In *Jacobs* (1996), S. 100 ff.

feempfänger nach der Maßnahme nicht in den Sozialhilfebezug zurückkommen.[151]

Tabelle 3: Berücksichtigte Kosten und Nutzen, Evaluation Bremen

(Kommunale) Kosten	(Kommunaler) Nutzen	
	Einsparungseffekte	**Einnahmeeffekte**
- Bruttolohnkosten und Lohnnebenkosten der Beschäftigten	- Laufende Hilfe zum Lebensunterhalt	- Kommunaler Anteil an der Lohn- und Einkommensteuer
- Sozialhilfeleistungen nach Arbeitsvertragsende (je nach Einzelfall)	- Kommunale Mietzuschüsse	- Konsumtive Ausstrahlungseffekte eines erhöhten Einkommens (Kaufkrafterhöhung)
	- Beiträge zur Krankenversicherung	
	- Einmalige Sozialhilfeleistungen	
	- Sozialhilfeleistungen im Anschluß an den Arbeitsvertrag	

Quelle: Eigene Darstellung in Anlehnung an Jacobs (1996), S. 101.

Als *Einnahmeeffekt* gilt einerseits der kommunale Anteil an der Lohn- und Einkommensteuer, der der Stadt Bremen durch die Beschäftigung im Rahmen der Steuerleistungen im Zeitraum der Maßnahme zufällt. Andererseits wird ein Betrag angesetzt, der durch „konsumtive Ausstrahlungseffekte eines höheren Einkommens" abgeleitet und der als Einnahmefaktor für die Stadt Bremen angesehen wird. Das Einkommen, daß den Hilfeempfängern während der Maßnahme über die eigentlichen Sozialhilfe hinaus zur Verfügung steht, wird mit einem „Einkommensmultiplikator" von 1,4 bewertet und als „konsumtives Zusatzeinkommen" bewertet. Dieses führt per Annahme zu höheren Steuereinnahmen in der Stadt Bremen.

[151] Was selbst bei einer der Maßnahme folgenden Arbeitslosigkeit in der Regel erst langfristig der Fall ist, da unmittelbar nach der Maßnahme Anspruch auf Leistungen des Arbeitsamtes besteht.

3.2.4.2.3 Ergebnisse der Analyse

Die Ergebnisse werden zunächst in Modellrechnungen für bestimmte Modelltypen (unterschiedliche Laufzeiten der Beschäftigungsmaßnahme), bestimmte Lohn- bzw. Gehaltsgruppen, sowie verschiedene Haushaltsgrößen vorgestellt. Des weiteren wird in den Modellrechnungen unterschieden, ob die betreffende Person die Maßnahme zu Ende bringt, oder vorher aus der Maßnahme ausscheidet (bei den einjährigen Maßnahmen sind die betrachteten Zeiträume ein Jahr für die vollendete und vier Monate für die abgebrochene Maßnahme). Da die verschiedenen Konstellationen untereinander kombiniert werden, ergeben sich 24 verschiedene Modellrechnungen.[152] Diese Analyse wird für die beiden Maßnahmelaufzeiten von ein bzw. zwei Jahren unternommen.
Aufgrund dieser Berechnungen wird für jede der Gruppen ein Amortisationszeitpunkt errechnet, ab dem sich die zunächst höheren Ausgaben für Lohn- und Gehaltszahlungen für die Stadt Bremen bezahlt machen. Diese Berechnung wird unter der Annahme gemacht, daß die Personen seit der Maßnahme ununterbrochen in einem Beschäftigungsverhältnis verblieben bzw. nicht mehr auf Sozialhilfe angewiesen sind. Bei den einjährigen Arbeitsverträgen amortisieren sich die Maßnahmen demnach beispielsweise zwischen einem und drei Jahren, je nach Haushaltstyp und Vergütungsgruppe.

3.2.4.3 Leipzig

3.2.4.3.1 Gegenstand und Art der Untersuchung

Auch in Leipzig wird ein kommunales Projekt untersucht, das Sozialhilfeleistungen an die Arbeitsleistung der Hilfeempfänger koppelt. Gemäß Gemeinderatsbeschluß vom November 1995 wird demnach jedem arbeitsfähigen Hilfeempfänger nach §§ 18 bis 20 BSHG eine Stelle im städtischen „Betrieb für Beschäftigungsförderung" (BfB) angeboten. Bei Ablehnung des Arbeitsangebotes durch den Hilfeempfänger wird die Sozialhilfe in drei Stufen gekürzt und kann letztlich ganz eingestellt werden. Bei Annahme des Arbeitsangebots erhält die Person einen auf ein Jahr befristeten Zeitvertrag, der in seinem Gehalt leicht über den Sozialhilfeleistungen liegt.[153]
Neben der Drohung, die Sozialhilfe einzustellen, ist eine Tätigkeit in der BfB zusätzlich mit positiven Anreizen verbunden. So werden den teilnehmenden

---

[152] Dies entsteht durch die Berücksichtigung von 2 Gehaltsgruppen (BAT IIa und MTL 2a), 3 Haushaltsgrößen (Single, Alleinerziehende mit Kind, Verheiratete mit 2 Kindern), 2 Zeiträume des Vertragsverhältnisses (1 Jahr, 4 Monate) sowie 2 möglichen Verbleibsvarianten (seit Maßnahme arbeitslos, seit Maßnahme in Beschäftigung). Daraus ergeben sich 2x3x2x2=24 Möglichkeiten.
[153] Vgl. hierzu *Feist/Schöb* (2000).

Personen Weiterbildungsangebote[154] unterbreitet, Personen, die einen erhöhten Betreuungsbedarf haben, können entsprechende Sozialdienste in Anspruch nehmen. Mit dem Angebot von ca. 2000 Arbeitsplätzen für die entsprechende Zielgruppe kann die Forderung „Arbeit für Alle" zwar erfüllt werden, Beschäftigungseffekte werden jedoch hauptsächlich durch Anstellungen bei der BfB selbst realisiert, weniger durch direkte Vermittlungen in den ersten Arbeitsmarkt.[155]

Die Untersuchung von Feist/Schöb (2000) identifiziert zunächst die potentiellen Quellen für eine Einsparung bei der Stadt Leipzig. Hierbei werden Kosten und Nutzen einander gegenübergestellt. In einem nächsten Schritt wird die finanzielle Belastung der Gemeinde im Zusammenhang mit der Beschäftigungsentwicklung bei der BfB dynamisch analysiert.

3.2.4.3.2 Vorgehen und berücksichtigte Elemente

In der Gegenüberstellung von Kosten und Nutzen werden zunächst die hohen Kosten aufgedeckt, die bei einer Beschäftigung im BfB für die Stadt Leipzig anfallen. Für einen Arbeitsplatz im BfB muß die Stadt etwa das Dreifache des Sozialhilfesatzes aufwenden. Diese Kosten setzen sich zusammen aus den Kosten, die für die Bereitstellung eines Arbeitsplatzes entstehen, sowie den Lohnkosten. Dies bedeutet, daß die Stadt Leipzig zunächst erhebliche finanzielle Vorleistungen erbringt.

Diesen hohen Kosten stehen jedoch einige Nutzenelemente gegenüber. Zunächst fallen die Aufwendungen für Sozialhilfe vollständig weg, da der Hilfeempfänger über den Arbeitsvertrag bei der BfB ein Auskommen erhält. Hinzu kommen Einsparungen durch wegfallende Hilfebezieher, d.h. Personen, die einer Aufforderung nach Beschäftigung bei der BfB nicht nachkommen und damit auf ihren Sozialhilfeanspruch verzichten.[156] In der Kosten-Nutzen Analyse gehen Feist/Schöb von der Annahme aus, das lediglich zwei von drei Hilfeempfängern einer Aufforderung nach Vorsprache nachkommen; diese Einsparungen an Sozialhilfe werden auf die verbliebenen Hilfeempfänger umgerechnet, was bedeutet,

[154] Diese reichen von der Vermittlung von Allgemeinwissen bis zu Lehrgängen der elektronischen Datenverarbeitung, Verwaltung, Gastronomie etc. Es wird auch eine fachpraktische Ausbildung in verschiedenen Bereichen angeboten, die in Zusammenarbeit mit regionalen Firmen Theorie und Praxis verbindet.

[155] Vgl. hierzu die Studie der Bertelsmann-Stiftung, *Empter/Frick* (1999), S. 60-63.

[156] Gemäß *Feist/Schöb* (2000, S. 160) kamen im Jahr 1996 lediglich 62 % der Hilfeempfänger einer Aufforderung zur Vorsprache nach. Die Einsparungen aus diesem Bereich sind jedoch rückläufig, da in den ersten 10 Monaten des Jahres 1999 durchschnittlich 83 % vorsprachen.

das bei jeder beschäftigten Person das ein-einhalbfache an Sozialhilfe eingespart wird.[157]
Eine zweite Möglichkeit der Einsparung ergibt sich durch die Tatsache, daß die Sozialhilfeempfänger durch ihre Tätigkeit Ansprüche auf Arbeitslosenunterstützung erwerben. Bei diesen langfristigen Einsparungen muß allerdings um die möglichen Leistungen der ergänzenden Sozialhilfe bereinigt werden, die gewährt werden müssen, wenn durch die Leistungen des Arbeitsamtes das Existenzminimum nicht gesichert ist. Die Höhe der Lohnkosten im Rahmen des BfB garantieren dieses Mindestniveau an Leistung offenbar nicht. Des weiteren werden die Leistungen als Nutzen angesetzt, die durch die Tätigkeiten bei der BfB erbracht werden. Diese Leistungen werden mit Marktpreisen bewertet.[158]
Des weiteren wird ein optimales Beschäftigungsniveau berechnet, bei dem es sich für die Stadt Leipzig langfristig lohnt, die Beschäftigungsgesellschaft zu betreiben. Dieses Niveau ist dann erreicht, wenn ein zusätzlicher Arbeiter genau so viel kostet, wie er der Gemeinde an Gegenleistungen und Einsparungen erbringt.

3.2.4.3.3 Ergebnisse der Analyse

Die Frage, ob sich die Beschäftigungsgesellschaft aus Sicht der Kommune bewährt hat, wird von Feist/Schöb (2000) mit einem klaren „Ja" beantwortet. „Da der Barwert der langfristigen Einsparungen bei der Sozialhilfe deutlich über den einmalig anfallenden Beschäftigungskosten liegt, lohnt es sich in jedem Fall, eine Beschäftigungsgesellschaft zu gründen" (S.161). Diese Aussage wird jedoch nicht weiter begründet, auch werden keine Angaben zu den einzelnen Komponenten der Barwertberechnung gemacht. Dieser genannte langfristige Erfolg ergibt sich nicht automatisch aus der Konstellation, daß die Hilfeempfänger zunächst nach der Maßnahme Leistungen des Arbeitsamtes beziehen oder sogar auf ihre Sozialhilfe verzichten. Auch wäre die in der Barwertformel berücksichtigte Dauer der Einsparung hierbei von Interesse.
Der „langfristige Erfolg" der BfB wird in einer grafischen Lösung dargestellt, indem gezeigt wird, daß die finanziellen Belastungen für die Gemeinde im Gründungsjahr am höchsten sind und in den Folgejahren deutlich fallen.

---

[157] Dieses Vorgehen erscheint aufgrund der hohen Schwankungen bei dem Anteil der vorsprechenden Personen problematisch. Auch dient dieser Ansatz der individuellen Umlage wenig für eine Prognose der zukünftigen Entwicklung.

[158] Als Beispiele können Sanierungsarbeiten, Verschönerung der Parkanlagen und der Bau von Spielplätzen genannt werden. Die Bewertung von Marktpreisen scheint fragwürdig zu sein und den Nutzeneffekt der Tätigkeiten zu überschätzen, da nicht alle Leistungen auch ohne die BfB erbracht worden wären. Haben die Tätigkeiten nur den Effekt von Beschäftigungsmaßnahmen, ist eine derartige Bewertung nicht zu rechtfertigen. Vgl. auch *Trube* (1994, 1995).

3.3 Zwischenergebnis

Um den Erfolg eines arbeitsmarktpolitischen Programmes oder einer Maßnahme zu bestimmen, bedarf es einer klaren Vorgabe, was unter dem Begriff „Erfolg" überhaupt zu verstehen ist. Hierbei kann es sich einerseits um einen Erfolg handeln, möglichst viele Personen (evtl. einer bestimmten Zielgruppe) in Beschäftigung zu vermitteln, andererseits können aber auch die fiskalischen Wirkungen im Mittelpunkt des Interesses stehen und der Erfolg in monetären Einheiten (z.B. Einsparungen bei Leistungen für Arbeitslose) gemessen werden. Während es sich bei der erstgenannten Definition um eine Wirkungsanalyse handelt, steht im Bereich der Untersuchung der Kosten eines Programms eine Effizienzanalyse im Mittelpunkt der Betrachtung. Zwischen beiden Analysearten besteht häufig ein direkter Zusammenhang, da in vielen Fällen eine monetäre Bewertung einer Maßnahme auf einer vorherigen Wirkungsanalyse aufbaut.

Beide Ansätze wurden in dem vorliegenden Kapitel vorgestellt. Im Rahmen von mikroökonometrischen Evaluationsstudien, wie sie in Abschnitt 3.1 dargestellt werden, wird die grundsätzliche Fragestellung bei einer Untersuchung im Rahmen des Modells potentieller Ereignisse dargelegt. Da sich eine Person nicht gleichzeitig nach Absolvieren der Maßnahme und, im Vergleich, ohne Maßnahme beobachten läßt, muß die jeweils fehlende Information konstruiert werden: Bei einem Maßnahmeteilnehmer muß geschätzt werden, wie seine Entwicklung ohne die Maßnahme verlaufen wäre, bzw. es muß bei einem Nichtteilnehmer die potentielle Wirkung einer Teilnahme ermittelt werden. Nur so kann die reine Wirkung der Maßnahme abgeschätzt werden. Da bei Einzelpersonen kein Vergleich stattfinden kann, werden Gruppen von Personen miteinander verglichen. Einerseits wird eine Programmgruppe mit den Maßnahmeteilnehmern gebildet, diese wird verglichen mit der Kontrollgruppe der Nichtteilnehmer.

Zentrale Schwierigkeit, die es dabei zu überwinden gilt, ist die Selektionsverzerrung. Werden potentielle Teilnehmer an einem Programm unterschieden in tatsächliche Teilnehmer und Personen, die nicht teilnehmen können, kann zwar u.U. die Frage nach der Wirkung der Maßnahme beantwortet werden. Es besteht jedoch die große Gefahr, daß sich die beiden Gruppen in ihrer Struktur (z.B. Alter, Vorbildung etc.) derart unterscheiden, daß eine Gruppe deutlich bessere Erfolgschancen hat als die andere. Ein Vergleich, der diese Unterschiede nicht berücksichtigt, gibt zwangsläufig einen verzerrten Eindruck vom Erfolg der Maßnahme.

Gemäß der Art der Gewinnung der Daten für die Kontrollgruppe werden Evaluationen unterschieden in nicht-experimentelle und experimentelle Untersuchungen. Während bei nicht-experimentellen Untersuchungen die benötigten Informationen indirekt ermittelt werden, wird bei sozialen Experimenten das

Programm an die Untersuchung angepaßt: Potentielle Teilnehmer werden in vergleichbare Programm- und Kontrollgruppen eingeteilt, um den Maßnahmeeffekt ohne Selektionsverzerrung ermitteln zu können. Experimentelle Untersuchungen genießen insbesondere in den USA weite Verbreitung, da diese Methode als die geeignetste gilt, den Maßnahmeeffekt zu identifizieren. In Europa finden jedoch hauptsächlich nicht-experimentelle Evaluationen Verwendung, da sozialen Experimenten neben methodischen Einwänden hauptsächlich ethische Vorbehalte entgegengebracht werden. Das untersuchungsbedingte Vorenthalten eines möglicherweise hilfreichen Programms zwecks Bildung einer Kontrollgruppe ruft insbesondere politische Ablehnung hervor.
Eine in der empirischen Forschung häufig verwendete Methode der nicht-experimentellen Evaluierung ist das sogenannte Matching, bei dem Teilnehmer und Nichtteilnehmer aufgrund bestimmter Merkmale einander zugeordnet werden. Auf diese Weise sollen vergleichbare Gruppen entstehen, die ohne Selektionsverzerrung miteinander verglichen und hinsichtlich des Maßnahmeerfolges bewertet werden können.
Mit der Messung der Wirkung eines öffentlichen Programms in Geldeinheiten setzt sich die Effizienzanalyse auseinander, wobei die Kosten-Nutzen Analyse im Mittelpunkt der Betrachtung steht. Neben dem geeigneten Zeitpunkt, zu dem Kosten-Nutzen Analysen vorgenommen werden sollten, ist von entscheidender Bedeutung, welche Elemente bei der Messung von Kosten und Nutzen berücksichtigt werden. Eine zentrale Frage nimmt hierbei die Umrechnung qualitativer Sachverhalte in monetäre Einheiten ein. Diese Umrechnung ist notwendig, da Kosten und Nutzen in einer Einheit vergleichbar werden. Weitere Fragen sind die nach den Preisen, die zur Bewertung einzelner Komponenten des untersuchten Projektes herangezogen werden, oder etwa nach der Diskontierung, wenn die Berechnungen über einen unterschiedlichen Zeitraum hinweg verglichen werden sollen. Dieser Art der Analyse kommt im Zusammenhang mit öffentlichen Projekten eine besondere Bedeutung zu, da öffentlichen Einrichtungen als Träger der Projekte eine andere gesellschaftliche Rolle zukommt als privaten Unternehmen. So sind beispielsweise auch Fragen nach den Verteilungswirkungen der Projekte oder nach den sekundären Effekten von Interesse.
Wie unterschiedlich Kosten-Nutzen Analysen und Evaluationen aufgrund ihrer Anpassung an die jeweilige Untersuchungsfragestellung und der zugrundeliegenden Daten sein können, zeigen drei exemplarisch vorgestellte Studien aus dem Bereich der aktiven Arbeitsmarktpolitik. Hierbei werden auch qualitative Unterschiede deutlich, die auf den Umfang des jeweiligen Forschungsprojektes hinweisen.
Zusammenfassend läßt sich demnach feststellen, daß es zur Evaluation eines öffentlichen Projektes keine einheitliche Methode gibt, den Erfolg des betreffenden Programms zu messen. Vielmehr gibt es eine Vielzahl von Möglichkei-

ten, diese Erfolgsmessung vorzunehmen, wobei das eigentliche Untersuchungsdesign stark durch externe Vorgaben wie zeitliche und finanzielle Restriktionen oder die Fragestellung (Wirkungs- oder Effizienzanalyse) beeinflusst wird. Hinzu kommen methodische Anforderungen an die in die Untersuchung einbezogenen Daten. Lassen sich die für eine bestimmte Evaluationsmethode erforderlichen Daten nicht erheben, muß die Methode an diesen Sachverhalt angepaßt oder neu gewählt werden.

Im Zusammenhang mit den Elementen, die bei einer Kosten-Nutzen Analyse berücksichtigt werden, ist immer die Frage von Bedeutung, ob der angesetzte Wert überhaupt oder in dieser Höhe nachvollziehbar ist. Willkürlich angesetzte Positionen oder Beträge führen in der Gegenüberstellung von Kosten und Nutzen zu möglichen Trugschlüssen und möglicherweise zu einem Vertrauensverlust in die gesamte Untersuchung.

Wie die theoretischen Überlegungen auf konkrete Fragestellungen angewendet werden können und welche Möglichkeiten und Schwierigkeiten dabei bestehen, wird anhand der beiden Fallstudien in Kapitel 4 genauer dargestellt.

Teil 4. Fallstudien zu Evaluation und Kosten-Nutzen Analyse

4.1 Einführung

In folgendem Kapitel 4 sollen zwei Studien vorgestellt werden, die auf die Methoden aus den beiden theoretischen Ansätzen – der mikroökonometrischen Evaluationstheorie und der Kosten-Nutzen Analyse – zurückgreifen. Bei den Untersuchungen wird deutlich, daß im Rahmen der Umsetzung der theoretischen Konzepte auf kommunale Fragestellungen erhebliche Anpassungen vorgenommen werden müssen.[1] Eine einfache Übertragung der theoretischen Ansätze ist weder bei den Instrumenten der Evaluationstheorie noch bei den allgemeinen Überlegungen im Zusammenhang mit der Kosten-Nutzen Analyse möglich. Dies hat verschiedene Ursachen. Erstens besteht keine Wahlmöglichkeit in Bezug auf die Art der Datengewinnung. Da die hier vorgestellten Studien retrospektiv sind, d.h. daß die wissenschaftliche Analyse des Maßnahmeerfolges erst im Nachhinein in das eigentliche Programm einbezogen wurde, ist eine Auswertung mittels sozialwissenschaftlicher Experimente unabhängig von möglichen ethischen Einwänden ausgeschlossen. Es mußte also auf nicht-experimentelle Methoden zurückgegriffen werden.
Zweitens werden häufig die (teilweise recht hohen) Anforderungen an die Datenqualität nicht erfüllt, da Informationen, die für eine Analyse interessant sind, in der praktischen Arbeit vor Ort keine Bedeutung haben (bzw. diese nicht erkannt wird). Für die Verwendung bestimmter Erhebungsmethoden benötigte Angaben werden daher nicht systematisch erfasst. Dies macht zum Teil zeit- und ressourcenaufwendige Nacherhebungen notwendig. Diese wiederum kollidieren häufig mit den zeitlichen und finanziellen Vorstellungen der Kommune. Selbst nicht-experimentelle Evaluationsmethoden unterliegen somit Restriktionen, die durch das konkrete Umfeld der jeweiligen Evaluation bestimmt werden. Sollte eine bestimmte Evaluationsmethode zur Anwendung kommen, obwohl die zur Verfügung stehenden Daten nicht die optimale Qualität für die Interpretation dieser Methode aufweisen, wird die Aussagekraft der Ergebnisse reduziert. Dies kann bis zu einer gewissen Grenze hingenommen werden und es ist möglich, weiterhin zu einer Aussage hinsichtlich des Programmerfolgs zu kommen. Es

---

[1] Beide Studien wurden vom Autor über den gesamten Zeitraum der Untersuchungen begleitet.

obliegt jedoch den Analysten, auf die u.U. eingeschränkte Interpretationsfähigkeit hinzuweisen bzw. die Grenze zu bestimmen, ab welcher Verzerrungen eine Bewertung der Ergebnisse nicht mehr zulassen.
Drittens ist eine praktische Evaluation immer an Vorgaben gebunden, die durch die Fragestellung von seiten der Auftraggeber gestellt werden. Dies geschieht zumeist unabhängig von einer Berücksichtigung der Datenlage. Einerseits kann hier der Schwerpunkt auf Fragen der Wirkungsanalyse, d.h. nach der Wirkung der Maßnahme auf die Maßnahmeteilnehmer, oder auf monetären Einsparungen gesetzt werden. In einigen Fällen ist eine Verknüpfung beider Fragestellungen denkbar, was beispielsweise die Einsparungen aufgrund von Maßnahmewirkungen betrifft. Grundsätzlich läßt sich jedoch festhalten, daß der Zugang zur Evaluierung einer Maßnahme bzw. eines Programms stark abhängig ist von der Vorgabe durch die Auftraggeber.
Die Bedingungen für eine Evaluation unterscheiden sich so von Analyse zu Analyse, einerseits hinsichtlich der lokalen Voraussetzungen, andererseits hinsichtlich der theoretischen Instrumente, die für die Untersuchung verwendet werden können. Die theoretischen Überlegungen müssen demnach auf die Gegebenheiten der jeweiligen Evaluation angepasst werden. Wie dies geschehen kann, wird in den beiden Fallstudien gezeigt, die im folgenden Kapitel vorgestellt werden.
Die erste Fallstudie beschreibt die Untersuchung der Mannheimer Arbeitsvermittlungsagentur (MAVA). Der Auftrag der Evaluation bestand in einer Untersuchung des Maßnahmeeffektes bei der Vermittlungstätigkeit einer neu gegründeten Einrichtung zur Betreuung von arbeitslosen Sozialhilfeempfängern. Es war hier nach den quantitativen und qualitativen Merkmalen der Betreuung und der Vermittlung dieser Personengruppe gefragt. Da die Frage nach den monetären Auswirkungen eine untergeordnete Rolle einnehmen sollte, handelt es sich bei diesem Gutachten um eine reine Wirkungsanalyse, wie sie im ersten Teil der theoretischen Überlegungen (Kapitel 3.1) beschrieben wurde. Da die Untersuchung zu einem Zeitpunkt beschlossen wurde, als das Programm bereits seit ca. einem Jahr eingeführt war, konnte kein Einfluß auf eine auf die Untersuchungsmethode bezogene Datenerhebung genommen werden. Auch war eine experimentelle Untersuchung des Maßnahmeeffektes aufgrund der zeitlichen und organisatorischen Umstände nicht möglich, so daß auf eine nicht-experimentelle Evaluationsmethode zurückgegriffen werden mußte.
Wie im Einzelnen gezeigt werden kann, unterlagen auch die nicht-experimentellen Methoden Einschränkungen hinsichtlich der verfügbaren Daten. Beispielsweise kann eine Veränderung der Lebensverhältnisse einer Person nicht durch das Einkommen gemessen werden, da diese Information nicht verfügbar war; eine Nacherhebung konnte ebenfalls nicht erfolgen. Da ausführliche Daten nur von einer eingeschränkten Zahl von Personen zu ermitteln war, ba-

siert die Interpretation sogenannter „Matching-Schätzungen“ auf einer geringen Grundgesamtheit.
Im Rahmen der zweiten Fallstudie, der Analyse der Kommunalen Leitstelle für Arbeit (KOLA) in Freiburg im Breisgau, stehen ausschließlich die monetären Auswirkungen für die Kommune im Zentrum der Fragestellung. Hierbei handelt es sich ebenfalls um die Untersuchung einer Einrichtung zur Betreuung und Integration arbeitsloser Sozialhilfeempfänger in den Arbeitsmarkt. Die Wirkung und die Nachhaltigkeit der Vermittlung waren nur von Bedeutung, sofern sie eine Auswirkung auf die kommunalen Finanzen hatten. Eine Wirkungsanalyse im Sinne der theoretischen Überlegungen in Kapitel 3.1 erfolgte demnach nicht, vielmehr standen die Konzepte der Effizienzanalyse im Mittelpunkt, wie sie in Kapitel 3.2 allgemein vorgestellt wurden.
Auch diese Untersuchung unterliegt Einschränkungen, die durch die Verfügbarkeit von Daten bedingt ist. Gemäß der verfügbaren Informationen konnten jedoch zentrale Elemente der Kosten-Nutzen Analyse untersucht und in monetären Einheiten abgebildet werden. Neben eindeutig meßbaren Größen wie Sozialhilfezahlungen oder Ausgaben für Lohn bzw. Gehalt im Rahmen von Maßnahmen der Beschäftigungsförderung konnten auch immaterielle Werte wie beispielsweise Wertschöpfungseffekte in ihrem Wert eingeordnet und schließlich monetär bestimmt werden. Entscheidend war in diesem Zusammenhang die Transparenz der Überlegungen und der Umstand, diese Überlegungen plausibel darzustellen.
In Abschnitt 4.2 steht zunächst die Untersuchung der MAVA im Rahmen einer Wirkungsanalyse im Mittelpunkt der Betrachtung. Eine exemplarische Kosten-Nutzen Analyse anhand der Evaluation der KOLA folgt in Abschnitt 4.3. Ein Zwischenergebnis schließt das jeweilige Kapitel ab.

4.2 Fallstudie 1: Evaluation der Mannheimer Arbeitsvermittlungsagentur (MAVA)

4.2.1 Untersuchungsgegenstand und Datenbasis

4.2.1.1 Die Mannheimer Arbeitsvermittlungsagentur (MAVA)

Mit dem Projekt „Effektive Sozialhilfe" (EffeSoz) beim Sozialamt der Stadt Mannheim wird das Ziel verfolgt, daß arbeitslose Sozialhilfeempfänger schneller als bisher die Bedürftigkeit überwinden bzw. daß Sozialhilfebedürftigkeit erst gar nicht entsteht. Sozialhilfeleistungen sollen effektiv, d.h. mit guter Qualität und mit hoher Wirkung erbracht werden. Das Projekt EffeSoz steht für einen Kurswechsel in der Sozialhilfe: Von einer überwiegend auf materielle Hilfeleistung bestimmten Praxis zur aktiven Beratung und Vermittlung aus dem Sozialhilfebezug heraus in eine neue Beschäftigung (vgl. Einsetzungsverfügung des Oberbürgermeisters 1998). Darüber hinaus wird das Projekt als ein wichtiger Ansatz für die Verwaltungsmodernisierung in Mannheim verstanden.
Die Mannheimer Arbeitsvermittlungsagentur (MAVA) ist das Kernstück des Projekts EffeSoz. Die MAVA setzt sich aus Mitarbeitern des Sozial- und Arbeitsamts zusammen, die dem Sozialamt der Stadt Mannheim als eigene Abteilung zugeordnet sind. Diese Sachbearbeiter arbeiten eng bei der Vermittlung arbeitsfähiger Sozialhilfeempfänger zusammen. Kennzeichen der MAVA sind weiterhin das gemeinsame Fallmanagement, die gemeinsamen Branchenstrukturanalyse des Niedriglohnsektors, die gemeinsame Akquisition von Arbeitsangelegenheiten, die gemeinsame Zusammenarbeit mit Beschäftigungsträgern und die gemeinsame Abstimmung der jeweiligen Informationssysteme und Geschäftsstatistiken.
Wesentliches Element der MAVA ist die Vermittlung Arbeitsloser in Beschäftigung. Ein Vorteil für die neue Einrichtung ist, daß die Förderung und Vermittlung arbeitsloser Personen einerseits mit den Instrumenten der Hilfe zur Arbeit (nach BSHG) erfolgen kann, andererseits stehen aber auch die Maßnahmen der aktiven Arbeitsmarktpolitik (SGB III) zur Verfügung. Die Maßnahme kann also aus einem weiteren Spektrum ausgesucht und auf die Bedürfnisse des Hilfeempfängers angepaßt werden. Eine Übersicht über die einzelnen Instrumente der MAVA gibt Abbildung 3. Entscheidend für die qualitative Analyse ist, daß die durch die MAVA vermittelten Personen auch durch Mitarbeiter des Projektes nachbetreut werden. So werden beispielsweise bei Konflikten am Arbeitsplatz Gespräche mit dem Hilfeempfänger und dem Arbeitgeber gesucht, um eine

mögliche Kündigung zu vermeiden und die bestehenden Schwierigkeiten auszuräumen. Die MAVA beschreitet somit einen innovativen Weg in der Arbeitsmarktpolitik, der bisher einmalig in Deutschland ist. Aus diesem Grund wird das Projekt durch das Bundesministerium für Arbeit und Sozialordnung (BMA) im Rahmen des Programms „Zusätzliche Wege in der Arbeitsmarktpolitik" gefördert.[2]

Abbildung 3: Instrumente der MAVA

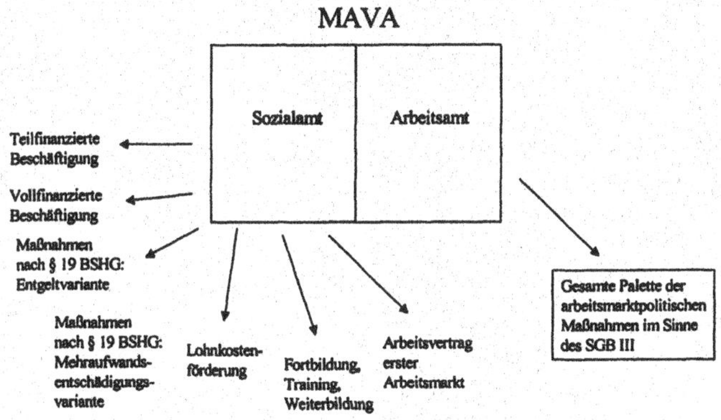

Das wesentlich Neue der MAVA liegt in *drei Punkten*. Zum einen arbeiten Mitarbeiter des Arbeits- und Sozialamtes bei der Vermittlung von Sozialhilfeempfängern unter einem Dach in den Räumen der MAVA zusammen. Zum anderen ist die Betreuungsrelation zwischen Hilfeempfänger und Sachbearbeiter mit etwa 60:1 wesentlich günstiger als in den übrigen Sachgebieten des Sozialamtes (125:1) und im Arbeitsamt (etwa 800:1). Hinzu kommt eine direkte Zusammenarbeit innerhalb des Sozialamtes zwischen den Sachgebieten „Hilfen im Haushalt" und der MAVA, die auf die Vermittlung von Hilfeempfängern spezialisiert

[2] Im Rahmen dieses Förderprogramms soll modellhaft die Zusammenarbeit von Sozialamt und Arbeitsamt bei der Vermittlung von arbeitslosen Sozialhilfeempfängern untersucht werden. Neben der Stadt Mannheim beteiligen sich auch die Kommunen Aalen, Burgbrohl, Itzehoe, Kampen, Leer, Meppen, Oelsnitz, Osnabrück und Rheine an diesem Modellversuch, der zwischen 1998 und 2000 gefördert wurde. Siehe auch *Pohnke/Spermann* (2000a).

ist. Hierbei kann es zu sogenannten Direktvermittlungen unmittelbar nach dem Antrag auf Sozialhilfe kommen.
Die Laufzeit des Projekts ist zeitlich auf den Zeitraum zwischen dem 1.7.1998 und 30.6.2000 befristet. Der Projektablauf sah drei Phasen vor: die Implementierungsphase (Januar 1998 bis Juni 1998), die Projektphase (Juli 1998 bis Dezember 1999) und die Auswertungsphase (Januar 2000 bis Juni 2000). Grundlage für die Evaluation des Projekts EffeSoz waren damit die im Zeitraum Juli 1998 bis Dezember 1999 erfassten Daten zur Projektphase.

4.2.1.2 Die vorhandenen Datenquellen als Basis für die Evaluation

In der Stadt Mannheim wurden mit erheblichem Aufwand umfangreiche Datenbanken angelegt und gepflegt. Die Entwicklung der Konzepte für den Aufbau der Datenbanken ist in der jeweiligen historischen Situation zu würdigen. Zum Teil wurde Software und Datenbanken funktionsbezogen entwickelt (z.B. zur Auszahlung der Sozialhilfe), zum Teil erfolgte die Datenerfassung projektbezogen (z.B. bei der MAVA) oder aufgabenbezogen (z.B. bei Maßnahmen im Rahmen von „Hilfe zur Arbeit").[3] Die institutionelle und damit auch fiskalische Trennung von Arbeits- und Sozialamt ergibt darüber hinaus wiederum voneinander unabhängige Datenerfassungssysteme. So ist es historisch und institutionell zu erklären, daß für die statistische Analyse eine Vielzahl unterschiedlicher Datenquellen zur Verfügung stehen.
In Abbildung 4 sind die verschiedenen Datenbanken des Sozialamtes dargestellt, anhand derer Informationen über die einzelnen Hilfeempfänger gewonnen werden können; die zusätzliche Datenbank des Arbeitsamtes (coArb-Datenbank), auf die auch zurückgegriffen werden konnte, ist in dieser Darstellung nicht berücksichtigt. Ausgangsbasis für die weitere Analyse ist die Datenbank des Sozialamtes. Diese „aKDn-Sozial"-Datenbank[4] (früher: SODIA-Datenbank) ist die Quelle für die grundlegenden Informationen über einen Hilfeempfänger. Hier werden die Informationen gespeichert, die als persönliche Angaben in der weiteren Auswertung die Grundlage für die Analyse der Hilfeempfänger bilden. Die Daten werden gemäß dem „Erstantrag" (Formular des Sozialamtes beim Erstgespräch mit einem Hilfeempfänger) erhoben, unabhängig davon, ob dieses

[3] Hierbei soll ausdrücklich darauf hingewiesen werden, daß es sich um eine Analyse der Datenbankstruktur handelt. Organisatorisch betrachtet sind MAVA und Hilfe zur Arbeit keine getrennten Systeme. In die MAVA wurde das ehemalige Sachgebiet „Arbeitshilfen" integriert.

[4] AKDn-Sozial wurde in Gemeinschaftsarbeit von zwei Anwendergemeinschaften in Nordrhein-Westfalen entwickelt. Dies sind die AKD (Arbeitsgemeinschaft kommunaler Datenverarbeiter Nordrhein-Westfalen) der Firma IBM und der KDN (Kommunale Datenverarbeiter Nordrhein-Westfalen) der Firma Siemens.

Abbildung 4: Struktur der vorhandenen Datenbanken des Sozialamtes Mannheim

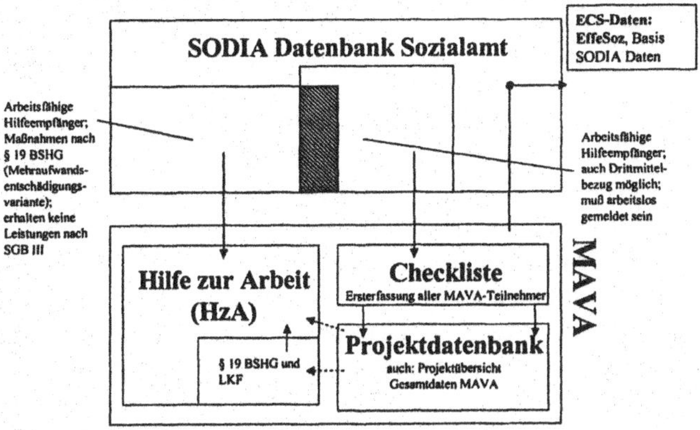

Erstgespräch bei der MAVA oder, was deutlich häufiger der Fall ist, bei den anderen Sachgebieten stattfindet.
In der Datenbank „Hilfe zur Arbeit (HZA)“ werden sämtliche Personen erfasst, die als arbeitsfähige Sozialhilfeempfänger für Maßnahmen nach der Mehraufwandsentschädigungsvariante gemäß § 19 BSHG eingesetzt werden. Diese Personen dürfen, um sich für diesen Pool zu qualifizieren, keine Leistungen des Arbeitsamtes (d.h. keine Leistungen nach SGB) erhalten. Zu dieser Gruppe kommen die Personen hinzu, die über die MAVA in Arbeit mit Lohnkostenförderung (LKF) oder in eine sozialversicherungspflichtige Beschäftigung gemäß § 19 BSHG (Entgeltvariante) vermittelt wurden. In der HZA-Datenbank sind die Daten zusätzlich zu den persönlichen Angaben nach einem einfachen Berufsschlüssel aufgeteilt.
Wie in Abbildung 4 zu sehen ist, werden die Personen, die von der MAVA in Maßnahmen vermittelt werden, nicht direkt in die HZA-Datenbank überführt. Vielmehr werden diese Personen, nachdem sie aufgrund der Angaben in der „Checkliste“ zur Überprüfung der Arbeits- und Vermittlungsfähigkeit in die MAVA übernommen wurden, zunächst in der sogenannten „Projektdatenbank“ erfasst. Dies ist eine zusätzliche, MAVA-spezifische Datenbank, in der die Angaben aus der Checkliste zusätzlich zu den Personenangaben des Erstantrages des Sozialamtes verwaltet werden. Derzeit wird daran gearbeitet, die Projektdatenbank und die Datenbank der Hilfe zur Arbeit in eine einzige Datenbank zu überführen.

Im Rahmen der Kostenkontrolle im Sozialamt werden die Einsparungen durch Vermittlungen und Hilfekürzungen etc. im Rahmen des Programms „EffeSoz" (ECS-Daten) erfasst und zentral ausgewertet. Es besteht also ein direkter inhaltlicher Kontakt zwischen der MAVA, die der zentrale Baustein des EffeSoz-Konzeptes ist, und ihren Vermittlungserfolgen auf der einen Seite und der Erfassung der potentiellen Einsparungen durch diese Aktivitäten auf der anderen Seite.

Nicht nur im Hinblick auf eine einfachere kombinierte Auswertung der monetären Ergebnisse der Vermittlungen in Kombination mit den Informationen aus den anderen Datenquellen (Strukturdaten, Vermittlungshäufigkeiten, vorangegangenen Qualifizierungsmaßnahmen etc.) ist eine engere Verbindung zwischen den Datenbanken wünschenswert. Auch hinsichtlich des klar geregelten Zugriffs auf die Daten durch einen zuständigen Sachbearbeiter ist diese Harmonisierung innerhalb des Sozialamtes zu befürworten. In der vorliegenden Analyse wurde auf Daten aus den zahlreichen genannten Informationsquellen zugegriffen und diese miteinander verknüpft.

Kein Informationsaustausch auf Ebene der Datenbanksysteme besteht jedoch zwischen den Daten des Sozialamtes und denen des Arbeitsamtes. Da im Arbeitsamt mit einer vollständig anderen Software gearbeitet wird als im Sozialamt ist diese Harmonisierung schwierig. Das Vorgehen, das im Rahmen dieses Gutachtens hinsichtlich der Zusammenführung der Daten der beiden Institutionen gewählt wurde, ist als recht aufwendig zu betrachten. Sollten diese Daten in einem kontinuierlichen Prozeß erhoben werden, würden hierfür neue konzeptionelle Strukturen der Datenerfassung benötigt. Hier besteht jedoch deutliches Potential für einen stärkeren Daten- und Informationsaustausch zwischen dem Sozialamt und dem Arbeitsamt als den beiden Trägern der MAVA.

4.2.2 Die Entwicklung des Evaluationskonzepts

4.2.2.1 Überlegungen zur Evaluation des Projekts EffeSoz

(1) Das optimale Verhältnis von Sachbearbeitern zu Hilfeempfängern

Eine grundsätzliche und zentrale Frage, die sich beim Projekt EffeSoz ergibt, bezieht sich auf das optimale Betreuungsverhältnis, also das optimale Verhältnis zwischen Sachbearbeitern und arbeitsfähigen Hilfeempfängern. Optimalität ist dann erreicht, wenn die zusätzlichen Kosten (z.B. für die Einstellung von Vermittlern) den zusätzlichen Nutzen (z.B. durch eingesparte Sozialhilfe) bei verbesserter Vermittlung entsprechen. Die zugrundeliegende Hypothese ist, daß ein Betreuungsverhältnis von etwa 1:800 wie beim Arbeitsamt bzw. ein Betreuungsverhältnis von 1:125 wie beim Sozialamt suboptimal ist. Die MAVA ist ein Test für ein willkürlich gewähltes Betreuungsverhältnis von etwa 1:60, wobei

sich die Sachbearbeiter bei ihrer Tätigkeit überwiegend auf die Vermittlung konzentrieren können. Theoretisch sind nun drei Fälle zu unterscheiden.
Erstens kann das optimale Betreuungsverhältnis oberhalb dieses Werts liegen, also z.B. bei 1:80, dann wären die Zusatzkosten der MAVA höher als der Zusatznutzen. Dieses Ergebnis hieße jedoch noch nicht, daß das Konzept der MAVA falsch ist. Es würde lediglich bedeuten, daß der willkürlich gewählte Wert von 1:60 zufälligerweise suboptimal war. Zweitens ist es möglich, daß das optimale Betreuungsverhältnis unterhalb des Wertes 1:60 liegt, so daß der Zusatznutzen der MAVA die Zusatzkosten übersteigt. Dieses Ergebnis würde das Konzept der MAVA unmittelbar bestätigen, doch könnte es sein, daß die Effizienz des Projekts zu steigern wäre, z.B. durch ein Betreuungsverhältnis von 1:30. Drittens kann es sein, daß das optimale Betreuungsverhältnis, bei dem die Ressourcen und das Potential von Arbeitsamt und Sozialamt optimal ausgelastet wären, oberhalb dieses Wertes liegt, wenn die Sachbearbeitung von bestimmten Aufgaben entlastet würde.
Das optimale Betreuungsverhältnis könnte durch eine Reihe aufeinander abgestimmter Untersuchungen mit dem MAVA-Konzept in verschiedenen Städte zumindest eingekreist werden. Diese Chance wurde jedoch nicht genutzt, weil die am BMA-Modellversuch beteiligten Kommunen nicht zu einer koordinierten Implementation und Evaluation angehalten wurden. Weder war es also möglich, diesen naheliegenden Sachverhalt im Rahmen des Gutachtens für die Stadt Mannheim zu untersuchen, noch war dies von den Auftraggebern in ihrer Fragestellung an das Gutachten von Interesse.
Dieser Zusammenhang soll exemplarisch für die Anbindung des Untersuchungsinhalts an die jeweilige vorgegebene Fragestellung stehen. Insbesondere wenn Vergleiche über mehrere Träger wie beispielsweise Kommunen hinweg erfolgen sollten wird es schwierig, eine detaillierte Analyse möglicherweise interessanter Sachverhalte vorzunehmen.

(2) Der optimale Evaluationszeitpunkt beim Projekt EffeSoz

Im Projektablauf ist üblicherweise zwischen drei Phasen zu unterscheiden: der Implementations-, der Projekt- und der Auswertungsphase.[5] Eine optimale Evaluation läßt sich dann entwickeln, wenn die mit der Evaluation beauftragten Analysten bereits in der Implementationsphase zum Projekt hinzugezogen werden, so daß bereits in dieser Frühphase des Projekts das Evaluationskonzept entwickelt werden kann. In der Projektphase können dann die für die Evaluation erforderlichen Daten erfasst werden. Nach Abschluß der Projektphase ließen sich die erhobenen Daten auswerten.

---

[5] Für das methodische Vorgehen bei der Auswertung von Programmen der Arbeitsmarktpolitik siehe beispielsweise *Schmid/O'Reilly/Schömann* (1997), *Tarling* (1993), *Schellhaaß* (1991), *Hasan* (1991) oder auch *Greenberg* (1992).

Die Einsetzungsverfügung des Mannheimer Oberbürgermeisters zum Projekt „Effektive Sozialhilfe beim Sozialamt der Stadt Mannheim“ sah folgenden Projektablauf vor:

Januar 1998 - Juni 1998: Implementationsphase
Juli 1998 - Dezember 1999: Projektphase
Januar 2000 - Juni 2000: Auswertungsphase.

Das wissenschaftliche Evaluationsteam wurde jedoch erst im November 1999 zum Projekt hinzugezogen. Daraus ergibt sich, daß keine auf eine umfassende Untersuchung im Sinne einer auf einer Wirkungsanalyse aufbauenden Kosten-Nutzen-Analyse hinzielende Projektplanung möglich war. Eine derart umfassende Kosten-Nutzen-Analyse wäre nachträglich - wenn überhaupt - nur durch zusätzliche, sehr aufwendige Datenerhebung möglich gewesen. Die Erfassung der jeweiligen Größen auf der Kosten- bzw. Nutzenseite von seiten des Projektes selbst war nicht ausreichend für eine derartige Analyse ausgelegt.
Unter diesen Voraussetzungen stellt sich die Frage, wie sich der Erfolg einer neuen Einrichtung wie der MAVA bewerten läßt. Da es nicht möglich war, eine integrierte Wirkungs- und Kosten-Nutzen Analyse vorzunehmen, war es erforderlich, sich auf einzelne Aspekte der theoretischen Überlegungen des Kapitels 3 zu konzentrieren. Der Schwerpunkt einer Analyse kann in dieser Konstellation also einerseits auf der Messung des Vermittlungserfolges liegen, wobei hier quantitative und qualitative Merkmale der Vermittlungstätigkeit untersucht werden; andererseits kann für eine rein monetäre Analyse optiert werden, allerdings ohne daß aufgrund der gegebenen Restriktionen eine genaue Analyse der Vermittlungswirkung stattfinden kann.
Bei der Evaluierung der MAVA sollten in Abstimmung mit der Kommune die Wirkungsanalyse im Mittelpunkt stehen. Es mußte also ein Indikator gefunden werden, anhand dessen die Messung des Erfolgs der innovativen Vermittlungstätigkeit in quantitativer und qualitativer Hinsicht erfolgen konnte. Im folgenden Abschnitt wird gezeigt, welches Evaluationskonzept bei dieser Messung verwendet wird.

4.2.2.2 Das Evaluationskonzept beim Projekt EffeSoz

(1) Alternative Evaluationskonzepte

Unter Berücksichtigung der Fragestellung durch den Auftraggeber wurden zwei alternative Konzeptionen zur Evaluation des Projekts EffeSoz vorgeschlagen, die aufbauend auf den bestehenden Datenquellen eine Beurteilung der Effizienz des Projekts auf der Basis eines quantitativen und qualitativen Vergleichs zwi-

schen der MAVA und den anderen Sachgebieten „Hilfen im Haushalt" des Sozialamts erlauben.
Das erste Konzept sah vor, den Erfolg in der Betreuung arbeitsloser Sozialhilfeempfänger im Zeitraum vor Einführung der MAVA mit dem Zeitraum der Projektphase der MAVA zu vergleichen. Auf diese Weise könnte eine Kontrollgruppe, die nicht über die MAVA vermittelt wurde, mit der Programmgruppe MAVA verglichen werden. Der Nachteil dieser Vorgehensweise besteht darin, daß sich der lokale Arbeitsmarkt im Zeitablauf verändert hat, so daß der Konjunktureffekt mit aufwendigen Korrekturverfahren hätte bereinigt werden müssen.
Das zweite Konzept setzte darauf, eine Kontrollgruppe im gleichen Zeitraum der Projektphase im Rahmen der nicht am Modellversuch beteiligten Sachgebiete des Sozialamts Mannheim zu bilden. Diese Möglichkeit ergab sich, weil die Vermittlungskapazität der MAVA quantitativ begrenzt war, so daß nicht alle arbeitsfähigen Sozialhilfeempfänger der Stadt Mannheim während der Projektphase über die MAVA vermittelt werden konnten. Dieses Evaluationskonzept hat weiterhin den Vorteil, daß zwei Personengruppen im gleichen lokalen Arbeitsmarkt im gleichen Zeitraum miteinander verglichen werden konnten. Es galt lediglich sicherzustellen, daß sich vergleichbare Personen in der Programmgruppe und der Kontrollgruppe befanden. Nach Absprache mit dem Auftraggeber wurde dieses Evaluationskonzept realisiert.
Beide vorgeschlagenen Evaluationskonzepte basieren auf Überlegungen, die bereits in Teil 3.1 dieser Arbeit vorgestellt wurden: Da der Erfolg einer Maßnahme nicht anhand einer einzelnen Person gemessen werden kann, müssen Vergleichsgruppen von Teilnehmern und Nichtteilnehmern gebildet werden. Durch diesen Ansatz kann das fundamentale Evaluationsproblem gelöst werden. Eine detaillierte Gegenüberstellung dieser beiden Personengruppen ermöglicht es, Verzerrungen aufzudecken und die Aussagekraft des Vergleichs dieser Gruppen festzustellen. Nachdem nun das grobe Vorgehen aufgrund der sachlichen und methodischen Gegebenheiten bestimmt war, gilt nun die Frage der Parameter, anhand derer der abstrakte Begriff „Erfolg einer Maßnahme" gemessen werden kann. Wie bereits erwähnt lagen Angaben über Einkommen nicht vor, so daß eine andere Größe gefunden werden mußte. Um einen entsprechenden Indikator zu finden, war eine genaue Betrachtung der Vermittlungsaktivitäten der MAVA notwendig.

(2) Vermittlungsaktivitäten der MAVA

Eine Übersicht über die verschiedenen Vermittlungsmöglichkeiten der MAVA gibt Tabelle 4. Neben der Angabe des Vermittlungstyps findet sich die Zahl der Vermittlungen, die in dem genannten Zeitraum getätigt wurden, während in der Spalte rechts daneben die Zahl der Personen genannt wird, an die diese Maß-

nahmen vergeben wurden. In der Spalte am rechten Rand wird der Anteil angegeben, der von den gesamten von der MAVA betreuten Personen in diese Maßnahme vermittelt wurde. Eine Überschneidung zwischen den Vermittlungstypen ist nicht auszuschließen, d.h. eine Person kann in Maßnahmen unterschiedlichen Typs vermittelt worden sein.
Besonders deutlich wird die mehrfache Vermittlung in einer Kategorie bei den direkten Vermittlungen in den ersten Arbeitsmarkt. An 450 Personen wurden 546 Vermittlungen in den ersten Arbeitsmarkt getätigt. Das ist eine Quote von 1,21 Vermittlungen pro Person. Von den 1525 Personen, die im betrachteten Zeitraum mit der MAVA in Kontakt getreten sind, konnte mit 450 Personen beinahe einem Drittel (29,5 %) ein Arbeitsangebot gemacht werden. Wie nachhaltig diese Vermittlungen sind, kann aufgrund dieser rein quantitativen Darstellung nicht gesagt werden.
Hinzu kommt, daß der Vermittlungsbegriff der MAVA weiter gefaßt ist als beispielsweise beim Arbeitsamt. Auch wenn eine vermittelte Stelle durch den Hilfeempfänger nicht angetreten oder bereits nach einem Tag abgebrochen wird, kann eine Vermittlung registriert sein. Bei der MAVA ist der Abschluß eines Arbeitsvertrags maßgeblich für eine Erfassung als Vermittlung.

Tabelle 4: Vermittlungsaktivitäten der MAVA

	Vermittlungen	Vermittelte Personen	Anteil an betreuten Personen (1525 Pers.)
§ 19 BSHG (Entgeltvariante)	66	66	4,3%
ABM	54	53	3,5%
Direkte Vermittlung (1. Arbeitsmarkt)	546	450	29,5%
Fortbildung	17	17	1,1%
Lohnkostenförderungsprogramm des Sozialamtes (LKF)	84	84	5,5%
§ 19 BSHG (Mehraufwandsentschädigungsvariante)	8	8	0,5%
Studium	5	5	0,3%
Teilfinanzierte Maßnahme	29	29	1,9%
Vollfinanzierte Maßnahme	76	76	5,0%
Training	14	13	0,9%
Weiterbildung	44	43	2,8%

Auch bei den anderen Vermittlungstypen kann keine Aussage hinsichtlich des Erfolges der tatsächlichen Eingliederung in den ersten bzw. zweiten Arbeitsmarkt getroffen werden. Die Darstellung zeigt jedoch, daß, wie bei der ersten Projektbilanz der MAVA, die Vermittlungen in den ersten Arbeitsmarkt einen Schwerpunkt der Aktivitäten bilden. Die Qualifizierung der Hilfeempfänger spielt nach diesen Zahlen jedoch eine untergeordnete Rolle. Gemeinsam erreichen die Qualifizierungsmaßnahmen „Fortbildung", „Training" und „Weiterbildung" (wie beispielsweise Aufbaustudium, Ausbildung, Umschulung oder berufsvorbereitende Maßnahme) gerade maximal knapp 5 % der Personen, und das auch nur, wenn es nicht zu Überschneidungen zwischen den einzelnen Typen kommt.[6]

Nach einer genauen Analyse der Vermittlungsaktivitäten können somit die direkten Vermittlungen in den ersten Arbeitsmarkt als zentraler Bereich der MAVA-Tätigkeiten identifiziert werden. Diese Personengruppe steht im Mittelpunkt der folgenden Betrachtungen, da die Vermittlungstätigkeit in den ersten Arbeitsmarkt auch erklärtes Ziel im Rahmen der Konzeption der MAVA ist. Die anderen Möglichkeiten, Arbeitslosen zu einer Integration in den Arbeitsmarkt zu verhelfen, nehmen eine relativ kleine Rolle in der Betrachtung der gesamten Vermittlungen ein. Sämtliche Maßnahmekonzepte konnten aufgrund ihrer unterschiedlichen Struktur nicht einer eingehenden Untersuchung unterzogen werden, so daß die direkten Vermittlungen den Maßstab für den Erfolg darstellen.

(3) Der Unterschied zwischen Vermittlungen und vermittelten Personen

Das Evaluationskonzept, wie es im Rahmen der theoretischen Überlegungen in Abschnitt 3.1 gezeigt wurde, sieht den Vergleich von in wesentlichen Merkmalen vergleichbaren Personen vor. Der Zwischenbericht zur MAVA stellte jedoch auf die Anzahl der Vermittlungen ab. Es waren deshalb aufwendige Zwischenschritte nötig, um aus der Zahl der Vermittlungen die Anzahl der vermittelten Personen aus den bestehenden Datenbanken zu ermitteln.

Grundlage der Datenanalyse der im ersten Jahr der MAVA vermittelten Personen ist die sogenannte „Projektdatenbank". In diese Datenbank werden Angaben aus der Datenbank „Hilfe zur Arbeit" und der Checkliste zusammengefaßt (vgl. Abbildung 4). Diese Datenbank beinhaltet Angaben über die Art der Maßnahme,

[6] Es muß jedoch in diesem Zusammenhang darauf hingewiesen werden, daß die Aktivitäten im Bereich der Qualifizierung in der jüngsten Zeit eine deutliche Ausweitung erfahren haben. Hinzu kommt, daß Personen, die im Bereich der Mehraufwandsentschädigungsvariante gemäß § 19 BSHG beschäftigt sind, auch über andere Sachgebiete des Sozialamtes betreut werden. Bei der MAVA werden die Hilfe suchenden Personen in der Funktion „Kombination der Förderinstrumente der Hilfe zur Arbeit und aktiver Arbeitsmarktpolitik (SGB III)/Entwicklung von Förderketten" betreut. Projekte und Förderketten aus diesem Bereich haben mittlerweile für die Zielerreichung der MAVA eine zentrale Bedeutung.

den Arbeitgeber, mit dem ein Hilfeempfänger über eine der möglichen Maßnahmetypen in Verbindung gebracht wurde, sowie über die dort ausgeübte Tätigkeit. Über die Person selbst sind in dieser Datenbank kaum Informationen enthalten. Da jedoch für eine genauere Analyse der Personen auch individuelle Angaben notwendig sind, wurde die Projektdatenbank mit der Datenbank des Sozialamtes (aKDn-Sozial, ehemals SODIA) verknüpft. Durch diese Verknüpfung konnten nicht nur Angaben zur Person gewonnen werden, sondern auch Informationen hinsichtlich des Datums der Vermittlung.

Die konzeptionelle Gestaltung, die *erfolgreich vermittelten Personen* des ersten Jahres der MAVA-Aktivitäten untersuchen zu wollen, erwies sich als schwierig. Es waren zwar die Vermittlungen der ersten 18 Monate zu erkennen, jedoch nur, weil eine Zwischenspeicherung der gesamten Projektdatenbank zum 31.12.1999 vorgenommen worden war. Diese Zwischenspeicherung beinhaltet auch Personen, die nicht oder in andere Maßnahmen vermittelt wurden. Die Vermittlungen in den ersten Arbeitsmarkt des ersten Jahres ließen sich nur über das Abgangsdatum aus der SODIA-Datenbank rekonstruieren.

Bei diesem Vorgehen kann es jedoch zu einer Verzerrung kommen. Da nicht das tatsächliche Datum der Arbeitsaufnahme in der SODIA Datenbank erfasst ist, sondern das Datum der Hilfeeinstellung aufgrund von Arbeitsaufnahme, bleibt die Gefahr einer zeitlichen Verzögerung bestehen. Diese, jedoch systematische, Verzerrung zwischen Arbeitsaufnahme und formellem Abschluß des Fallakte beläuft sich nach Schätzungen der Mitarbeiter des Sozialamts auf einen Zeitraum von 4-6 Wochen[7]. Schließlich konnten die gesuchten Personen (Vermittlungen in den ersten Arbeitsmarkt im ersten Jahr MAVA) ermittelt und analysiert werden. Da die Verzerrung systematischer Natur ist, kann diese in einer Analyse entsprechend berücksichtigt werden. Der Untersuchungszeitraum für die Vermittlungen wurde entsprechend um einen Monat verlängert (bis einschließlich Juli 1999, gemäß Angabe der Hilfeeinstellung).

Neben den zeitlichen Informationen stehen nun bezüglich der von der MAVA betreuten Personen auch personenbezogene Angaben zur Verfügung. Diese entsprechen dem Antragsbogen bei einem Aufnahmegespräch im Sozialamt. Diese

---

[7] Der Grund für eine zeitliche Verzögerung in dieser Größenordnung liegt in dem Zeitraum, den ein Hilfeempfänger nach Arbeitsaufnahme noch Leistungen vom Sozialamt erhält. Da, außer im öffentlichen Dienst, Lohn oder Gehalt am Monatsende bezahlt werden, muß zumindest die Zeit bis zur ersten Überweisung überbrückt werden. Bei erneuter Arbeitslosigkeit wird dafür (je nach Einzelfall) erst einen Monat später Hilfe gewährt. Der Zeitraum, den die Hilfe typischerweise nach Vermittlung länger gewährt wird, liegt zwischen 2 und 6 Wochen, in den meisten Fällen zwischen 4 und 6 Wochen. Eine Verzögerung kann auch durch einen verspäteten Abschluß des Falls durch den Sachbearbeiter eintreten, da eine vermittelte Person keine weiteren Kosten und zeitlichen Aufwand mehr verursacht. Über diese Verzerrung gibt es keinen systematischen Anhaltspunkt, es wird jedoch davon ausgegangen, daß in den meisten Fällen ein weitgehend zeitgleicher Abschluß der Akte vorgenommen wird.

Angaben beziehen sich, in kodierter Form, auf den Personenschlüssel, den Staatsangehörigkeitsschlüssel, die Personengruppe, den Familienstand, Schul- und Berufsabschluß, den Erwerbsstatus, den Beginn der Arbeitslosigkeit, Ab- und Zugangsbewegungen im betrachteten Zeitraum sowie Aktenzeichenwechsel (Wechsel zwischen den Sachgebieten der Behörde).
Da die Hilfeempfänger in dieser Datenbank einschließlich ihrer Familienangehörigen registriert sind, war ein erster Schritt in der Analyse, die eigentliche Zielgruppe der MAVA zu isolieren. In einem nächsten Schritt konnte dann auf den relevanten Zeitraum fokussiert und in diesem den Maßnahmetyp von Interesse – direkte Vermittlungen in den ersten Arbeitsmarkt – betrachtet werden. Eine Schwierigkeit bestand hier im Zusammenführen der unterschiedlichen Informationen aus den jeweiligen Datenbanken.
In der Projektdatenbank zum Stichtag 31.12.1999 lagen Informationen über 1339 Fälle vor (Angabe MAVA). Diese Daten beziehen sich auf die Personengruppe der Hilfeempfänger, die um Familienangehörige wie Ehepartner und Kinder bereinigt wurde. In der vorliegenden Analyse wurde jedoch auch eine erweiterte Personengruppe analysiert, die auch die vermittelbaren Ehepartner enthielt.[8] Kinder waren auch in dieser Gruppe nicht mehr aufgeführt. Diese Personengruppe bestand aus 1525 Personen. Zunächst galt es die in Arbeitsverträge des ersten Arbeitsmarktes vermittelten Personen zu identifizieren, um schließlich die Vermittlungen aus dem relevanten Zeitraum betrachten zu können. An 450 Personen wurden demnach insgesamt 546 Arbeitsverträge für Beschäftigungen im ersten Arbeitsmarkt (ohne Lohnkostenförderung) vermittelt. Eine einzelne Person konnte auch mehrfach von einer Vermittlung profitieren.
In einem nächsten Schritt wurden die Vermittlungen im relevanten Zeitraum von 7/98 bis einschließlich 6/99 isoliert. Insgesamt 292 Personen konnten so nach der ersten Filterung als vermittelt registriert werden. An diese Personengruppe wurden 381 Vermittlungen in den ersten Arbeitsmarkt getätigt, was einer Quote von ca. 1,30 Verträgen pro Person entspricht. Diese Angaben beruhen ausschließlich auf den Informationen des Sozialamtes bzw. der MAVA, also der aKDn-Sozial-Datenbank und der Projektdatenbank.
Um Angaben zur Erwerbsgeschichte und zum Verbleib der vermittelten Personen zu erhalten, aber auch, um eine Überprüfung der vom Sozialamt zur Verfügung gestellten Daten vornehmen zu können, wurden Daten des Arbeitsamtes herangezogen. Es wurde versucht, sämtliche 292 Personen, die im Zeitraum 7/98 bis 6/99 vermittelt wurden, mit der Datenbank des Arbeitsamtes hinsicht-

[8] Der Grund für eine Analyse der erweiterten Personengruppe liegt darin, daß auch Ehepartner in der MAVA Datenbank gelistet sind. Wird statt des Haushaltsvorstandes der Ehepartner in eine entsprechend bezahlte Beschäftigung vermittelt, sind u.U. beide Personen (einschl. Kinder) nicht mehr von der Sozialhilfe abhängig. Eine Vermittlung der Ehepartner war in der Vergangenheit durchaus schon der Fall.

lich ihrer Erwerbsgeschichte und ihrer beruflichen Entwicklung im Anschluß an die Vermittlung durch die MAVA zu ergänzen.
Wie eingangs beschrieben liegen die Daten von 1525 Personen vor, die als Sozialhilfeempfänger in Kontakt mit der MAVA getreten sind. Diese Zahl bezieht sich auf den Zeitraum 7/98 bis einschließlich 12/99. Von diesem Zeitraum lagen neben den Angaben der betreuten Personen auch die Vermittlungen der MAVA vor. Bei der Erfassung einer Vermittlung ist jedoch das Datum der Vermittlung bzw. das Datum der Arbeitsaufnahme nicht ersichtlich. Es kann somit nicht gesagt werden, zu welchem Zeitpunkt innerhalb dieser 18 Monate die Vermittlung stattgefunden hat. Eine genaue Recherche nach dem entsprechenden Vermittlungszeitpunkt wäre somit mit nicht verhältnismäßigem Aufwand zu betreiben gewesen. Diese detaillierte Betrachtung erfolgt im Rahmen der Analyse der *in den ersten Arbeitsmarkt vermittelten Personen*, in deren Zusammenhang auch Informationen des Arbeitsamtes hinzugezogen werden. An dieser Stelle sollen lediglich die nach Informationen des Sozialamtes bzw. der MAVA dokumentierten Aktivitäten dargestellt werden.

(4) Die Begrenzung der Evaluation auf die MAVA und auf in den ersten Arbeitsmarkt vermittelte Personen

Die Evaluation beschränkt sich auf die Analyse der MAVA als Kernstück des Projekts EffeSoz. Dabei wurde die Analyse weiterhin, wie erwähnt, auf den Bereich der *direkt in den ersten Arbeitsmarkt vermittelten Personen* begrenzt. Dieses Vorgehen ist darin begründet, daß es einerseits zu den erklärten Zielen der MAVA gehört, Hilfeempfänger direkt in Arbeit zu vermitteln, andererseits stellt die Gruppe der direkt in den ersten Arbeitsmarkt vermittelten Personen nach eigenen Angaben die mit deutlichem Abstand größte Gruppe der Vermittlungen dar. An sämtlichen Vermittlungen haben die Vermittlungen in den ersten Arbeitsmarkt einen Anteil von etwa 58 %.
Um einen verzerrungsfreien Vergleich zwischen der MAVA und einer Welt ohne MAVA anstellen zu können, hätte zu Beginn des Projekts eine Kontrollgruppe abgegrenzt werden müssen, die ausdrücklich von der Vermittlungsaktivität der MAVA hätte ausgeschlossen werden müssen (vgl. Kapitel 3.1). Von einer Bildung einer Kontrollgruppe wurde vor Beginn des Projekts abgesehen. So war es die Aufgabe, eine Vergleichsgruppe im nachhinein zu konstruieren, wobei das oben beschriebene zweite Evaluationskonzept in Absprache mit dem Auftraggeber gewählt wurde. Das zweite Evaluationskonzept sieht demnach einen Vergleich einer Programmgruppe (MAVA-Gruppe) und einer Kontrollgruppe (Status quo-Gruppe) vor. Die Kontrollgruppe ist in wesentlichen Merkmalen mit der Programmgruppe vergleichbar und wurde im gleichem Zeitraum im Rahmen des „normalen" Betriebs des Sozialamts vermittelt. Bei der aufwendigen personen- und fallbezogenen Datenerhebung waren die Wissenschaftler auf die Un-

terstützung der Sachbearbeiter im Sozial- und Arbeitsamt sowie der MAVA angewiesen.

Im Rahmen des Evaluationskonzepts finden sich zwei Vergleichsebenen. Zum einen wurden die Pools der beiden Vermittlungsträger beschrieben und einander gegenüber gestellt (Vergleich I, siehe Abbildung 5). So kann eine Aussage über die Personengruppe, die die jeweilige Institution betreut, getroffen werden. Ebenso kann ein Eindruck über die reine Anzahl der vermittelten Personen gewonnen werden. Dieser Vergleich dient einer ersten Einschätzung der zu vergleichenden Institutionen und stellt einen rein quantitativen Vergleich dar.

Abbildung 5: Übersicht über die Evaluierung der MAVA

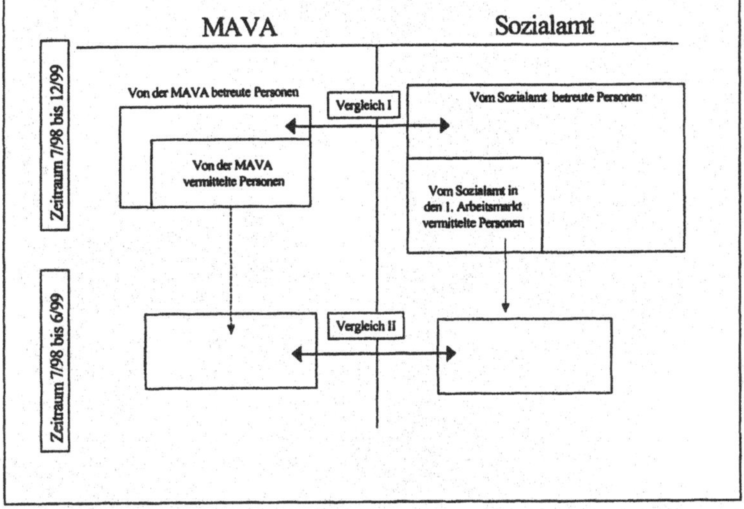

Hierbei werden auch die Personengruppen genauer analysiert, die von der MAVA einerseits und vom Sozialamt andererseits in den ersten Arbeitsmarkt vermittelt wurden. Dieser Vergleich ist ebenfalls quantitativer Natur.

Zum zweiten konnte ein qualitativer Vergleich für einen Teil der vermittelten Personen vorgenommen werden, weil für 118 über die MAVA vermittelte Personen und für 44 über das Sozialamt vermittelte Personen Daten zur *Erwerbsgeschichte* in den sechs Monaten vor der Vermittlung und zum *Verbleib* nach Vermittlung (maximal 12 Monate nach Vermittlung) durch das Arbeitsamt zur Verfügung gestellt wurden. Dieser qualitative Vergleich (Vergleich II) wurde auch auf individueller Ebene vorgenommen. Dazu wurden in einem ersten

Schritt 27 nach verschiedenen Merkmalen ähnliche Hilfeempfänger (sogenannte Zwillinge) verglichen, die sich nur einem Punkt wesentlich unterscheiden: 27 Personen kamen durch Vermittlung des Sozialamtes, 27 Personen kamen durch Vermittlung der MAVA in den ersten Arbeitsmarkt.
In einer erweiterten Analyse konnten die Personen der Programm- und Kontrollgruppe im Rahmen eines mikroökonometrischen Vergleichs betrachtet und in ihrer Maßnahmewirkung untersucht werden. Während der Vergleich der 27 Personen aus Programm- und Kontrollgruppe eher aufgrund beobachteter Übereinstimmung der relevanten Charakteristika erfolgte, wurden in diesen Vergleich sämtliche Personen mit den entsprechenden Daten einbezogen. Im Rahmen dieses Matching-Vergleichs wird ebenfalls auf Methoden zurückgegriffen, wie sie in Kapitel 3.1.2 beschrieben werden. Eine zusammenfassende Betrachtung schließt das Kapitel ab.

4.2.3 Empirische Untersuchungen

4.2.3.1 Datenanalyse zur MAVA

4.2.3.1.1 MAVA: Datenanalyse für alle Personen, die im Zeitraum 7/98 bis einschließlich 12/99 bei der MAVA vorsprachen (Datenpool)

Im folgenden sollen die Strukturdaten für die 1525 Personen vorgestellt werden, die im angegebenen Zeitraum bei der MAVA vorsprachen. Eine Übersicht über diese Angaben findet sich auch in Anhang 1.[9] Bei einer Personengruppe von 155 Personen (10,2 %) kann zwar identifiziert werden, daß sie in Kontakt mit der MAVA getreten ist, es fehlen jedoch die meisten Angaben zur Person. Mit Ausnahme der Angaben zu Alter und Geschlecht der Personen kann keine Aussage zu den übrigen Strukturdaten gemacht werden. Da ein Fehlen der Angaben nicht gleich zu setzen ist mit der Kategorie „Unbekannt“, die zusätzlich existiert, werden die 155 Personen aus einer prozentualen Analyse der Strukturdaten ausgeschlossen. Lediglich bei der Betrachtung von Alter und Geschlecht werden diese Personen einbezogen. Die analysierte Personengruppe bei den anderen Kategorien bezieht sich somit auf eine Grundgesamtheit von 1370 Personen. Die Abgrenzung der einzelnen Kategorien sowie deren Bezeichnung leitet sich aus der Erfassung des Sozialamtes Mannheim ab.

(1) Alter und Geschlecht

Bei der Betrachtung des Geschlechts der 1525 Hilfeempfänger, die im betrachteten Zeitraum in Kontakt mit der MAVA getreten sind, sind die weiblichen Personen leicht in der Mehrheit. Es sind 778 weibliche Personen (51 %) gegenüber

[9] Siehe auch *Pohnke/Spermann* (2000b).

747 männlichen Hilfeempfängern erfasst. Dies entspricht einem Anteil von 49 %. Das durchschnittliche Alter der von der MAVA betreuten Personen liegt bei 32 Jahren (Median[10]). Männer sind mit einem Altersdurchschnitt von 33 Jahren älter als Frauen, die ein durchschnittliches Alter von 31 Jahren (ebenfalls Median) aufweisen. Jünger als 25 Jahre sind 21,6 % der Teilnehmer (329 Personen). Den größten Anteil an der Verteilung der Altersklassen bilden die 25 bis unter 35-jährigen Hilfeempfänger. Sie haben einen Anteil von 38 % (579 Personen). Im Alter zwischen 35 und unter 45 Jahren sind 29,8 % (454 Personen), während 153 Personen (10 %) ein Alter zwischen 45 und unter 55 Jahren haben. Die Gruppe der Personen über 55 Jahren ist mit 5 Personen (0,3 %) recht klein. Für eine Aufteilung nach Geschlecht in den genannten Altersgruppen vergleiche Abbildung 6.

Abbildung 6: Alter gruppiert nach Geschlecht, MAVA Pool 7/98-12/99

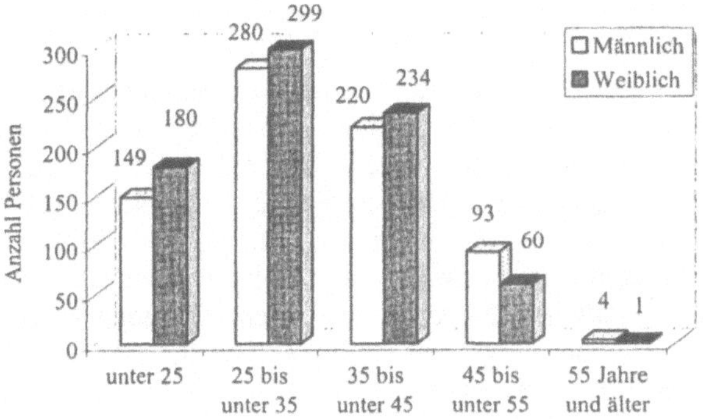

(2) Nationalität und Aufenthaltsstatus

In dieser Kategorie ist die Nationalität lediglich grob erfasst, vielmehr steht der Aufenthaltsstatus im Mittelpunkt der Betrachtung. Von den 1370 betrachteten Personen sind 912 Personen als deutsche Staatsbürger registriert, was einem Anteil von 66,6 % entspricht. Als EU-Ausländer gelten 90 Personen (6,6 %). Asylberechtigt sind 60 Personen (4,4 %), Bürgerkriegsflüchtlinge 2 Personen (0,1

---

[10] Der Median ist wie das arithmetische Mittel (Durchschnitt) ein Maß für die zentrale Tendenz einer Verteilung. Ordnet man alle Meßwerte in einer Reihe, dann ist der Median der Wert, der die Verteilung in zwei gleich große Hälften teilt. Eine Hälfte ist kleiner oder gleich groß, die andere Hälfte ist gleich groß oder größer. Im Gegensatz zum Durchschnitt ist der Median immer ein in der Grundgesamtheit vorkommender Wert.

%). In der Rubrik „Sonstige Ausländer“ werden 238 Personen geführt, was einen Anteil von 17,4 % bedeutet. Neben 66 Aussiedlern (4,8 %) sind 2 Kontingentflüchtlinge (0,1 %) gemeldet. Wird die Betrachtung auf die Staatsangehörigkeit erweitert, sind mit 973 Personen die deutschen Staatsangehörigen am stärksten vertreten. Sie machen einen Anteil von 71 % an der Grundgesamtheit aus, wobei wieder um die 155 Personen ohne Angaben bereinigt wurde. Aus dem Ausland kommen demnach 397 Personen (29 %).[11]

(3) Familienstand

Die häufigste Ausprägung hinsichtlich des Familienstandes der 1370 ausgewerteten Fälle sind die ledigen Personen mit einem Anteil von 43,7 % (599 Personen). Verheiratete sind mit 465 Personen oder zu einem Anteil von 33,9 % vertreten. Als Geschiedene sind 135 Personen registriert, was 9,9 % entspricht. Ähnlich hoch liegt der Anteil der getrennt Lebenden mit 10,4 % oder 142 Personen. Verwitwet sind lediglich 3 Personen (0,2 %), in einer eheähnlichen Gemeinschaft leben 26 Personen (1,9 %).

(4) Personengruppe Haushalt

Die größte Gruppe hinsichtlich der Auswertung der Personenschlüssel ist die der deutschen Frauen mit 38 % (520 Personen). Die männlichen, aus Deutschland stammenden Personen, haben einen Anteil von 33,2 % (455 Personen), gefolgt von den männlichen ausländischen Hilfeempfängern mit 14,7 % (202 Personen). Hilfeempfängerinnen aus dem Ausland sind zu 14,1 % vertreten (193 Personen). Hinsichtlich der Rolle, die die Personen im jeweiligen Haushalt einnehmen, dominieren bei den männlichen Personen die Alleinstehenden sowie die Haushaltsvorstände (Vergleiche hierzu Abbildung 7). Bei den Hilfeempfängerinnen bildet die Rolle des Ehegatten einen zusätzlichen Schwerpunkt. Angaben darüber, ob die Personen alleinerziehend sind, werden bei den Daten zu den Personen der MAVA nicht explizit gemacht. Es steht jedoch zu vermuten, daß insbesondere bei den Gruppen der deutschen und ausländischen weiblichen Haushaltsvorstände ein starker Anteil an alleinerziehenden Personen besteht.

---

[11] Die Addition der Anzahl der Personen hinsichtlich Aufenthaltsstaus und Staatsbürgerschaft ergibt ein sich widersprechendes Bild, da mehr Personen (5) eine nicht-deutsche Staatsangehörigkeit haben, als dies gemäß der Angaben beim Aufenthaltsstatus zu erwarten gewesen wäre. Dies liegt vermutlich darin begründet, daß bei 5 Personen, die als Aussiedler registriert sind, das Verfahren auf Anerkennung der deutschen Staatsbürgerschaft noch nicht abgeschlossen ist.
Auch weichen die Angaben von den Zahlen ab, die im Rahmen von Punkt (4): Personengruppe Haushalt ermittelt wurden (395 statt 397). Vermutlich handelt es sich bei der Differenz um zwei Kontingentflüchtlinge.

Abbildung 7: Personenschlüssel MAVA-Pool 7/98-12/99

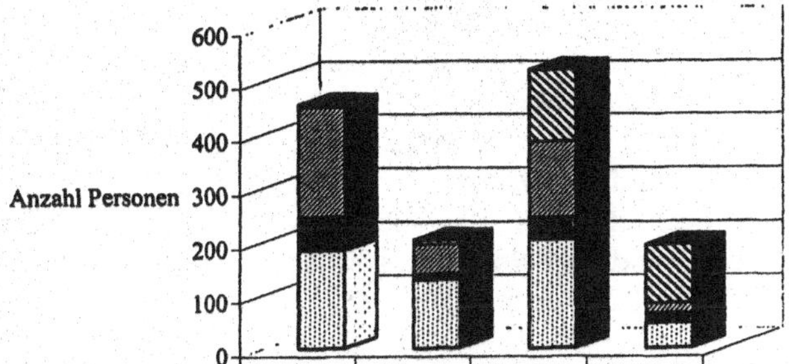

	Männl., Deutsch	Männl., ausländ.	Weiblich, Deutsch	Weiblich, ausländ.
unterh. Person	2	0	0	0
Ehegatte	3	8	135	110
Alleinstehender	204	54	141	18
Sonstige Person	63	13	41	19
Haushaltsvorstand	183	127	203	46

(5) Schulbildung

Bei Betrachtung der Schulbildung der Personen, die im Zeitraum zwischen Gründung im Monat 7/98 und dem Zeitpunkt der Zwischenspeicherung im Monat 12/99 in Kontakt mit der MAVA getreten sind, liegt der größte Anteil beim Hauptschulabschluß, den 735 Personen (das sind 53,6 %) vorweisen können. Wiederum wurden in dieser relativen Analyse die 155 Personen (10,2 % der Grundgesamtheit), zu denen keine persönlichen Angaben vorliegen, nicht in die Auswertung einbezogen. Angaben über 1370 Personen wurden ausgewertet. Über den Realschulabschluß verfügen 181 Personen oder 13,2 % der Hilfeempfänger. Hochschulreife bzw. Abitur haben 10,1 % (139 Personen), einen sonstigen Abschluß 4,1 % (56 Personen).[12] Keinen schulischen Abschluß können 153 Personen vorweisen, was einem Anteil von 11,2 % entspricht. In schulischer Ausbildung befinden sich 14 Personen (1,0 %). Die Auskunft verweigert haben 4 Personen (0,3 %), während bei 88 Personen (6,4 %) der Schulabschluß unbekannt ist.

(6) Berufsbildung

Von 1370 betrachteten Hilfeempfängern haben 5 (0,4 %) die Auskunft verweigert, bei 89 Personen (6,5 %) bleibt die berufliche Qualifikation unbekannt. Der

[12] In der Kategorie „Sonstiger Abschluß" werden gemäß der Bundessozialhilfestatistik Schulabschlüsse erfasst, die entweder auf dem Gebiet der ehemaligen DDR oder im Ausland erworben wurden.

größte Teil der in der MAVA im angegebenen Zeitraum registrierten Personen kann keinen beruflichen Abschluß vorweisen. Mit 691 Personen sind dies mehr als die Hälfte der Hilfeempfänger (50,4 %). Noch in einer Ausbildung befinden sich 18 Personen (1,3 %). Knapp ein Drittel der Personen hat eine Lehre abgeschlossen. Eine kaufmännische Lehre haben 9,6 % (132 Personen) absolviert, im gewerblich-technischen Bereich waren dies 22,2 % (304 Personen). Eine beruflich-schulische Ausbildung haben 23 Personen (1,7 %) vorzuweisen, den Abschluß einer Fachschule 26 Personen (1,9 %). Mit Fachhochschul- bzw. Hochschulabschluß sind 56 Personen registriert (4,1 %), einen anderen beruflichen Abschluß[13] haben 26 Personen (1,9 %).

(7) Erwerbsstatus

Ein recht eindeutiges Bild ergibt sich bei der Betrachtung des Erwerbsstatus, auch hier wieder ohne die 155 Personen, bei denen sämtliche Informationen fehlen (Grundgesamtheit 1370 Personen). Als Vollzeit- bzw. Teilzeiterwerbstätige sind lediglich 28 bzw. 92 Personen registriert. Das entspricht einem Anteil von 2,0 bzw. 6,7 %. Die größte Gruppe ist die der Personen, die arbeitslos gemeldet sind. Ansprüche gemäß SGB haben hier 238 Personen (17,8 %), ohne derartige Ansprüche sind jedoch mit 709 Personen mehr als die Hälfte (51,8 %) aller Hilfeempfänger. Aus folgenden Gründen sind Personen als nicht erwerbstätig registriert: wegen Ausbildung (19 Personen, 1,4 %), häuslicher Bindung (199 Personen, 14,5 %) oder wegen Krankheit, Behinderung oder Arbeitsunfähigkeit (15 Personen, 1,1 %). Aus sonstigen Gründen sind 60 Personen (4,4 %) als nicht erwerbstätig erfasst.

4.2.3.1.2 MAVA-Vermittlungen im Zeitraum 7/98 bis 6/99

4.2.3.1.2.1 Datenqualitätsprobleme

Wie bereits erwähnt waren die Angaben der MAVA, entnommen aus der „Projektübersicht“, die Grundlage für die Identifizierung der Personen, die im ersten Jahr des Projektes vermittelt werden konnten. Da die Projektdatenbank jedoch erst Angaben zu den Vermittlungen nach 1,5 Jahren machen konnte und die Daten einer Vermittlung nicht in der MAVA-Datenbank erfasst sind, mussten die Daten des Sozialamtes hinzu gezogen werden. Mit diesem Abgleich konnten die Personen ermittelt werden, die auf Grundlage der Informationen des Sozialamtes in den ersten Arbeitsmarkt vermittelt worden waren. Dieses Vorgehen ergab eine Personengruppe von 292 Hilfeempfängerinnen und Hilfeempfängern für den gesuchten Zeitraum.

---

[13] Die Kategorie „Anderer beruflicher Abschluß“ wird in der Bundessozialhilfestatistik nicht weiter spezifiziert.

Im Mittelpunkt des Interesses stand zunächst der Abgleich mit der Angabe hinsichtlich der *Vermittlung* der Person. Das Ergebnis war erstaunlich: Bei lediglich 40 % der angegebenen Fälle deckten sich die Angaben der MAVA mit denen des Arbeitsamtes, obwohl die beiden Institutionen eigentlich vom gleichen Informationsstand ausgehen sollten. (Das heisst, jeder Neuantrag muß dem Arbeitsamt gemeldet sein, jede Vermittlung beiden Institutionen bekannt sein). Sich deckende Informationen bedeutet, daß in den Unterlagen des Sozialamtes eine Vermittlung verzeichnet ist (aufgrund der die Selektion erfolgte, s.o.), beim Arbeitsamt ist gleichzeitig eine Arbeitsaufnahme registriert. Aufgrund des Vermerks der Arbeitsaufnahme kann davon ausgegangen werden, daß auch eine Vermittlung erfolgt ist. Dieser Schluß birgt nach Recherche im Arbeitsamt bei den zuständigen Mitarbeiterinnen und Mitarbeitern kein großes Verzerrungsrisiko, so daß hier von einer zuverlässigen Information ausgegangen werden kann. Wie aus Abbildung 8 ersichtlich wird, widersprechen sich die Angaben von Sozialamt und Arbeitsamt in 18 % der Fälle, bei 41 % der untersuchten Personen fehlen die Angaben beim Arbeitsamt.

Abbildung 8: Ergebnis des Abgleichs von Informationen des Arbeitsamtes und Sozialamtes, Vermittlungen MAVA

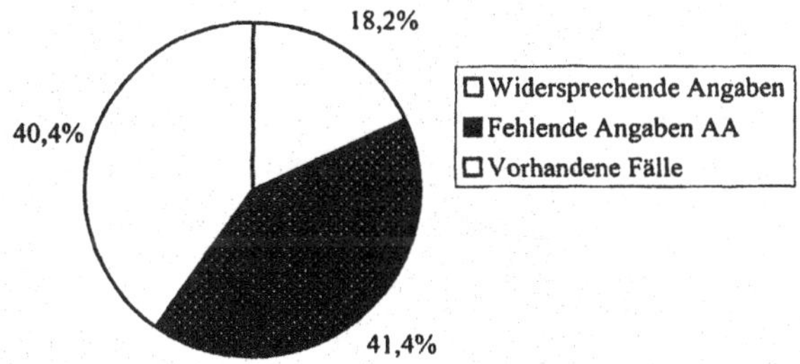

(1) Fehlende Angaben beim Arbeitsamt

Bei 121 Personen oder bei 41 % der Fälle waren keine Informationen (mehr) im Arbeitsamtscomputer vorhanden, was teilweise mit verschiedenen internen Datenspeicherungsmechanismen zu erklären ist. Die Gründe für fehlende Angaben seitens des Arbeitsamtes liegen vermutlich überwiegend in einer 10 Monatsfrist, nach der vermittelte Personen nach ihrer Arbeitsaufnahme aus der Datenbank gelöscht werden. Dies kann angesichts des betrachteten Zeitrahmens durchaus

häufig der Fall sein. Der Abfragezeitraum der Datenbank des Arbeitsamtes war März/April 2000, so daß erfolgreiche Vermittlungen vor Juli 1999 bereits nicht mehr in der Datenbank abrufbar sind. Das bedeutet, dass die betreffenden Personen im ersten Arbeitsmarkt verblieben sind bzw. keine Arbeitslosenunterstützung mehr angefordert haben und somit kein weiteres Bewerberangebot gemacht wurde. Für diesen Personenkreis werden in der weiteren Auswertung die Angaben des Sozialamtes bzw. der MAVA als Informationsgrundlage herangezogen. Eine weitere Selektion aufgrund des Vermittlungsdatums kann nicht erfolgen, da bereits durch die Vorauswahl der untersuchten Vermittlungen des ersten MAVA-Jahres der Zeitpunkt der Vermittlung vor diesem Zeitpunkt liegen muß.
Weiterer möglicher Grund für das Fehlen der Personen in der Statistik des Arbeitsamtes ist die Tatsache, daß einige Personen nicht mehr in Mannheim wohnhaft sind. Wie eine Überprüfung der Angaben in Zusammenarbeit mit den Statistiken des Einwohnermeldeamtes in Mannheim ergab, sind 19 der 121 Personen verzogen. Dies entspricht einem Anteil von ca. 16 %. Einen Aussage über den Zeitpunkt des Umzugs kann jedoch nicht gemacht werden.
Bei Betrachtung aller 121 Personen in der weiteren Analyse wird diese Zahl eher als großzügige Einschätzung angesehen, denn mögliche Widersprüche mit den Angaben des Arbeitsamtes können nicht aufgedeckt werden. Bei den Fällen, bei denen Informationen beim Arbeitsamt abrufbar waren, war bei ca. 18 % der Fälle ein Widerspruch zwischen Sozialamt und Arbeitsamt zu verzeichnen. Wie im folgenden Abschnitt genauer erläutert wird, werden die Personen, bei denen ein Widerspruch vorliegt, nicht in der weiteren Analyse berücksichtigt. Bei Betrachtung der absoluten Zahl der Vermittlungen muß auf diese mögliche Überschätzung hingewiesen werden. In der folgenden Analyse werden somit auch sämtliche 121 Personen mit fehlenden Arbeitsamtsangaben einbezogen.
Andererseits muß auf eine Dunkelziffer von Vermittlungen hingewiesen werden, die nicht über die Vermittlungsstatistiken erfasst werden können. Dies sind sogenannte Direktvermittlungen, das heißt Vermittlungen von Personen, die direkt nach der Vorsprache beim Sozialamt in eine Tätigkeit vermittelt werden, ohne in die Datenbanken des Arbeitsamtes aufgenommen worden zu sein.

(2) Widersprüchliche Angaben zwischen Arbeitsamt und Sozialamt

Bei 18,2 % der Fälle (53 Personen), widersprechen sich die Angaben von Arbeitsamt und Sozialamt. Diese Personen werden in der Analyse der Vermittlungen nicht berücksichtigt. Diese Nichtberücksichtigung hat folgende Gründe: Bei 7 Personen (oder 13,2 % dieser Personengruppe) war in der Erwerbsgeschichte des Arbeitsamtes lediglich eine *Ausbildung* verzeichnet, wie beispielsweise ein Sprachkurs. Da die Ausbildung in einem Sprachkurs nicht in die Kategorie „Vermittlungen in den ersten Arbeitsmarkt" fällt, werden diese Fälle nicht ein-

bezogen. Bei weiteren 20 Personen (oder 37,7 %) fand zwar eine Arbeitsaufnahme statt, der *Zeitraum* bezog sich jedoch nicht auf den untersuchten Zeitraum des ersten Jahres der MAVA-Tätigkeit. Bei weiteren 26 Personen (oder 49,1 %) war *keine Arbeitstätigkeit* in der Erwerbsgeschichte verzeichnet, die dem durch die Datenbanken des Sozialamtes angegebenen Datum nahe kam. Auf eine Vermittlung im untersuchten Zeitraum konnte somit nicht geschlossen werden. Da in der überwiegenden Anzahl der Fälle, die nicht mit den Angaben des Sozialamtes übereinstimmten, eine genaue Auflistung der Tätigkeiten bzw. des Hilfebezugs im untersuchten Zeitraum vorlag, können diese Fälle vernachlässigt werden, ohne signifikante Verzerrungen befürchten zu müssen.
Der Grund für diese unterschiedlichen Angaben hinsichtlich Vermittlungszahlen und –daten zwischen Sozial- und Arbeitsamt liegt vermutlich in einer unterschiedlichen Abgrenzung der Definition des Begriffs „Vermittlung" und somit in einer unterschiedlichen Erfassung der Vermittlungszahlen. Weiterer Grund für eine unterschiedlichen Angabe von Vermittlungen könnte auch der Umstand sein, das sich Empfänger von Sozialhilfe, die keine Leistungen nach SGB VIII erhalten, nach einer Arbeitsaufnahme nicht beim Arbeitsamt abmelden. Wie hoch diese Dunkelziffer ist, läßt sich nicht mit Gewißheit sagen.

(3) Exkurs: Unterschiedliche Definition des Begriffs „Vermittlung" bei Arbeitsamt und Sozialamt

Arbeitsamt und Sozialamt gehen bei der Definition von Vermittlungserfolgen von einer unterschiedlichen Basis aus. Für das Sozialamt stellt bereits der Abschluß eines Arbeitsvertrags zwischen dem Unternehmen und dem Hilfeempfänger eine Vermittlung dar. In diesem Fall kann selbst dann eine Vermittlung zustande gekommen sein, wenn der Hilfeempfänger nicht zum vereinbarten Arbeitsbeginn erscheint und dadurch seine Stelle verliert. Auch gelten durch den Hilfeempfänger selbst gesuchte Arbeitsverhältnisse als Vermittlung im Sinne des Programms. Entscheidend ist der Abschluß eines Arbeitsvertrages.
Das Arbeitsamt legt strengere Maßstäbe an eine Vermittlungsdefinition an. Hier gelten lediglich Beschäftigungsverhältnisse, bei denen es tatsächlich zu einer Arbeitsaufnahme kommt, als erfolgreiche Vermittlung. Auch werden durch den Hilfeempfänger selbst angebahnte Beschäftigungsverhältnisse nicht als Vermittlungserfolg des Arbeitsamtes verbucht. Dies gilt lediglich für tatsächliche Vermittlungen durch das Arbeitsamt.
Da jedoch in der Erwerbsgeschichte eine Arbeitsaufnahme verzeichnet ist, werden in der vorliegenden Analyse selbst gesuchte Arbeitgeber nicht aus der Betrachtung ausgeschlossen. Lediglich die oben erwähnten Fälle, in denen eine vermittelte Arbeit nicht angetreten wird, werden nicht berücksichtigt: Diese, letztlich erfolglosen, Vermittlungen werden in der Datenbank des Arbeitsamtes

nicht erfasst, da keine Arbeitsaufnahme stattgefunden hat. Hiermit läßt sich der Widerspruch zwischen den Erfassungssystemen erklären.

4.2.3.1.2.2 Auswertung als vermittelt gewerteter Personen

Die folgenden Auswertungen bezüglich der vermittelten Personen durch die MAVA beziehen sich auf die Personengruppe, die nach dem Abgleich mit den Angaben mit dem Arbeitsamt verblieben sind. Es wurden die Personen aus der Auswertung heraus genommen, bei denen sich die Angaben des Sozialamtes bzw. der MAVA mit denen des Arbeitsamtes *widersprachen*. Somit verbleiben 239 Personen in der weiteren Betrachtung der Strukturdaten der gesamten Vermittlungen.[14]

(1) Alter und Geschlecht

Bei der Betrachtung des *Geschlechts*verhältnisses der vermittelten Personen ist ein deutlicher Unterschied zu der Personengruppe des MAVA-Pools zu verzeichnen. Waren bei den gesamten Hilfeempfängern, die mit der MAVA in Kontakt getreten sind, noch die Mehrzahl der Personen weiblich (51 %), hat sich dies bei den Vermittlungen umgekehrt. Mit 65 % hierbei ein starkes Übergewicht bei den männlichen Vermittlungen (155 Personen). Im Gegensatz dazu wurden 84 weibliche Personen vermittelt (35 %).

Abbildung 9: Alter gruppiert, Vermittelte Personen MAVA 7/98-6/99

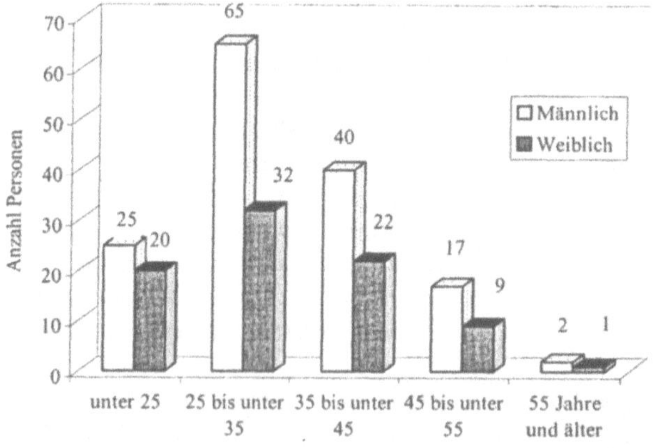

[14] Eine Übersicht über die Strukturdaten findet sich in Anhang 3.

Auch bei Berücksichtigung möglicher häuslicher Bindungen der Hilfeempfängerinnen ist noch nicht der vollständige Prozeß der Verschiebung hin zu den männlichen Personen erklärt. Denn hinsichtlich der Anteile am Erwerbsstatus des MAVA-Pools ist die Begründung der häuslichen Bindung lediglich zu 14,5 % vertreten, was einen Teil der Verschiebung möglicherweise erklären *kann*, das jedoch nur aufgrund von Indizien.
Die Struktur des Alters ist bei Männern und Frauen im Durchschnitt gleich. Sowohl der Median für Frauen als auch der für Männer liegt bei 32 Jahren. Demgemäß liegt der Median für die gesamten vermittelten Personen der MAVA bei 32 Jahren. Die jungen Hilfeempfänger unter 25 Jahren sind zu 19 % vertreten (Vergleiche auch Abbildung 9). Die größte Gruppe sind mit 40 % die Personen, die zwischen 25 und unter 35 Jahre alt sind. Zwischen 35 und 45 Jahren sind 25,9 %, während in der Kategorie 45 bis 55 Jahre 10,9 % der Personen registriert sind. Lediglich 1,3 % der Hilfeempfänger sind 55 Jahre oder älter.

(2) Nationalität und Aufenthaltsstatus

Von den 239 Personen, die in der Gruppe „Vermittlungen" ausgewertet werden, sind mit einem Anteil von 70,7 % (169 Personen) die Mehrzahl der Personen (ohne Aussiedler) deutsch. EU-Ausländer sind lediglich zu 3,4 % (8 Personen), beinahe eben so viele wie asylberechtigte Hilfeempfänger (7 Personen). Sonstige Ausländer sind mit einem Anteil von 19,25 % vertreten (46 Personen), während Aussiedler einen Anteil von 3,77 % haben (9 Personen). Der Anteil deutscher Personen an den vermittelten Personen liegt somit leicht höher als noch beim gesamten Pool der Hilfeempfänger bei der MAVA (66 %). Dies stellt jedoch nur ein leichtes Indiz dafür dar, daß die Vermittlungshäufigkeit bei deutschen Personen höher liegt als dies beim Durchschnitt der Fall ist.

(3) Familienstand

Ledige Personen sind wie im gesamten MAVA-Pool die am häufigsten vertretene Gruppe. Bei der Betrachtung des Familienstandes ergibt sich jedoch ein bemerkenswerter Unterschied zu den gesamten Daten. Ledige Personen machen einen Anteil von 51 % (122 Personen) aus, beim Pool der MAVA waren dies nur 43,7 %. Umgekehrt verhält es sich bei den Verheirateten. Im MAVA-Pool war diese Personengruppe mit einem Anteil von beinahe 34 % vertreten, bei den vermittelten Personen waren nur 27,6 % (66 Personen) verheiratet. Die übrigen Kategorien sind in ähnlicher Struktur besetzt wie noch bei den gesamten Personen. Geschieden sind hier 10,4 % (24 Personen, 9,9 % im Pool), getrennt leben ca. 8 % (19 Personen, 10,4 % im Pool). Verwitwet ist keine der vermittelten Personen, in eheähnlichen Gemeinschaften leben 3,4 % (8 Personen, 1,9 % im Pool).

(4) Personengruppe Haushalt

Bei Betrachtung der Personenschlüssel, unter dem die vermittelten Personen registriert sind, ergibt sich eine deutliche Verschiebung. Waren im gesamten Pool noch deutsche Hilfeempfängerinnen mit 38 % die größte Gruppe, so sind dies nun mit einigem Abstand die männlichen, deutschen Personen. Mit 45,2 % sind sie die größte Gruppe, gefolgt von den männlichen, ausländischen Vermittlungen (28,5 %). Deutsche Hilfeempfängerinnen sind bei den Vermittlungen nur noch mit einem Anteil von 19,7 % vertreten, ausländische Hilfeempfängerinnen gar nur zu 6,7 %. Einen genauen Eindruck von der Verteilung der vermittelten Personen auf die einzelnen Haushaltsfunktionen „Haushaltsvorstand", „Sonstige Person", „Alleinstehende Person" sowie „Ehegatte" ist in Abbildung 10 zu sehen.

Abbildung 10: Personengruppe Haushalt, vermittelte Personen MAVA, 7/98-6/99

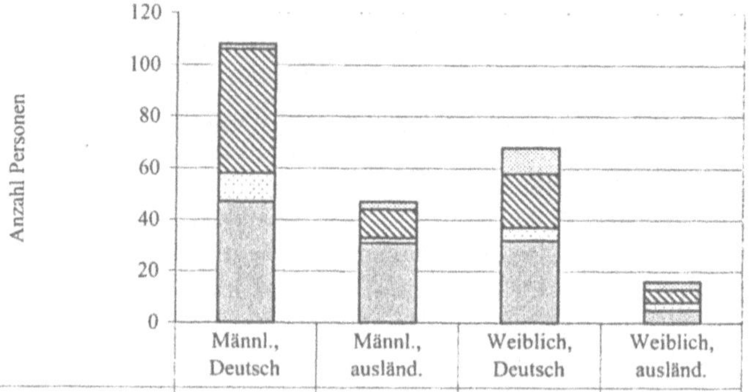

	Männl., Deutsch	Männl., ausländ.	Weiblich, Deutsch	Weiblich, ausländ.
Ehegatte	2	3	10	3
Alleinstehender	48	11	21	5
Sonstige Person	11	2	5	3
Haushaltsvorstand	47	31	32	5

(5) Schulbildung

Insgesamt ist das Niveau der Schulbildung bei den vermittelten Personen dem des Pools sehr ähnlich. Über den Hauptschulabschluß verfügen mit 56 % mehr als die Hälfte der vermittelten Personen, ein leicht höherer Anteil als noch im gesamten Pool (53,6 %). Einen Realschulabschluß können 13,8 % vorweisen, gegenüber 13,2 % bei den gesamten Personen. Über Hochschulreife bzw. Abitur verfügen 11,7 % (10,1 % im Pool), einen Sonstigen Schulabschluß haben 3,8 %, gegenüber 4,1 % im Pool. Etwas niedriger ist der Anteil der Personen, die keinen Schulabschluß erworben haben. Dies sind 8,8 % der Vermittelten, bei den gesamten Personen lag dieser Wert noch bei 11,2 %. Unbekannt ist der Abschluß bei 5 % der vermittelten Personen, während lediglich jeweils 0,4 % (jeweils 1 Person) die Auskunft verweigert haben bzw. sich in schulischer Ausbildung befanden.

(6) Berufsbildung

Nur ein leicht höheres Niveau ist bei der Berufsbildung der vermittelten Personen zu verzeichnen als bei den Personen, die insgesamt mit der MAVA in Kontakt getreten sind. Mit 47,7 % ist nach wie vor knapp die Hälfte der Personen ohne eine berufliche Ausbildung, auch wenn der Wert beim Pool mit 50,4 % leicht höher lag. Noch in Ausbildung befinden sich lediglich 2,9 % (1,3 im Pool), während etwa ein Drittel eine Lehre aufweisen kann. Auch dieser Anteil entspricht etwa dem Anteil bei den gesamten Personen. Bei den vermittelten Personen verteilen sich die Lehrabschlüsse auf kaufmännische (8,4 %) und gewerblich-technische Lehre (27,6 %). Eine beruflich-schulische Ausbildung haben lediglich 0,8 % (2 Personen) absolviert, eine Fachschule haben 2,5 % abgeschlossen. Ein beinahe gleich großer Anteil hat den Abschluß einer Fachhoch- bzw. Hochschule erworben (2,9 %), einen „anderen Abschluß" können 1,2 % vorweisen. Der Abschluß von 5 % der Personen ist unbekannt, 0,8 % haben die Auskunft verweigert.

(7) Erwerbsstatus

Unterschiede zwischen Vermittlungen und gesamtem Pool weist die Struktur bei der Betrachtung des Erwerbsstatus der Personen auf. Zwar sind die Personen, die arbeitslos mit oder ohne Ansprüche auf Leistungen nach SGB III gemeldet sind, auch beim gesamten Pool am häufigsten vertreten (51,8 ohne bzw. 17,4 % mit Ansprüchen). Der Anteil dieser Personen liegt insgesamt bei den vermittelten Personen deutlich höher, 56,5 % der Personen sind ohne, 26,4 % mit genannten Ansprüchen registriert. In einem kumulierten Vergleich sämtlicher als arbeitslos erfasster Hilfeempfänger liegt der Anteil der vermittelten Personen mit 80,9 % deutlich über dem Anteil bei den gesamten Personen (69,7 %). Entsprechend kleiner sind die Anteile der anderen Typen des Erwerbsstatus. In Ausbildung befinden sich 2,5 % der Hilfeempfänger. Als nicht erwerbstätig sind die vermittelten Personen aus diesen Gründen registriert: Wegen häuslicher Bindung (5 %, gegenüber 14,5 % im gesamten Pool), wegen Krankheit oder Behinderung (0,8 %), oder aus sonstigen Gründen (2,9 %). Keine Angaben liegen von 0,8 % vor, während lediglich 0,4 % als Vollzeiterwerbstätige erfasst sind. Als Teilzeiterwerbstätige[15] sind 4,6 % der Vermittelten registriert.

---

[15] Als Teilzeiterwerbstätige sind die Personen registriert, deren Arbeitszeit unter der tariflichen Arbeitszeit liegt.

4.2.3.1.2.3 Auswertung vermittelter Personen mit bekannter Erwerbsgeschichte und bekanntem Verbleib

Folgende Analyse bezieht sich auf die 118 Personen, zu denen Angaben des Arbeitsamtes zur Erwerbsgeschichte und zum Verbleib nach der Vermittlung vorliegen. Das sind 40,4 % der als von der MAVA ursprünglich angegebenen vermittelten Personen. Zusätzlich zu den Angaben über die Tätigkeiten in den 6 Monaten vor einer Arbeitsaufnahme konnten aus dieser Informationsquelle Ergebnisse zu Schul- und Berufsbildung der Personen gewonnen werden, die mit den Angaben des Sozialamtes verglichen werden konnten.

(1) Schulbildung

Mehr als ein Viertel der vermittelten Personen (27,1 %) verfügt nicht einmal über einen Hauptschulabschluß als höchsten Schulabschluß. Die Hälfte der Personen (50,0 %) kann diesen elementaren Abschluß vorweisen. Die höheren Bildungsabschlüsse verteilen sich auf Mittlere Reife (11,0 %), Hochschulreife (7,6 %) und Fachhochschulreife (4,2 %) (siehe Tabelle 5).

Tabelle 5: Schulbildung vermittelte Personen bis 7/99, Angaben Arbeitsamt

Kategorie	Personen	Anteile
Kein Hauptschulabschluß	32	27,1 %
Mit Hauptschule	59	50,0 %
Mittlere Reife	13	11,0 %
Hochschulreife	9	7,6 %
Fachhochschulreife	5	4,2 %

(2) Berufsbildung

Das Niveau der beruflichen Ausbildung ist eher niedrig. Die mit 75,4 % größte Gruppe ist die der Personen, die ohne Ausbildung sind. Über eine betriebliche Ausbildung verfügen 18,6 % der Personen, während lediglich jeweils 1,7 % über einen Hochschul- bzw. Fachhochschulabschluß verfügen. In den Genuß eines außerbetrieblichen Abschlusses, der beispielsweise bei einem Träger oder einem sozialen Projekt erworben wurde, kamen 0,8 %. Ebenfalls 0,8 % (oder jeweils eine Person) verfügen über eine Berufsfach- bzw. Fachschulausbildung (siehe Tabelle 6). Auch hier sind deutliche Qualifikationsdefizite hinsichtlich der Chancen auf dem Arbeitsmarkt ersichtlich.

Tabelle 6: Berufsausbildung vermittelte Personen bis 7/99, Angaben Arbeitsamt

Kategorie	Personen	Vermittlungsanteil
Kein Abschluß	89	75,4 %
Betriebliche Ausbildung	22	18,6 %
Fachhochschule	2	1,7%
Hochschule	2	1,7%
Außerbetriebliche Ausbildung	1	0,8%
Berufsfachausbildung	1	0,8%
Fachschulausbildung	1	0,8%

(3) Erwerbsgeschichte

Um Informationen hinsichtlich der Erwerbsgeschichte der direkt vermittelten Personen zu gewinnen, wurde auf die Mitarbeit des Arbeitsamtes zurück gegriffen. In der Datenbank der Arbeitsamtes, der sogenannten „coArb[16]-Datenbank", ist die „Geschichte" eines Hilfeempfängers verzeichnet, aus denen eine standardisierte Erwerbsgeschichte abgeleitet werden kann. Von Beginn einer Arbeitslosmeldung bis zu einer nachhaltigen Arbeitsaufnahme (s.o.) sind sämtliche Aktivitäten der betreffenden Person in der Datenbank vermerkt. Diese Aktivitäten wurden in die aus Tabelle 7 ersichtlichen 8 Kategorien eingeteilt.

Die Erwerbsgeschichte der Personen wird für die 6 Monate vor der *Vermittlung nach Datum des Arbeitsamtes* in diesen Kategorien erfasst. Mit dieser Kategorisierung ist es möglich, eine Erwerbsgeschichte der gelisteten Personen zu rekonstruieren, die eine Beschreibung der betroffenen Personen genauer werden läßt. Ein Vergleich zwischen verschiedenen Personengruppen, beispielsweise mit Personen, die durch das Sozialamt vermittelt wurden, wird somit deutlich genauer, da er auf mehr Indikatoren beruht

Die Analyse der Erwerbsgeschichte basiert auf den Angaben der 118 Personen (oder ca. 40 % der beim Sozialamt als vermittelt registrierten Hilfeempfänger), bei denen eine Angabe in den Verzeichnissen des Sozialamtes vorzufinden war, und die darüber hinaus auf eine Vermittlung im untersuchten Zeitraum schließen ließ. Die folgenden Betrachtungen beziehen sich auf diese Personengruppe. Die Ergebnisse der Untersuchung hinsichtlich individueller Angaben wird aufgrund der Untersuchungsbasis von 118 Personen als weitgehend repräsentativ für sämtliche vermittelten Personen angesehen. Der Anteil männlicher Personen beispielsweise lag bei dieser Gruppe bei etwas mehr als zwei Dritteln (68 %). Bei sämtlichen vermittelten Personen (ohne Konfliktfälle) liegt dieser Anteil bei 63,2 %, also nur unwesentlich abweichend.

---

[16] coArb steht für „computerunterstützte Arbeitsvermittlung".

Tabelle 7: Kategorien Erwerbsgeschichte, vermittelte Personen bis 7/99.

Kategorie 1	Leistung Arbeitsamt
Kategorie 2	Leistung Sozialamt
Kategorie 3	In Arbeit
Kategorie 4	In Ausbildung
Kategorie 5	Nicht verfügbar
Kategorie 6	Aus sonstigen Gründen nicht vermittelbar
Kategorie 7	Ohne Beschäftigung
Kategorie 8	Keine Angaben

Bei der Betrachtung von 118 Personen in einem Zeitraum von jeweils 6 Monaten vor der Maßnahme ergeben sich insgesamt 708 erfaßte Monate. Diese Zeit verteilt sich zu den größten Teilen auf die Kategorien „ohne Beschäftigung" mit 219 Monaten (30,9 %) und „Leistungen Arbeitsamt" mit 218 Monaten (30,8 %). Die Zeiten, in denen Hilfeempfänger in Arbeit (54 Monate oder 7,6 %) bzw. in Ausbildung (61 Monate oder 8,6 %) waren, liegt weit dahinter. Vergleiche hierzu die Angaben in Tabelle 8.

Tabelle 8: Anteile an Erwerbsgeschichte, vermittelte Personen bis 7/99

Kategorie	Anzahl Monate	Anteil an Gesamtzeit
Leistung Arbeitsamt	218	30,8 %
Leistung Sozialamt	87	12,3 %
In Arbeit	54	7,6 %
In Ausbildung	61	8,6 %
Ohne Beschäftigung[17]	219	30,9 %
nicht verfügbar/nicht vermittelbar	12	1,7 %
Keine Angaben	57	8,1 %

Auffallend an diesen Angaben ist einerseits der hohe Anteil beschäftigungsloser Zeiten. Diese Tatsache läßt auf eine schwer vermittelbare, durch Zeiten längerer Arbeitslosigkeit betroffenen Gruppe schließen. 96 Personen (81,4 %) waren in

[17] Die Abgrenzung zwischen den Kategorien, in denen keine Beschäftigung registriert wird (Leistung Arbeitsamt, Leistung Sozialamt, Ohne Beschäftigung) ergibt sich aus den Eintragungen in der Arbeitsamts-Datenbank. Während in den ersten beiden Kategorien die Leistungen der jeweiligen Einrichtung zusammengefaßt sind, fallen unter „Ohne Beschäftigung" z.B. die Eintragungen: „Ohne weitere Angabe von Leistungen", Arbeitslos ohne Anspruch auf Leistungen" oder „Arbeitssuchend".

den untersuchten 6 Monaten ohne jegliche Arbeitstätigkeit, 99 Personen (83,9 %) ohne einen Ausbildungsmonat. Kombiniert man diese beiden Kriterien ergibt sich, daß mit 78 Personen (66,1 %) mehr als zwei Drittel der Personen *weder* in den Genuß einer Aus- oder Weiterbildung kamen *noch* einer Beschäftigung nachgingen.
Die Intensität, d.h. die Zeit, die pro betroffener Person in dieser Kategorie verbracht wird, ist bei den Ausbildungszeiten höher als bei den Beschäftigungszeiten. Während die 22 Personen, die in diesem Zeitraum zu einem beliebigen Zeitpunkt gearbeitet haben, *durchschnittlich 2,5 Monate* in Arbeit waren, befanden sich die Personen, die einer Ausbildung nachgingen, *durchschnittlich 3,2 Monate* in diesem Verhältnis.

Abbildung 11: Dokumentation der Erwerbsgeschichte, 6 Monate vor Vermittlung

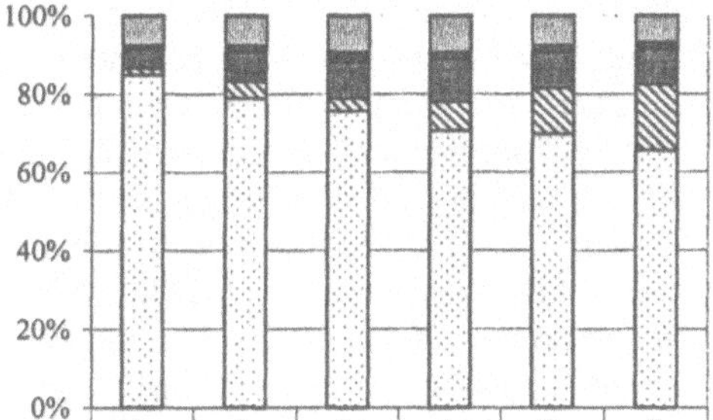

	1. Monat	2. Monat	3. Monat	4. Monat	5. Monat	6. Monat
keine Angaben	7,6%	7,6%	9,2%	9,2%	7,6%	6,7%
nicht verfügbar	0,8%	1,7%	2,5%	1,7%	1,7%	1,7%
in Ausbildung	5,0%	7,6%	9,2%	10,9%	9,2%	9,2%
in Arbeit	1,7%	4,2%	3,4%	7,6%	11,8%	16,8%
o. Beschäftigg. ges.	84,9%	79,0%	75,6%	70,6%	69,7%	65,5%

Wie in Abbildung 11 zu sehen ist, nimmt der Anteil der Personen in einem Beschäftigungsverhältnis ab, je näher die Vermittlung rückt. Der Monat vor der Vermittlung ist hierbei als 1. Monat gekennzeichnet, der 6. Monat beschreibt den Status ein halbes Jahr vorher. So sinkt der Anteil der Beschäftigung von durchschnittlich 16,8 % 6 Monate vor der Vermittlung auf 1,7 % direkt vor der Vermittlung. Der Anteil beschäftigungsloser Personen steigt im gleichen Zeitraum von 65,5 % auf 84,9 % der Personen. Da diese Beobachtung auch während der Datenauswertung für einen längeren Zeitraum vor der Vermittlung bestätigt wurde, kann hierbei durchaus von einem Trend, d.h. von einer tendenziellen Entwicklung gesprochen werden: Insbesondere Personen, die seit längerer Zeit ohne Beschäftigung sind, werden als Zielgruppe verstanden. Um die Darstellung anschaulicher zu gestalten wurden die Kategorien *Leistungen Arbeitsamt*, *Leistungen Sozialamt* und *Ohne Beschäftigung* zu einer Kategorie zusammengefaßt. In sämtlichen Kategorien ist keine Beschäftigung in der Erwerbsgeschichte zu verzeichnen. Die dort erfassten Personen profitieren in diesem Zeitraum also nicht von einer eventuellen Arbeitstätigkeit, die ihre Einstiegschancen in den Arbeitsmarkt erhöhen könnte.

(4) Verbleibsanalyse

Anhand der Daten des Arbeitsamtes konnte neben der Erwerbsgeschichte auch der Verbleib von 118 vermittelten Personen ermittelt werden. Dies geschah bis zu einem Zeitraum 12 Monate nach der Vermittlung. Personen, die erst recht spät innerhalb des ersten Jahres der MAVA Aktivität vermittelt wurden, haben aufgrund des Erhebungszeitpunktes unter Umständen keine Angaben über die kompletten 12 Monate. Maximal können 1416 Monate (118 Personen x 12 Monate) erfasst werden, über 1343 Monate liegen Angaben vor. So können 94,8 % der möglichen Monate erfasst werden, was eine recht hohe Quote darstellt. Es wird bei der Auswertung zunehmend schwieriger, den Verbleib der Vermittlungen zu ersehen, da beispielsweise Wohnortswechsel als solche nicht systematisch mit den Daten des Arbeitsamtes erfasst werden. Einziges Kriterium ist es, daß die Personen innerhalb der letzten 10 Monate mit dem Arbeitsamt in Kontakt getreten sind. Diese Personen sind in der Rubrik „ohne Nachweis" geführt.
Wie aus Tabelle 9 ersichtlich ist, liegt der höchste Monatswert bei dem Verbleib in der vermittelten Tätigkeit. Mit 549 Monaten, den die vermittelten Personen kumuliert in ihrer durch die MAVA vermittelten Stelle verbracht haben, ergibt sich ein Anteil von 41,9 % der Zeit nach der Vermittlung. Ein Aspekt dieser hohen Verbleibszahl ist jedoch, daß der erste Monat als in der Vermittlung verbracht gewertet wurde, auch wenn die Tätigkeit beispielsweise nach einem halben Monat aufgegeben wurde. Aufgrund dieser Vorgehensweise haben die Vermittelten zu 100 % ihren ersten Monat in der Vermittlung verbracht. Dies stellt somit eine leichte Überschätzung der Vermittlungsdauer dar.
Knapp ein Drittel der Zeit wird ohne Beschäftigung verbracht, nämlich 29,5 %. Dieser Wert verteilt sich auf Zeiten, in denen Leistungen des Arbeitsamtes (15,1 %) oder des Sozialamtes (2,5 %) in Anspruch genommen wurden. In Zeiten ohne Beschäftigung, die jedoch nicht weiter spezifiziert sind, wurde kumuliert 11,9 % der Zeit verbracht. Die Zeiten im Sozialamtsbezug sind aus dem Grund so gering, da es sich um eine Arbeitsamtsstatistik handelt, in der die Angaben über alternative Leistungen nicht immer genau aufgeführt sind. Hier kommt es ver-

mutlich jedoch zu großen Überschneidungen mit der Kategorie „ohne Beschäftigung", in der ein weiterer Verbleib nicht spezifiziert wird.

Tabelle 9: Verbleibsanalyse erfasster Personen, durch MAVA vermittelt

Verbleib	Anzahl Monate	Anteil
Leistung Arbeitsamt	214	15,1%
Leistung Sozialamt	35	2,5%
vermittelte Tätigkeit	594	41,9%
neue Tätigkeit	195	13,8%
in Ausbildung	16	1,1%
ohne Beschäftigung	168	11,9%
nicht verfügbar	10	0,7%
nicht vermittelbar	23	1,6%
keine Angaben	88	6,2%
Ohne Nachweis	73	5,2%
	1416	100,0%

Beinahe 14 % der Zeit wird jedoch in einer neuen Tätigkeit verbracht, das heißt, es kam zu einem Wechsel der Arbeitsstellen in den 12 Monaten nach der Vermittlung. Die Aufnahme der neuen Tätigkeit kann hierbei erneut auf Vermittlung der MAVA hin geschehen sein, aber auch aufgrund eigener Initiative des Hilfeempfängers hin. Über dieses Merkmal kann auf Grundlage der vorliegenden Daten keine Aussage getroffen werden. Im Durchschnitt nahmen die Hilfeempfänger 1,55 Tätigkeiten im ermittelten Zeitraum ihres Verbleibs auf. Die höchste Anzahl an Tätigkeiten im Zeitraum nach der Vermittlung lag bei insgesamt 5 Tätigkeiten (inklusive der ursprünglichen Vermittlung).
Abbildung 12 zeigt den Verlauf im Verbleib. Während, wie erwähnt, im ersten Monat alle Personen in ihrer vermittelten Tätigkeit sind, nimmt die Beschäftigungshäufigkeit in den Monaten nachher deutlich ab und geht zurück auf 35,6 %. In dieser Kategorie werden jedoch die kumulierten Werte betrachtet, das heißt, das in der Rubrik „In Arbeit" sowohl Beschäftigungsverhältnisse in der vermittelten als auch in einer neuen Tätigkeit berücksichtigt sind. Bei der Ermittlung der Monate ohne Beschäftigung sind die Zeiten zusammengefasst, in denen entweder Leistungen des Arbeitsamtes, des Sozialamtes oder allgemein ohne Beschäftigung verzeichnet sind. In der Rubrik „Sonstiges" sind die Kategorien „nicht vermittelbar" sowie „nicht verfügbar" erfasst.
Auffallend ist neben dem starken Rückgang der Beschäftigungszeiten auf ca. ein Drittel, daß es bei der Erfassung der Zeiten ohne Beschäftigung zu einer Stagnation, gegen Ende sogar zu einem Rückgang im Anteil kommt. Während der

Höchstwert im 8. Monat mit einem Anteil von 44,1 % erreicht wird, geht dieser Wert wieder zurück auf 32,2 %. Da jedoch auch die Zeiten ohne Nachweis in ihrem Anteil bis auf 20,3 % im 12. Monat zunehmen, kann keine eindeutige Aussage über die Tendenz bei den beschäftigungslosen Zeiten getroffen werden. Im Zweifel wird die Aufnahme einer Arbeitstätigkeit eher registriert als der Rückzug aus den Bezügen des Arbeitsamtes. Es steht daher zu vermuten, daß die Personen, die ohne Nachweis registriert sind, eher ohne Beschäftigung sind, auch wenn darauf hingewiesen werden muß, daß es sich hierbei um eine, wenn auch begründete, Vermutung handelt.

Abbildung 12: Kumulierter Verbleib vermittelte Personen
Mava, 12 Monate nach Arbeitsaufnahme

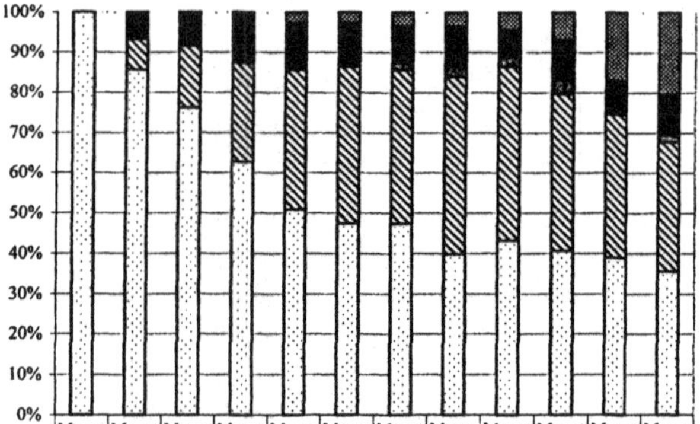

	Monat 1	Monat 2	Monat 3	Monat 4	Monat 5	Monat 6	Monat 7	Monat 8	Monat 9	Monat 10	Monat 11	Monat 12
ohne Nachweis	0,0%	0,0%	0,8%	0,8%	2,5%	2,5%	3,4%	3,4%	4,2%	6,8%	16,9%	20,3%
Sonstiges	0,0%	6,8%	7,6%	11,9%	11,9%	10,2%	9,3%	10,2%	6,8%	10,2%	7,6%	10,2%
in Ausbildung	0,0%	0,0%	0,0%	0,0%	0,0%	0,8%	1,7%	2,5%	2,5%	3,4%	0,8%	1,7%
ohne Beschäftigung	0,0%	7,6%	15,3%	24,6%	34,7%	39,0%	38,1%	44,1%	43,2%	39,0%	35,6%	32,2%
in Arbeit	100,0	85,6%	76,3%	62,7%	50,8%	47,5%	47,5%	39,8%	43,2%	40,7%	39,0%	35,6%

Die übrigen Zeiten wie „in Ausbildung“ oder „Sonstiges“ bleiben recht konstant in ihrer Bedeutung (wie „sonstiges bei ca. 10 %) oder sind ohne größeren Anteil wie die Zeiten in Ausbildung.

4.2.3.2 Datenanalyse zu den Sachgebieten „Hilfen im Haushalt“

4.2.3.2.1 Datenbasis

Wie in der Beschreibung des Vorgehens bei der Untersuchung der MAVA erwähnt, dienen die arbeitsfähigen Hilfeempfänger, die durch die Sachgebiete „Hilfen im Haushalt“ des Sozialamtes betreut werden, als Vergleichsgruppe für die MAVA. Die Datengrundlage der Angaben der Sachgebiete „Hilfen im Haushalt“ bilden die Bestandsdaten aus dem Zeitraum Juli 1998 (Gründung der MAVA) bis einschließlich Dezember 1999. Es wurde versucht, die erfasste Personengruppe den Merkmalen der potentiellen MAVA-Teilnehmern grob anzupassen. Dies geschieht zunächst mit den Vermittlungsmerkmalen „Alter“ und „Personenschlüssel“. Die berücksichtigte Altersgruppe entspricht der „typischen“ MAVA Altersgruppe zwischen 18 und 55 Jahren. Auch hinsichtlich der Personengruppen, die aufgrund des Datenbankeintrags „Personenschlüssel“ identifiziert wurden, wurden lediglich die Gruppen berücksichtigt, die gleichzeitig für die MAVA relevant sind.[18]

4.2.3.2.2 “Hilfen im Haushalt”: Datenanalyse für alle Personen, die im Zeitraum 7/98 bis einschließlich 12/99 vorsprachen (Datenpool)

Nach der Anpassung der Personengruppe nach den oben genannten Kriterien verbleiben 5589 Personen in der Auswertung. Dies sind die Personen, die im angegebenen Zeitraum von 7/98 bis einschließlich 12/99 mit dem Sozialamt („Hilfen im Haushalt“) in Kontakt traten und grundsätzlich einer Vermittlung zur Verfügung standen.[19]

4.2.3.2.2.1 Strukturdaten

(1) Alter und Geschlecht

In der untersuchten Personengruppe sind 3167 männliche und 2422 weibliche Personen registriert. Dies entspricht einem Anteil von 57 % männlichen und 43 % weiblichen Personen. Männer sind mit einem durchschnittlichen Alter (Median) von 32 Jahren etwas älter als Frauen mit einem Durchschnittsalter von 30. Bei den gesamten Personen sind 26,9 % unter 25 Jahren, weitere 35,3 % unter 35 Jahren. Mehr als die Hälfte der Personen ist somit jünger als 35. Älter als 35 und jünger als 45 Jahre sind 24,7 % der Personen, während 13,1 %

---

[18] Die Berücksichtigten und vorhandenen Kategorien sind 10-13, 50-53, 30-33 und 70-73. Die Kategorien der minderjährigen oder unverheirateten Kinder im elterlichen Haushalt werden nicht berücksichtigt. Hingegen werden überwiegend unterhaltene Personen (Kategorien 18, 58, 38, 78) einbezogen.

[19] Für eine Übersicht über die Strukturdaten siehe Anhang 2.

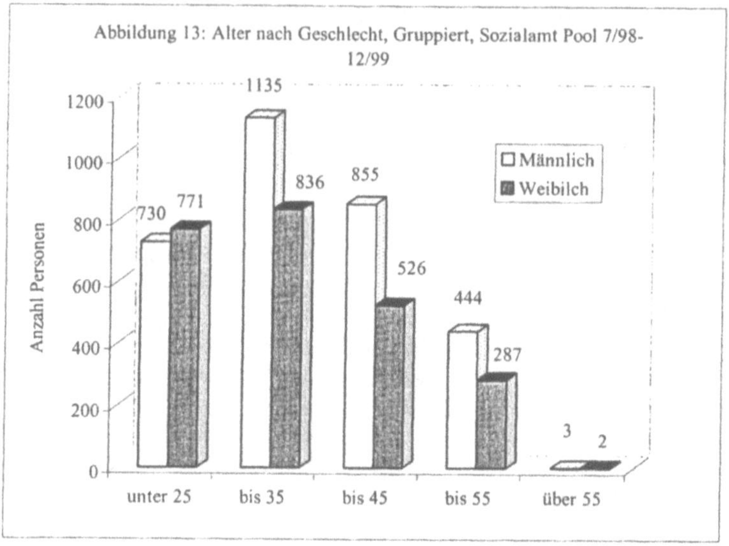

zwischen 45 und 55 Jahren alt sind. Über 55 sind lediglich 0,1 % der Fälle. Abbildung 13 zeigt die Verteilung der Personen nach Altersgruppen und Geschlecht verteilt.

(2) Familienstand

Die größte Gruppe hinsichtlich des Familienstandes ist die Gruppe der Ledigen mit mehr als der Hälfte der Personen (2843, entspricht 50,9 %). Es folgt als zweitgrößte Gruppe die Verheirateten mit 21,5 % (1199 Personen). Geschieden sind 664 Personen oder 11,9 %. Getrennt leben 12,8 % der Hilfeempfänger (716 Personen), während 70 Personen oder 1,3 % als verwitwet registriert sind. In eheähnlichen Gemeinschaften leben 1,7 % (97 Personen).

(3) Personengruppe Haushalt

In der Kategorie „Personengruppe Haushalt" werden die Einteilungen mehrdimensional vorgenommen. Einerseits kann nach dem Geschlecht der Personen unterschieden werden, andererseits nach der Nationalität in den Eigenschaften ausländisch bzw. deutsch. Eine weitere Einteilung in das jeweilige Land außerhalb Deutschlands erfolgt nicht. Darüber hinaus kann die Rolle festgelegt werden, die die betreffende Person im Haushalt einnimmt. Die vorhandenen bzw. in die Untersuchung einbezogenen Kategorien sind demnach „Haushaltsvorstand", „Sonstige Person", „Alleinstehende/r" sowie „Ehegatte / in eheähnlicher Gemeinschaft". Wie bereits erwähnt werden Personen, die einer

der Kategorien „Minderjährige oder unverheiratete Kinder im elterlichen Haushalt" angehören, in Anlehnung an die Abgrenzung der MAVA Vermittlungen nicht berücksichtigt.
In Abbildung 14 finden sich die Ergebnisse der Auswertung „Angaben zur Personengruppe". Mit 1825 Personen (32,7 %) hat die Gruppe der männlichen deutschen Hilfeempfänger den größten Anteil. Aus dem Ausland stammende Männer haben einen Anteil von 24 % (1342 Personen). Bei den weiblichen Hilfeempfängern sind 1617 Personen deutsch (28,9 %), 805 Personen aus dem Ausland (14,4 %).

Abbildung 14: Personengruppe Haushalt, Sozialamt Pool 7/98-12/99

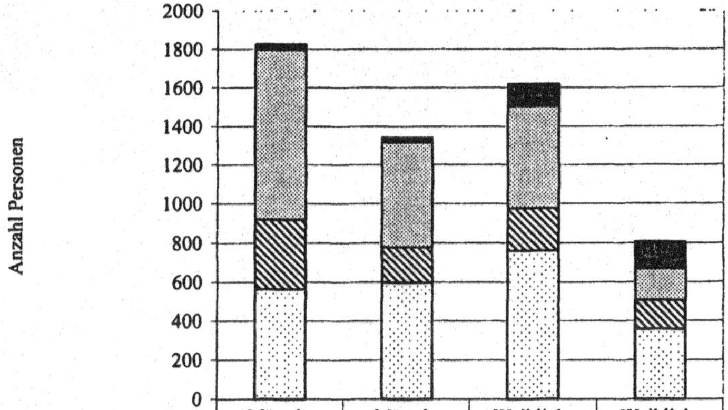

	Männl., Deutsch	Männl., ausländ.	Weiblich, Deutsch	Weiblich, ausländ.
■ Ehegatte	28	24	112	138
▩ Alleinstehender	879	541	529	162
▧ Sonstige Person	357	179	218	149
□ Haushaltsvorstand	561	598	758	356

Der hohe Anteil weiblicher Haushaltsvorstände ist Indiz für die relativ hohe Anzahl alleinerziehender Frauen. Von den 758 deutschen Frauen, die als Haushaltsvorstand registriert sind, sind 559 als Alleinerziehende erfasst. Dies entspricht einem Anteil von 73,7 %. Noch höher ist dieser Anteil mit 75,8 % bei den weiblichen ausländischen Haushaltsvorständen. Von 356 Hilfeempfängerinnen sind 270 Alleinerziehende. Insgesamt sind 867 Personen alleinerziehend, was einem Anteil von 15,5 % entspricht.

(4) Schulbildung

Hinsichtlich der Schulbildung der Hilfeempfänger kann ein recht genaues Bild gegeben werden, was das Wissen um den jeweiligen Abschluß betrifft. Bei lediglich 5,4 % der Personen ist der Abschluß unbekannt, bei weiteren 3,2 % wurde die Auskunft bezüglich des Abschlusses verweigert. Eine Einschränkung bezüglich des Schulabschlusses muß jedoch erfolgen. Denn die Erfassung der formellen Abschlüsse ist für die Sachbearbeitung von „Hilfen im Haushalt" nicht von der gleich hohen Bedeutung wie für die Institutionen, deren primärer Zweck die Arbeitsvermittlung ist. Bei der MAVA bzw. beim Arbeitsamt werden die formellen Bildungsabschlüsse häufig mit größerer Genauigkeit überprüft und in die Datenbank übernommen. Trotz dieser Einschränkungen und möglichen daraus resultierenden Verzerrungen kann eine Betrachtung dieser Angaben einen Eindruck über den Bildungsstand der Hilfeempfänger vermitteln.
Die mit einem Anteil von 50,3 % größte Gruppe der Hilfeempfänger verfügt über einen Hauptschulabschluß (2810 Personen). Einen Realschulabschluß haben 756 Personen, was einen Anteil von 13,3 % ausmacht. Über Hochschulreife bzw. Abitur verfügen 604 Personen (10,8 %), während 160 Personen (2,9 %) einen sonstigen Abschluß vorweisen können. Keinen Abschluß haben 302 Personen, was einen Anteil von 11,4 % ausmacht.
Diese Angaben zeigen, daß eine sehr hohe Zahl von Hilfeempfängern über einen formellen Bildungsabschluß verfügt. Lediglich 11,4 % der registrierten Personen hat keinen Abschluß, hinzu kommen eventuell einige Personen aus den unbekannten Kategorien.

(5) Berufsbildung

Ein anderes Bild zeichnet die Berufsbildung. Obwohl die gleichen qualitativen Einschränkungen hinsichtlich der Verläßlichkeit der Daten gemacht werden müssen wie bei der Schulbildung, kann die Analyse des jeweils höchsten Berufsabschlusses einen Eindruck über das recht geringe Niveau der beruflichen Bildung geben. Auch hier liegt ein hoher Anteil von Informationen vor, 189 Personen (3,4 %) haben die Auskunft verweigert, bei 307 Personen (5,5 %) bleibt der Abschluß unbekannt.
Etwa die Hälfte der Personen (2749 Personen, das entspricht 49,1 %) kann keinen formalen Berufsabschluß vorweisen. 213 Personen (3,8 %) befinden sich noch in beruflicher Ausbildung. Über eine abgeschlossene Lehre verfügen insgesamt 30,6 % der Personen. Diese verteilen sich auf eine Lehre aus dem kaufmännischen Bereich (432 Personen, 7,7 %) und einer Lehre aus dem gewerblich-technischen Bereich (1278 Personen, 22,9 %). Eine beruflich-schulische Ausbildung haben 91 Personen (1,6 %) absolviert, während 86 Personen (1,5 %) eine Fachschule besucht haben. Über einen Fachhochschul-

bzw. Hochschulabschluß verfügen 169 Personen (3 %). Einen anderen beruflichen Abschluß haben 79 Personen oder 1,4 % erworben.

(6) Erwerbsstatus

Vollzeit- und Teilzeiterwerbstätig sind mit 198 bzw. 231 Personen nur ein geringer Teil der Hilfeempfänger, nämlich lediglich 3,5 bzw. 4,1 %. Der Großteil der Personen ist arbeitslos gemeldet, davon 1598 Personen (oder 28,6 %) *mit* Ansprüchen nach dem AFG, 2126 Personen (38 %) jedoch *ohne* AFG-Ansprüche. Nicht erwerbstätig sind Hilfeempfänger aus folgenden Gründen: wegen Ausbildung (334 Personen, 6 %), wegen häuslicher Bindung (509 Personen, 9,1 %), wegen Krankheit, Behinderung oder Arbeitsunfähigkeit (283 Personen, 5,1 %) oder aus Altersgründen (7 Personen, 0,1 %). Sonstige Gründe für fehlende Erwerbstätigkeit liegen bei 281 Personen (5 %) vor.

4.2.3.2.2.2 Vermittlungen durch die Sachgebiete „Hilfen im Haushalt" (7/98 bis 12/99)

Im genannten Zeitraum konnten durch „Hilfen im Haushalt" 166 Vermittlungen in den ersten Arbeitsmarkt an 164 Personen getätigt werden. Zwei Personen waren mehrfach vermittelt worden. Die Angaben bezüglich der Vermittlungen beziehen sich auf die Informationen aus der ECS-Datenbank, in der die monetären Effekte dieser Vermittlungen ausgewertet werden.

Das Instrumentarium, Hilfeempfänger in Beschäftigung zu vermitteln, ist bei „Hilfen im Haushalt" deutlich eingeschränkter als bei der MAVA. Beispielsweise können Lohnkostenförderungen oder Qualifizierungsmaßnahmen, die auf eine Arbeitsaufnahme vorbereiten, durch die Sachbearbeiter nicht zur Vermittlung eingesetzt werden, da diese Maßnahmetypen der MAVA vorbehalten sind. Auch die direkten Vermittlungen in den ersten Arbeitsmarkt liegen als Schwerpunkt im Aufgabenbereich der MAVA. Für die nicht von der MAVA betreuten arbeitsfähigen Hilfeempfänger sind die Sachgebiete „Hilfen im Haushalt" zuständig, deren Vermittlungen hier betrachtet werden.

In der ECS-Datenbank sind neben den Vermittlungen durch die MAVA auch die Einsparungen durch Vermittlungen aus den anderen Sachgebieten verzeichnet. Unterschieden werden können die vermittelnden Stellen durch die Sachgebietsnummer, die im Aktenzeichen des Hilfeempfängers ersichtlich ist. Auch in der ECS-Datenbank hatte es zunächst nach Gründung der MAVA Anpassungsprozesse gegeben, bis die Unterscheidung der Vermittlungen nach Sachgebiet vorgenommen wurde. In etwa den ersten drei Monaten nach Gründung der MAVA wurden auch Vermittlungen der MAVA unter der alten Nummer der anderen Sachgebiete registriert. Erst danach fand eine Umstellung statt. So sind z.B. bei den Vermittlungen der anderen Sachgebiete auch

Vermittlungen in Maßnahmen nach § 19 BSHG oder Lohnkostenförderungen zu finden, die eigentlich von den Sachgebieten so nicht vorgenommen werden konnten. Diese Fälle werden aus genannten Gründen nicht als Vermittlungserfolg der Sachgebiete „Hilfen im Haushalt“ registriert, sondern der MAVA zugerechnet.
Auch bei den direkten Vermittlungen kam es so in den Anfangsmonaten zu Überschneidungen. Da jedoch die von der MAVA betreuten Personen in der Projektdatenbank erfasst werden, konnten Doppelnennungen vermieden werden. Die genannten 166 Vermittlungen an 164 Personen sind bereinigt um die Vermittlungen, die bei den Sachgebieten „Hilfen im Haushalt“ registriert, aber durch die MAVA getätigt worden sind.

4.2.3.2.3 Die vermittelten Personen durch die Sachgebiete „Hilfen im Haushalt“ (7/1998 bis Ende 6/1999)

4.2.3.2.3.1 Vorgehen bei der Datenanalyse

Der Zeitraum für eine Auswertung der vermittelten Personen wurde analog zur Analyse der vermittelten Personen durch die MAVA auf den Zeitraum 7/98 bis 6/99 reduziert. Da die Vermittlungen der Sachgebiete „Hilfen im Haushalt“ als Vergleichsgröße für die MAVA-Vermittlungen dienen, erfolgte eine Anpassung an das bei der MAVA gewählte Vorgehen. Auch bei „Hilfen im Haushalt“ werden somit die Vermittlungen im ersten Jahr des Bestehens der MAVA in eine genauere Analyse einbezogen.
Ausgangspunkt für die Untersuchung der durch „Hilfen im Haushalt“ vermittelten Personen sind die Angaben, die in der sogenannten ECS-Datenbank erfasst sind. Diese Datenbank wurde im Rahmen des Konzepts der „Effektiven Sozialhilfe“ (EffeSoz) angelegt. Mit ihr sollen u.a. die Einsparungen durch weggefallene Sozialhilfezahlungen, beispielsweise durch Vermittlungen und Aufnahme von Arbeitstätigkeiten, erfasst und aufgearbeitet werden. Neben den Vermittlungen durch die MAVA sind hier auch die Aktivitäten der anderen Sachgebiete verzeichnet, so daß die gesuchten Vermittlungen herausgefiltert werden können.
Im Zeitraum seit Beginn der MAVA im Juli 1998 bis zum 31.12.1999 sind 971 Vermittlungsfälle registriert. Dieser Zeitraum wurde analog zum Zeitraum der verfügbaren Angaben der MAVA gewählt. Die erfassten Vermittlungen verteilen sich auf 853 Personen. In folgende 6 Vermittlungstypen können die Maßnahmen dabei eingeteilt werden:

1. Vermittlung in den 1. Arbeitsmarkt *ohne* vorgeschaltete Qualifizierungsmaßnahme
2. Vermittlung in den 1. Arbeitsmarkt *mit* vorgeschalteter Qualifizierungsmaßnahme

3. Ausbildung (Ausbildung, Studium, Schulbesuch)
4. Arbeitsvertrag nach § 19 BSHG
5. Lohnkostengeförderte Beschäftigungsverhältnisse
6. Beschäftigung in einer Maßnahme / in einem Projekt eines Trägers

Eine erste Filterung zur Isolierung des relevanten Personenkreises erfolgte aufgrund dieser Maßnahmetypen. Analog zu den im Rahmen der MAVA-Vermittlungen untersuchten Kategorien wurde *Kategorie 1* (Vermittlung in den 1. Arbeitsmarkt *ohne* vorgeschaltete Qualifizierungsmaßnahme) in die weitere Betrachtung übernommen. Maßnahmen mit Lohnkostenförderung (LKF) konnten keine in die weitere Betrachtung übernommen werden, da dem Sozialamt dieses Mittel der Vermittlung nicht zur Verfügung stand. Es sind zwar Vermittlungen mit LKF unter den Sachgebietsnummern der „Hilfen im Haushalt" verzeichnet, dies hängt jedoch mit umstellungsbedingten Problemen in der Datenverarbeitung zusammen. Nach Gründung der MAVA wurden nicht sofort die Aktenzeichennummern auf das neue Sachgebiet MAVA (Sachgebietsnummer 50-9-x) umgestellt, was zu leichten Verzerrungen führte. Diese sind jedoch, insbesondere bei den direkten Vermittlungen, als gering anzusehen. Bei den Vermittlungen mit LKF waren im untersuchten Zeitraum lediglich zwei Fälle gelistet, die statt „Hilfen im Haushalt" der MAVA zuzurechnen sind.
Eine weitere Einschränkung konnte über den *Untersuchungszeitraum* vorgenommen werden. Da, ebenfalls analog zur MAVA-Untersuchung, nur der Zeitraum des ersten Jahres der MAVA Bestandteil der Analyse ist, kann die Personengruppe weiter eingeschränkt werden. Diese Filterung konnte anhand des Feldes „Beginn" in der Datenbank erfolgen. In dieser Kategorie wird der Monat erfasst, ab dem es in der ECS-Datenbank zu einer Einsparung kommt. Wie bei den Daten der MAVA liegt hier eine systematische Verzerrung vor, die durch den verspäteten Beginn der Lohn- bzw. Gehaltszahlungen bedingt ist. Die erste Lohnzahlung erfolgt in der Regel einen Monat nach Aufnahme des Beschäftigungsverhältnisses, so daß erst zum nächsten Monat die Zahlungen der Sozialhilfe eingestellt werden. Das in der Kategorie „Beginn" gelistete Datum ist somit systematisch einen Monat nach der eigentlichen Vermittlung. Um tatsächlich die Vermittlungen des Zeitraums 7/98 bis 6/99 zu erfassen, wurden die Vermittlungen mit dem „Beginn"-Datum 8/98 bis 7/99 berücksichtigt. Eine ähnliche Anpassung erfolgte bei der Untersuchung der MAVA-Daten, so daß auch unter diesem Aspekt die möglichen Verzerrungen minimiert werden konnten.

Anhand der Information des Feldes „AZ Eingabe“, in dem das Aktenzeichen zum Zeitpunkt der Erfassung des Hilfeempfängers registriert wird,[20] kann unterschieden werden, ob die betreffende Person von der MAVA oder der Sachbearbeitung „Hilfen im Haushalt“ vermittelt wurde. Um eine Überschneidung der Vermittlungen zu vermeiden wurden sämtliche Personen mit dem Aktenzeichen der MAVA herausgefiltert. In einem weiteren Abgleich wurden die Personen, die dann noch gleichzeitig bei der MAVA und bei „Hilfen im Haushalt“ registriert waren (dieser Sortierprozeß erfolgte durch Einzelanalyse der jeweiligen Vermittlungen) aus der Analyse aussortiert. Keine der durch „Hilfen im Haushalt“ vermittelte Person war somit weiter in Kontakt mit der MAVA.

Nach diesen Filterprozessen hatte sich die Zahl der Vermittlungen durch das Sozialamt auf 125 Personen verdichtet. Diese Personen wurden dann in die weitere Analyse übernommen.

4.2.3.2.3.2 Datenqualitätsprobleme

Um die Erwerbsgeschichte der Personen zu ermitteln, die durch die Sachgebiete „Hilfen im Haushalt“ vermittelt wurden, wurde ein identisches Vorgehen gewählt wie bei den Vermittlungen der MAVA. Ausgehend von den Angaben der Sachgebiete „Hilfen im Haushalt“, 125 Personen in eine Beschäftigung vermittelt zu haben, wurden diese anhand der Informationen der Datenbank des Arbeitsamtes abgeglichen. Von 125 zunächst gemeldeten Personen waren bei 63 Informationen beim Arbeitsamt gelistet. Bei 62 Personen (49,2 %) waren keine Angaben verfügbar. Dies ist ein höherer Anteil als bei den Vermittlungen der MAVA (41,4 % fehlende Angaben). Der niedrigere Wert läßt sich dadurch erklären, daß zusätzlich zur zeitlichen Komponente (siehe MAVA-Vermittlungen) eine Meldung beim Arbeitsamt für arbeitsfähige Sozialhilfeempfänger gewünscht ist, jedoch nicht automatisch überprüft wird wie bei einer Vorsprache bei der MAVA. Grundsätzlich hat die Meldung beim Arbeitsamt jedoch große Bedeutung (so müssen etwa auch Eigenbemühungen nachgewiesen werden), so daß es sich hierbei vermutlich lediglich um Einzelfälle handelt, die nicht beim Arbeitsamt registriert sind. Die ca. 51 % gelistete Fälle stellen insgesamt eine recht hohe Resonanz der Abfrage der Datenbank des Arbeitsamtes dar.

Von den 63 Personen, über die Informationen beim Arbeitsamt erhältlich waren, konnten 44 in eine weitere Analyse übernommen werden. Bei 19 Personen war keine Maßnahme im genannten Zeitraum verzeichnet. Bei 15 dieser Personen

[20] In einem weiteren Feld ist das aktuelle Aktenzeichen des Hilfeempfängers zum aktuellen Zeitpunkt (Stand 1.3.2000) verzeichnet. In oben genanntem Feld „AZ Eingabe“ kommt es somit zu keiner Anpassung bei einem Sachgebietswechsel, was eine Verzerrung durch Aktenzeichenwechsel ausschließt.

Abbildung 15: Ergebnis des Abgleichs von Informationen des Arbeitsamtes und Sozialamtes, Vermittlungen Sozialamt

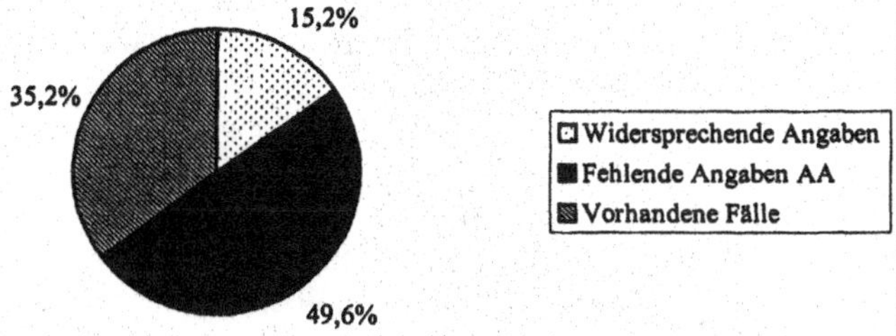

war in den Unterlagen des Arbeitsamtes gar keine Tätigkeit zu finden, bei weiteren 4 entsprach der gelistete Zeitraum nicht dem Untersuchungszeitraum von 7/98 bis 6/99.

Insgesamt ist der Anteil der fehlenden Angaben, wie gezeigt, etwas höher. Wie Abbildung 15 zeigt, ist dafür der Anteil der beim Arbeitsamt vorhandenen Fälle mit 35,2 % etwas geringer, ebenfalls der Anteil der sich widersprechenden Fälle mit 15,2 %. Die Erwerbsgeschichte und der Verbleib wurde somit bei 44 Personen oder 35,2 % der Vermittlungen weiter analysiert. Die Erfassung der Daten erfolgte auf der Grundlage der Kategorien der MAVA Vermittlungen. Wie bei dieser Auswertung konnten die Angaben beim Arbeitsamt in 8 Kategorien eingeteilt werden. Aufgrund dieser Einteilung konnten die 6 Monate vor der Vermittlung nachvollzogen werden.

4.2.3.2.3.3 Auswertung der Personen, die als vermittelt gewertet werden

In eine weitere Analyse wurden die Personen einbezogen, die als vermittelt gewertet werden konnten. Von den 125 Fällen, die ursprünglich als vermittelt angesehen wurden, waren die Fälle herausgefiltert wurden, bei denen eine widersprüchliche Darstellung zwischen dem Sozialamt und dem Arbeitsamt zu ermitteln war. Abzüglich dieser 19 Personen, die nicht weiter berücksichtigt wurden, verblieben somit noch 106 Hilfeempfänger für eine weitere Auswertung. Auf diese 106 Personen beziehen sich die folgenden Angaben.[21]

[21] In Anhang 4 werden die Angaben zu den Strukturdaten zusammengefasst.

(1) Alter und Geschlecht

Der Anteil männlicher und weiblicher Personen, die vermittelt wurden, ist beinahe gleich hoch. Weibliche Personen wurden zu 49,1 % (52 Personen) vermittelt. Demgegenüber wurden 54 Männer (50,9 %) vermittelt. Das durchschnittliche Alter (Medien) lag bei 32 Jahren. Dieser durchschnittlichen Wert konnte auch bei den Männern ermittelt werden, während Frauen mit 33 Jahren durchschnittlich etwas älter waren.

(2) Familienstand

Beim Familienstand ergibt sich kein so eindeutiges Bild wie noch bei der Analyse des gesamten Pools. Ledige Personen sind zwar mit 40,6 % (43 Personen) nach wie vor die größte Gruppe, doch ist dies nicht mehr so deutlich wie bei allen Hilfeempfängern (50,9 %). Etwa ein Viertel der Vermittelten sind verheiratet (28 Personen oder 26,4 %). Geschieden sind 12 Personen (11,3 %), während 18 Personen (17 %) getrennt leben. Verwitwet bzw. in einer eheähnlichen Gemeinschaft sind 2 bzw. 3 Personen (1,9 bzw.2,4 %).

Abbildung 16: Personengruppe Haushalt, Vermittlungen „Hilfen im Haushalt“ 7/98-6/99

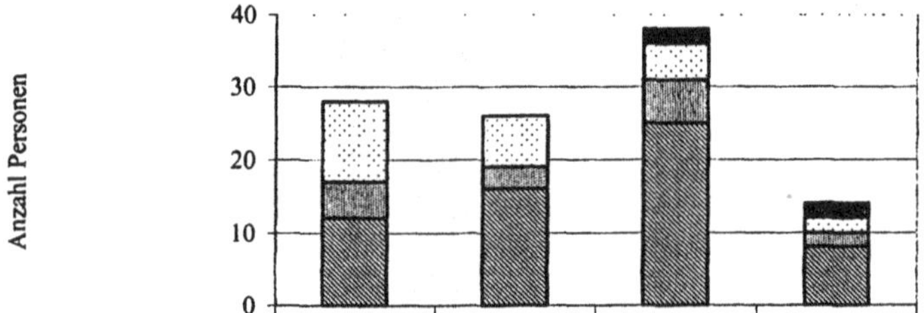

	Männl., Deutsch	Männl., ausländ.	Weiblich, Deutsch	Weiblich, ausländ.
Ehegatte	0	0	2	2
Alleinstehender	11	7	5	2
Sonstige Person	5	3	6	2
Haushaltsvorstand	12	16	25	8

(3) Personengruppe Haushalt

Bei der Analyse der Personengruppen nach der Rolle im Haushalt wird deutlich, wie sich die Vermittlungen zusammensetzen. Weibliche deutsche Personen sind zu 35,8 %, weibliche ausländische zu 13,2 % vertreten. Männliche Personen aus

Deutschland haben einen Anteil von 26,4 % an den Vermittlungen, aus dem Ausland von 24,5 %.
Auch hier zeigt sich der hohe Anteil an alleinerziehenden Frauen. Von den 25 deutschen Frauen, die als Haushaltsvorstand registriert sind, sind 21 auch als Alleinerziehende registriert. Dies entspricht einem Anteil von 84 %. Von den 8 ausländischen Frauen, die als Haushaltsvorstand registriert sind, gehören 6 zur Gruppe der Alleinerziehenden. Insgesamt sind 26 der 106 Personen als Alleinerziehende erfasst, was einem Anteil von 24,5 % entspricht. Diese Angaben sind jedoch auf den Zeitpunkt der Datenbankabfrage bezogen, nicht unbedingt auf den Zeitpunkt der Vermittlung. Eine exakte Rekonstruktion der Familienverhältnisse, wie der anderen Rubriken auch, ist nur eingeschränkt möglich. Die ermittelten Werte dienen jedoch als recht genaue Anhaltspunkte.
Abbildung 16 gibt einen genauen Aufschluß über die genaue Zusammensetzung der einzelnen Felder.

(4) Schulbildung

Hinsichtlich der Schulbildung ergibt sich eine leicht andere Situation als im gesamten Pool. Mit 13 Personen oder 12,3 % liegt der Anteil der unbekannten Schulbildungen über dem Wert des Datenpools (Vgl. Kapitel 3.2.1.4.). In schulischer Ausbildung befindet sich lediglich eine Person (0,9 %). Der Anteil der Personen mit Hauptschulabschluß liegt mit 42,5 % (oder 45 Personen) unter dem Wert der gesamten Hilfeempfänger. Bei den Realschulabgängern liegt dieser Wert mit 18,9 % (20 Personen) im Verhältnis jedoch über dem Anteil der Gesamtheit (13,5 %). Bei der Hochschulreife bzw. Abitur kehrt sich das Verhältnis jedoch wieder um, 9 Personen oder 8,5 % stehen einem Anteil von 10,8 % bei den gesamten Hilfeempfängern gegenüber. Über einen sonstigen Abschluß verfügen 4,7 %, keinen Abschluß können 12,3 % vorweisen.
Auch wenn sich zwischen den einzelnen Abschlußarten Verschiebungen ergeben haben, läßt sich doch die Struktur des gesamten „Hilfen im Haushalt“-Pools wieder erkennen. Der hohe Anteil des Hauptschulabschlusses ist ebenso wiederzufinden wie der Teil der Hilfeempfänger, der über keinen Schulabschluß verfügt. Grundsätzlich ist jedoch der Personenkreis, der über einen Abschluß verfügt, recht hoch. Wie auch bei sämtlichen Hilfeempfängern ergibt sich eventuell spezifischer Handlungsbedarf für bestimmte Zielgruppen.

(5) Berufsbildung

Ein ähnliches Bild wie im „Hilfen im Haushalt“-Pool ergibt sich auch hinsichtlich der beruflichen Bildung der vermittelten Personen. Der mit 51,9 % (55 Personen) größte Teil der Vermittelten kann keine berufliche Ausbildung vorweisen. Noch in der Ausbildung sind 4 Personen (3,8 %). Mit 23,6 % haben knapp ein Viertel eine Lehre absolviert, wobei sich dies zu 5,7 % (6 Personen)

auf eine kaufmännische Lehre und zu 17,9 % (19 Personen) auf eine gewerblich-technische Lehre verteilt. Eine beruflich-schulische Ausbildung können 2 Personen (1,9 %) vorweisen, ein Hilfeempfänger hat einen Abschluß einer Fachhoch- bzw. Hochschule (0,9 %). Wie bei der Schulbildung ist der Wert der Unbekannten mit 11,3 % (12 Personen) etwas höher als bei den gesamten Hilfeempfängern.
Die Struktur der beruflichen Bildung legt jedoch den gleichen Schluß nahe wie im gesamten Pool. Hindernis in einen selbständigen Berufseinstieg ist sicherlich mangelnde berufliche Qualifikation, während diese Defizite in der schulischen Bildung nicht so deutlich werden. Diese Zahlen zeigen, wie schwierig es ist, diese Personen zu vermitteln und in einem Beschäftigungsverhältnis zu halten, insbesondere wenn zusätzliche Anreize für den Arbeitgeber wie LKF-Programme nicht zur Verfügung stehen.

(6) Erwerbsstatus

Ein deutlich anderes Bild hinsichtlich des Erwerbsstatus als noch bei den gesamten Hilfeempfängern zeigt, das eine besondere Personengruppe besonders häufig vermittelt wird. Mehr als ein Fünftel der Personen ist erwerbstätig (21,7 %). Davon sind 10 Personen oder 9,4 % vollzeit-, 13 Personen oder 12,3 % teilzeiterwerbstätig. Deutlich geringer als bei den gesamten Hilfeempfängern ist die Gruppe der Arbeitslosen *mit* AFG-Ansprüchen. Waren dies noch 28,6 % im gesamten Pool, ist dieser Wert auf 16 % zurück gegangen. Etwas höher ist dafür der Anteil der Personen, die arbeitslos sind *ohne* Ansprüche gemäß SGB (40,6 % gegenüber 38 %). Nicht erwerbstätig sind die vermittelten Personen aus folgenden Gründen: wegen Ausbildung, wegen häuslicher Bindung (6 bzw. 7 Personen, 5,7 bzw. 6,6 %) oder aus sonstigen Gründen (ebenfalls 7 Personen, 6,6 %). Die Gründe, wegen Krankheit, Behinderung oder Arbeitsunfähigkeit oder aus Altersgründen nicht erwerbstätig zu sein wurde nicht mehr genannt. Keine Angaben zum Erwerbsstatus liegt bei 3 Personen vor (2,8 %).

4.2.3.2.3.4 Auswertung vermittelter Personen mit bekannter Erwerbsgeschichte und bekanntem Verbleib

(1) Erwerbsgeschichte

Insgesamt konnten Angaben über 264 Monate (44 Personen x 6 Monate) Informationen über die Erwerbsgeschichte der Vermittelten erhoben werden. Das entspricht 6 Monaten pro Person. In unten stehender Tabelle 10 sind die einzelnen Angaben bezüglich der kumulierten Erwerbsgeschichte der Vermittelten ersichtlich. Der Anteil an Zeit, der im Arbeitsamtsbezug verbracht wurde, liegt bei 15,2 % oder bei 40 Monaten. Leistungen des Sozialamtes wurden an die Hilfeempfänger in 7 Monaten vergeben, was einem Anteil von

2,7 % entspricht. Auch hierbei muß wieder auf zwei Besonderheiten dieser Erfassung hingewiesen werden. Zum einen sind diese Angaben ausgehend von der Perspektive des Arbeitsamtes. Sollten zu den Leistungen des Arbeitsamtes noch ergänzende Sozialhilfe gewährt worden sein, ist das aus den ausgewerteten Unterlagen nicht ersichtlich. Zum anderen ist die große Gruppe in der Kategorie „Ohne Beschäftigung" zu beachten. Mehr als ein Drittel (36,4 %, 96 Monate) der Zeit ist in diesem Status erfasst. Auch hierbei findet sich vermutlich eine großer Bereich, der den Leistungen des Sozialamtes zuzurechnen ist, der sich jedoch nicht weiter identifizieren läßt. Insgesamt läßt sich jedoch sagen, daß die Zeit, die im Bezug von Sozialamtsleistungen verbracht wurde, deutlich größer sein dürfte als die angegebenen 2,7 %.
In Arbeit wurde in den 6 Monaten vor der Vermittlung 10,6 % der Zeit verbracht, in Ausbildung 6,8 %. Nicht verfügbar bzw. nicht vermittelbar waren die Hilfeempfänger in 9,1 % der Zeit, keine Angaben liegen über 51 Monate vor (19,3 %).

Tabelle 10: Erwerbsgeschichte vermittelter Personen, Sachgebiete Hilfen im Haushalt 7/98 bis 6/99

Kategorie	Anzahl Monate	Anteil an der Gesamtzeit*
Leistung Arbeitsamt	40	15,2%
Leistung Sozialamt	7	2,7%
in Arbeit	28	10,6%
in Ausbildung	18	6,8%
ohne Beschäftigung	96	36,4%
nicht verfügbar/nicht vermittelbar	24	9,1%
keine Angaben	51	19,3%

*Abweichungen von 100 % durch Rundung.

In den 6 Monaten vor Vermittlung waren 37 Personen oder 84,1 % der Vermittelten ohne einen Monat der Beschäftigung. Ohne mindestens einen Ausbildungsmonat waren 40 Personen, was einen Anteil von 90,9 % ausmacht. Kombiniert man diese beiden Merkmale können mit 75 % drei Viertel der Vermittelten in den 6 Monaten vor Beschäftigung weder einen Ausbildungs- noch einen Beschäftigungsmonat vorwiesen. Die Intensität bzw. die Dauer, die eine Person durchschnittlich in einer Beschäftigung verbracht hat, ist mit 4 Monaten recht hoch. Das heißt, daß die 7 Personen, die noch in Beschäftigung waren, durchschnittlich eine recht lange Zeit in dieser Tätigkeit verbracht haben, was den betrachteten Zeitraum angeht. Hinsichtlich der Ausbildungszeiten ist der Wert sogar noch höher. Die 4 Personen, die in den Genuß einer Ausbildung in den 6 Monaten kamen, haben durchschnittlich 4,5 der 6 Monate in dieser Ausbildung verbracht.

Abbildung 17: Erwerbsgeschichte, Vermittlungen "Hilfen im Haushalt", 7/98-6/99

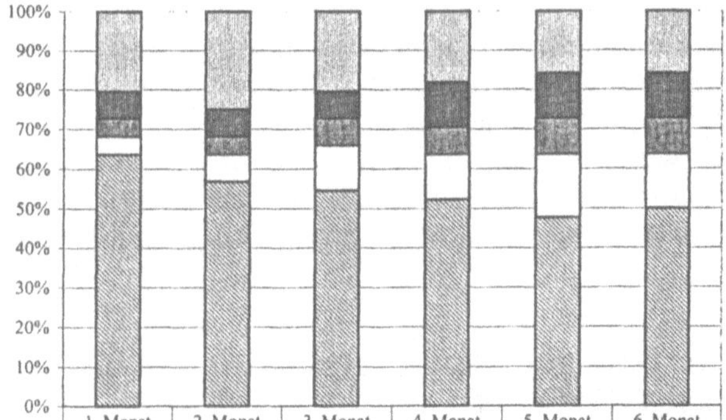

	1. Monat	2. Monat	3. Monat	4. Monat	5. Monat	6. Monat
keine Angaben	20,5%	25,0%	20,5%	18,2%	15,9%	15,9%
nicht verfügbar	6,8%	6,8%	6,8%	11,4%	11,4%	11,4%
in Ausbildung	4,5%	4,5%	6,8%	6,8%	9,1%	9,1%
in Arbeit	4,5%	6,8%	11,4%	11,4%	15,9%	13,6%
o. Beschäftigg. ges.	63,6%	56,8%	54,5%	52,3%	47,7%	50,0%

Abbildung 17 zeigt, daß sich nur leichte Verschiebungen zwischen Beschäftigungszeiten und Zeiten der Arbeitslosigkeit ergeben. Wieder sind in der Darstellung die Kategorien Leistungen Sozialamt, Leistungen Arbeitsamt und Zeiten ohne Beschäftigung aus Gründen der Übersichtlichkeit zusammengefasst. Der Anteil der beschäftigungslosen Zeiten steigt von 50 % im 6. Monat vor der Maßnahme auf 63,6 % im Monat vor der Vermittlung. Gleichzeitig geht im gleichen Zeitraum der Anteil der Beschäftigungszeiten von 13,5 % auf 4,5 % zurück. Beachtenswert ist der steigende Anteil der Zeiten, in denen dem Arbeitsamt keine Angaben über den Status der Person bekannt sind. Von hohem Niveau mit 15,9 % steigt dieser Anteil auf bis über 25 % im zweiten Monat vor der Vermittlung, um im Monat direkt vorher auf 20,5 % zurückzugehen.

(2) Verbleibsanalyse

Wie bei der Analyse der MAVA konnten auch bei den Vermittlungen des Sozialamtes anhand der Daten des Arbeitsamtes neben der Erwerbsgeschichte auch der Verbleib von 44 der vermittelten Personen ermittelt werden. Dies geschah bis zu einem Zeitraum 12 Monate nach der Vermittlung. Hier können von möglichen 528 Monaten (44 Personen x 12 Monate) 526 erfasst werden.

Tabelle 11: Verbleib vermittelter Personen, Sachgebiete Hilfen im Haushalt 7/98 bis 6/99

Verbleib	Anzahl Monate	Anteil
Leistung Arbeitsamt	111	21,0%
Leistung Sozialamt	1	0,2%
vermittelte Tätigkeit	232	43,9%
neue Tätigkeit	80	15,2%
in Ausbildung	2	0,4%
ohne Beschäftigung	42	8,0%
nicht verfügbar	5	0,9%
nicht vermittelbar	1	0,2%
keine Angaben	52	9,8%
leer	2	0,4%
	528	100 %

Wie aus Tabelle 11 ersichtlich liegt der höchste Monatswert bei dem Verbleib in der vermittelten Tätigkeit. Mit 232 der 528 Monate sind 43,9 % der Zeit im Verbleib in der vermittelten Stelle erfasst. Wie bei den Vermittlungen der MAVA muß auch hier berücksichtigt werden, daß der erste Monat als in der Vermittlung verbracht gewertet wurde, auch wenn die Tätigkeit beispielsweise nach einem halben Monat aufgegeben wurde. Dies sind bereits 44 Monatseinheiten in der kumulierten Erfassung.

Etwa 29 % der Zeit wird ohne Beschäftigung verbracht Dieser Wert verteilt sich auf Zeiten, in denen Leistungen des Arbeitsamtes (21 %) oder des Sozialamtes (0,2 %) in Anspruch genommen wurden. In Zeiten ohne Beschäftigung, die nicht weiter spezifiziert sind, wurde kumuliert 8,0 % der Zeit verbracht. Wie bei der MAVA sind die Zeiten im Sozialamtsbezug aus dem Grund so gering, da es sich um eine Erfassung des Arbeitsamtes handelt. Leistungen anderer Institutionen sind daher nicht immer genau aufgeführt. Auch hier kommt es vermutlich jedoch zu großen Überschneidungen mit der Kategorie „ohne Beschäftigung", in der ein weiterer Verbleib nicht spezifiziert wird.

Mit 80 Monaten werden 15,2 % der Zeit jedoch in einer neuen Tätigkeit verbracht, das heißt, es kam zu einem Wechsel der Arbeitsstellen in den 12 Monaten nach der Vermittlung. Die Aufnahme der neuen Tätigkeit kann hierbei sowohl auf Vermittlung des Sozialamtes hin geschehen sein, aber auch aufgrund eigener Initiative des Hilfeempfängers hin. Eine Vermittlung der MAVA ist nicht möglich, da die Personen nicht mit der MAVA in Kontakt getreten sind. Eine genaue Aussage kann auf Grundlage der vorliegenden Daten jedoch nicht getroffen werden. Im Durchschnitt nahmen die Hilfeempfänger 1,52 Tätigkeiten im ermittelten Zeitraum auf. Die höchste Anzahl an Tätigkeiten im Zeitraum nach der Vermittlung lag, inklusive der ursprünglichen Vermittlung, bei insgesamt 3 Tätigkeiten.

Abbildung 18: Kumulierter Verbleib, Vermittlungen "Hilfen im Haushalt", 7/98-6/99

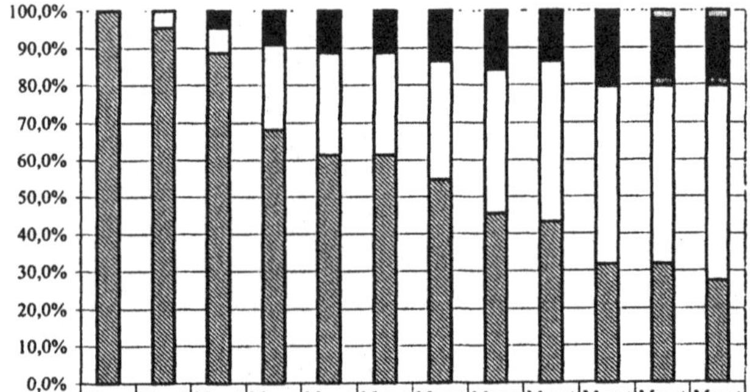

	Monat 1	Monat 2	Monat 3	Monat 4	Monat 5	Monat 6	Monat 7	Monat 8	Monat 9	Monat 10	Monat 11	Monat 12
ohne Nachweis	0,0%	0,0%	0,0%	0,0%	0,0%	0,0%	0,0%	0,0%	0,0%	0,0%	2,3%	2,3%
Sonstiges	0,0%	0,0%	4,5%	9,1%	11,4%	11,4%	13,6%	15,9%	13,6%	20,5%	15,9%	15,9%
in Ausbildung	0,0%	0,0%	0,0%	0,0%	0,0%	0,0%	0,0%	0,0%	0,0%	0,0%	2,3%	2,3%
ohne Beschäftigung	0,0%	4,5%	6,8%	22,7%	27,3%	27,3%	31,8%	38,6%	43,2%	47,7%	47,7%	52,3%
in Arbeit	100,0	95,5%	88,6%	68,2%	61,4%	61,4%	54,5%	45,5%	43,2%	31,8%	31,8%	27,3%

In Abbildung 18 ist der Verlauf im Verbleib zu sehen. Im ersten Monat sind noch alle Personen in ihrer vermittelten Tätigkeit. In den Folgemonaten sinkt der Anteil der beschäftigten Personen jedoch auf etwas mehr als ein Viertel (27,3 %). In dieser Kategorie werden jedoch die kumulierten Werte betrachtet, die Rubrik „In Arbeit“ erfasst Beschäftigungsverhältnisse sowohl in der vermittelten als auch in einer neuen Tätigkeit berücksichtigt sind. Bei der Ermittlung der Monate ohne Beschäftigung sind, wie bei der Betrachtung der MAVA, die Zeiten zusammengefasst, in denen entweder Leistungen des Arbeitsamtes, des Sozialamtes oder allgemein ohne Beschäftigung verzeichnet sind. In der Rubrik

„Sonstiges“ sind die Kategorien „nicht vermittelbar“ sowie „nicht verfügbar“ aufgeführt.
Auffallend ist neben dem starken Rückgang der Beschäftigungszeiten auf ca. ein Viertel, daß es bei der Erfassung der Zeiten ohne Beschäftigung zu einem starken Anstieg kommt. Der Anteil von Personen, die nachgewiesen ohne Beschäftigung sind, steigt von 4,5 % im zweiten Monat auf 52,3 % im zwölften Monat. Mit teilweise über 20 % Anteil stehen viele Personen einer Vermittlung nach Ende ihrer Arbeitstätigkeit nicht zur Verfügung (Kategorie „Sonstiges“).

4.2.3.3 Quantitativer Vergleich der gesamten Vermittlungen der MAVA und der Sachgebiete „Hilfen im Haushalt“, Zeitraum 7/98 – 12/99

4.2.3.3.1 Vergleich der Personenstruktur

Bei genauer Betrachtung der Strukturdaten der Pools von „Hilfen im Haushalt“ und MAVA fällt zunächst auf, daß keine größeren Unterschiede hinsichtlich der zu betreuenden Personen bestehen. Der Median des Alters liegt mit 31 bei „Hilfen im Haushalt“ und 32 bei der MAVA beinahe gleich. Auch beim Familienstand sind keine größeren Unterschiede zu erkennen. Bei beiden Gruppe haben die Ledigen den größten Anteil, gefolgt von den verheirateten Personen. Zusammen machen diese beiden Gruppen jeweils einen Anteil von etwa drei Viertel der Personen aus.
Auch bezüglich der für eine Vermittlung sehr relevanten Kategorien der schulischen und beruflichen Bildung sind keine fundamentalen Unterschiede zu erkennen. Die Struktur der Schulbildung ist bei beiden Pools beinahe identisch. Etwas mehr als die Hälfte der Personen verfügen über einen Hauptschulabschluß (MAVA: 53,6 %, „Hilfen im Haushalt“: 50,3 %). Bei jeweils 13 % liegt der Anteil der Hilfeempfänger, die einen Realschulabschluß vorweisen können. Auch der Prozentsatz der Personen, die die Hochschulreife bzw. Abitur vorweisen können liegt mit 10,1 % (MAVA) und 10,8 % beinahe gleich hoch. Jeweils ca. 11 % der Hilfeempfänger beider Pools verfügen über keinen Schulabschluß.
Bei der Berufsbildung sind die Abweichungen in der Struktur der Hilfeempfänger minimal. Jeweils die größte Personengruppe mit ca. 50 % ist die der Personen, die keine berufliche Ausbildung vorweisen können. Die Personen, die sich noch in Ausbildung befinden, haben einen leicht höheren Anteil bei „Hilfen im Haushalt“ (3,8 %, im Vergleich zu 1,3 % bei der MAVA). Jeweils ca. 31 % der Personen haben eine Lehre abgeschlossen, wobei davon jeweils ca. 22 % eine gewerblich-technischen Lehre darstellen. Leicht höher ist bei der MAVA der Anteil von Personen, die einen Fachhochschul- bzw. Hochschulabschluß vorweisen können, doch ist dieser Unterschied mit 4,1 % gegenüber 3 % bei „Hilfen im Haushalt“ recht klein. Einen nennenswerten

Unterschied hinsichtlich der Qualifikation der beiden Gruppen läßt sich somit nicht ermitteln.
Bei den Personen, die die Sachgebiete „Hilfen im Haushalt“ in der Zeit zwischen 7/98 und 12/99 betreut haben, ist eine große Zahl von Alleinerziehenden registriert. Dies sind 867 Personen, oder 15,5 % der gesamten betrachteten Hilfeempfänger bei „Hilfen im Haushalt“. Diese Zahl an alleinerziehenden Personen, die aufgrund ihrer Verpflichtungen als schwer vermittelbar gelten, scheint zunächst den Pool der potentiell vermittelbaren Personen bei „Hilfen im Haushalt“ deutlich zu reduzieren. Diese Einschätzung läßt sich jedoch so nicht bestätigen. Zwar fehlen die entsprechenden Angaben hinsichtlich alleinerziehender Personen für den Pool, den die MAVA im angegebenen Zeitraum betreut hat. Das Feld „Alleinerziehend –ja / nein“ war bei dieser Abfrage nicht verfügbar. Doch lassen die Angaben, die in der Rubrik des Erwerbsstatus gemacht wurden, keine größeren Vermittlungshemmnisse bei „Hilfen im Haushalt“ erkennen.
Bei „Hilfen im Haushalt“ sind 74,2 % der Personen als vermittlungsfähig erfasst. Dies verteilt sich auf die Kategorien Vollzeit- bzw. Teilzeiterwerbstätig (3,5 bzw. 4,1 %), arbeitslos mit AFG-Ansprüchen (28,6 %) sowie arbeitslos ohne AFG-Ansprüche (38 %). Die Summe dieser Anteile bei der MAVA ergibt 78,3 %, liegt also nur leicht darüber. Vollzeit- bzw. Teilzeiterwerbstätig sind hier 2 bzw. 6,7 %, arbeitslos mit bzw. ohne AFG-Ansprüche sind 17,8 bzw. 51,8 %. Der Anteil der Personen, die wegen häuslicher Bindung als nicht erwerbstätig eingestuft wird, liegt sogar bei der MAVA mit 14,1 % über dem Wert von „Hilfen im Haushalt“ (9,1 %). Dafür sind dort mehr Personen wegen Krankheit, Behinderung der Arbeitsunfähigkeit nicht erwerbstätig (5,1 % im Vergleich zu 1,1 % bei der MAVA).
Die Auswertung der Strukturdaten der Personengruppen, die von MAVA und „Hilfen im Haushalt“ im Zeitraum 7/98 bis 12/99 betreut wurden, läßt keinen signifikanten Unterschied in der Vermittelbarkeit erkennen. Beide Einrichtungen haben es mit Personengruppen zu tun, die eine gewisse Streuung in ihrem Profil aufweisen. So sind bei Teilen der Gruppen deutliche Vermittlungshemmnisse zu verzeichnen, während andere Teile weniger Einschränkungen hinsichtlich einer Vermittlung aufweisen. Selbst wenn einige zusätzliche Einschränkungen hinsichtlich einer Vermittlung in den ersten Arbeitsmarkt bei den Personen bei „Hilfen im Haushalt“ bestehen, die durch die Kategorien der Strukturdaten nicht erfasst sind, so bleibt das Größenverhältnis der Pools deutlich zugunsten der Sachgebiete „Hilfen im Haushalt“.

4.2.3.3.2 Vergleich der Anzahl der vermittelten Personen

In einer rein quantitativen Betrachtung ergibt sich, daß die Zahl der Vermittlungen durch die MAVA die Zahl der Vermittlungen bei „Hilfen im

Haushalt“ deutlich übersteigt. Alleine die Vermittlungen in den ersten Arbeitsmarkt erreichen bei der MAVA eine Höhe von 546, die an 450 Personen vergeben wurden. Hinzu kommen die Aktivitäten, über die die Sachgebiete „Hilfen im Haushalt“ nicht verfügen, da sie in der MAVA konzentriert sind. Als Beispiele sind hier die Lohnkostenförderung, Maßnahmen nach § 19 BSHG sowie Trainings- und Weiterbildungsmaßnahmen. In einer großzügigen Betrachtung werden somit mehr als die Hälfte der betreuten Personen durch eine Maßnahme bzw. Vermittlung erreicht. Dies gilt allerdings nur unter der Einschränkung, daß eine Person im genannten Zeitraum nicht von verschiedenen Maßnahmen profitiert. Daher ist dieser Wert eher als Obergrenze zu betrachten.
Von den 1525 Personen, die im ersten Jahr des Bestehens der MAVA von dieser betreut wurden, wurden 450 Personen von der MAVA in eine Tätigkeit des ersten Arbeitsmarktes vermittelt. Dies entspricht einem Anteil von 29,5 % der betreuten Hilfeempfänger. Der Wert bei „Hilfen im Haushalt“ liegt deutlich darunter. Von den 5589 betreuten Personen konnten 164 Personen in den ersten Arbeitsmarkt vermittelt werden. Dies entspricht einem Anteil von lediglich 3 % der betreuten Hilfeempfänger. Die rein quantitative Betrachtung spricht demnach deutlich für eine Konzentration der Vermittlungsaktivitäten in der MAVA.

4.2.3.4 Qualitativer Vergleich der vermittelten Personen, Zeitraum 7/98 – 6/99

4.2.3.4.1 Strukturdaten

In die Analyse der Strukturdaten und der Erwerbsgeschichte der Vermittlungen von MAVA und „Hilfen im Haushalt“ konnte jeweils ein Teil der vermittelten Personen des Zeitraumes 7/98 bis 6/99 einbezogen werden. Bei der MAVA sind dies 118 von 239 vermittelten Personen, bei den Sachgebieten „Hilfen im Haushalt“ 44 von 106 Personen.
Hinsichtlich der Strukturdaten der vermittelten Personen der jeweiligen Einrichtung sind deutliche Parallelen zu beobachten. Wie in Teil 2 genauer beschrieben wurde, sind die deutliche Mehrheit bei den vermittelten Personen deutsche Staatsbürger, hinsichtlich des Familienstandes sind die meisten Vermittelten ledig. Lediglich das Verhältnis von männlichen zu weiblichen vermittelten Personen weicht etwas ab. Bei der MAVA wurden deutlich mehr männliche Hilfeempfänger (65 %) vermittelt als bei „Hilfen im Haushalt“ (51 %).
Was die für eine Vermittlung bedeutenden Angaben Schul- und Berufsbildung angeht, so läßt sich die *Schulbildung* betreffend sagen, daß die Zahl der Personen, die über einen Abschluß verfügen, bei der MAVA etwas höher ist. Lediglich 8,8 % der vermittelten Personen sind ohne Abschluß, bei den

Vermittlungen der Sachgebiete „Hilfen im Haushalt“ sind dies 12,3 %. Ansonsten ist das Niveau der Bildung bei den durch „Hilfen im Haushalt“ vermittelten Personen etwas höher. Der Anteil der Personen, die einen Hauptschulabschluß als höchsten Bildungsabschluß vorweisen können, liegt bei der MAVA bei 56 %, während dies bei den Sachgebieten „Hilfen im Haushalt“ 42,5 % sind. Einen Realschulabschluß haben 13,8 % der Personen der MAVA, gegenüber 18,5 % bei „Hilfen im Haushalt“. Bei der Hochschulreife ist der Anteil der MAVA wiederum leicht höher, 11,7 % im Vergleich zu 8,5 % bei „Hilfen im Haushalt“. Zusammenfassend läßt sich sagen, daß beim Schulabschluß, einem durchaus bedeutenden Kriterium für eine Vermittlung, keine derartigen Unterschiede bestehen, die eine der beiden Vermittlungsgruppen als schwerer vermittelbar identifiziert. Die Strukturen sind leicht verschieden, jedoch hinsichtlich der Vermittelbarkeit nicht einseitig zugunsten einer Gruppe.

Ebenfalls vergleichbar ist die Struktur der beiden Vermittlungsgruppen bei Betrachtung der *Berufsbildung*. Bei beiden haben Personen ohne Ausbildung den weitaus größten Anteil (47,7 % bei der MAVA, 51,9 % bei „Hilfen im Haushalt“). Lediglich der Anteil von Personen, die eine Lehre absolviert haben, ist bei der MAVA deutlich größer (36 % bei der MAVA, 23 % bei „Hilfen im Haushalt“). Dies kann eventuell jedoch relativiert werden durch die hohe Zahl der Personen bei „Hilfen im Haushalt“, deren Abschluß nicht bekannt ist (11,3 % gegenüber 5 % bei der MAVA).

Was den *Erwerbsstatus* angeht, so scheinen die Personen, die bei den Sachgebieten „Hilfen im Haushalt“ betreut wurden, in einer etwas günstigeren Ausgangslage zu sein als die Personen, die die MAVA vermittelt hat. Zwar sind bei beiden die Personen, die entweder mit oder ohne AFG-Ansprüche als arbeitslos erfasst sind, die jeweils größte Gruppe, doch ist der Anteil dieser Personen bei „Hilfen im Haushalt“ deutlich geringer als bei der MAVA. Bei den Sachgebieten „Hilfen im Haushalt“ beträgt der Anteil zusammen 46,6 %, gegenüber 82,9 % bei der MAVA. Ein größerer Anteil der vermittelten Personen bei „Hilfen im Haushalt“ ist dafür als Vollzeit- (9,4 %, gegenüber 0,4 % bei der MAVA) oder Teilzeiterwerbstätiger (12,3 %, gegenüber 4,6 % bei der MAVA) erfasst.

4.2.3.4.2 Erwerbsgeschichte

Die *Erwerbsgeschichte*, die jeweils von der Untergruppe der 118 Personen der MAVA bzw. der 44 Personen der Sachgebiete „Hilfen im Haushalt“ ermittelt werden konnte, gibt Aufschluß darüber, mit welchen unmittelbaren Arbeitserfahrungen ein Hilfeempfänger in die Vermittlung gekommen ist. Die Personen, die durch die Sachgebiete „Hilfen im Haushalt“ vermittelt wurde, weisen kumuliert einen leicht höheren Beschäftigungsanteil auf als die Personen

der MAVA. Bei den durch „Hilfen im Haushalt" betreute Personen wurde insgesamt 10,6 % der Zeit vor der Vermittlung in Arbeit verbracht, während dies lediglich 7,6 % der Zeit der von der MAVA Vermittelten war. Umgekehrt war bei der MAVA festzustellen, daß 73,9 % der Zeit nicht in Beschäftigung verbracht wurde, gegenüber 54,3 % der Zeit bei „Hilfen im Haushalt". Dies läßt auf eine größere Einbindung in den Arbeitsmarkt bei den Personen schließen, die durch die Sachgebiete „Hilfen im Haushalt" vermittelt wurden, wenn auch über 19,3 % der Zeit dieser Personen keine Angaben vorliegen.
Bei den Vermittlungen von „Hilfen im Haushalt" liegt jedoch der Gedanke nahe, daß sich die Zeiten hoher Beschäftigung auf *relativ wenige Personen mit relativ langer Beschäftigungsdauer* konzentrieren. Bei der MAVA sind 66 % der Vermittelten ohne einen Monat der Ausbildung oder Beschäftigung. Anders formuliert können ein Drittel dieser Personengruppe auf mindestens einen Ausbildungs- oder Beschäftigungsmonat verweisen. Bei „Hilfen im Haushalt" liegt der Anteil der Personen, die weder Ausbildung noch Beschäftigung vorweisen können, mit 75 % deutlich darüber. Die Personen, die eine Beschäftigung vorweisen können, sind dieser Tätigkeit durchschnittlich 4 Monate nachgegangen. Dies ist ein recht hoher Wert, insbesondere im Vergleich zu den 2,5 Monaten durchschnittlicher Beschäftigung bei der MAVA.
Bei Betrachtung des Verlaufs der Erwerbsgeschichte über die untersuchten 6 Monate hinweg fällt zunächst auf, daß es bei beiden in den Vergleich einbezogenen Sachgebieten zu einer starken Abnahme der Beschäftigungswahrscheinlichkeit kommt, je näher die Vermittlung rückt. Bei den Vermittlungen der MAVA sinkt der Anteil der Personen in Beschäftigung deutlich von 16,8 % im 6. Monat vor der Vermittlung auf nur noch 1,7 % im Monat direkt davor. Nicht ganz so drastisch, aber immer noch deutlich verhält es sich bei den Vermittlungen, die durch die Sachgebiete „Hilfen im Haushalt" vorgenommen wurden. Hier fällt der Anteil der Beschäftigten in den sechs Monaten vor der Vermittlung von 13,6 % auf 4,5 %. Im gleichen Zeitraum steigt der Anteil der Zeit ohne Beschäftigung bei der MAVA von 65,5 % auf 84,9 %, bei den vermittelten Personen durch „Hilfen im Haushalt" steigt deren Anteil von 50 % auf 63,6 %.
Der Verlauf in der Erwerbsgeschichte ist somit bei den vermittelten Personen der beiden Sachgebiete recht ähnlich. Eine Verzerrung findet lediglich durch den bei „Hilfen im Haushalt" hohen Anteil der Zeit, über die keine Angaben vorliegen, statt. Der Trend zu einer abnehmenden Beschäftigung, ausgehend von einem recht hohen Anteil beschäftigungsloser Zeiten, ist jedoch allgemein zu beobachten.

4.2.3.4.3 Verbleib

In die Analyse der Strukturdaten und der Erwerbsgeschichte der Vermittlungen konnten 118 vermittelte Personen bei der MAVA und 44 Personen bei den Sachgebieten „Hilfen im Haushalt" einbezogen werden. Von diesen Personen wurden die 6 Monate vor und 12 Monate nach der Vermittlung in eine Stelle durch eine der beiden untersuchten Einrichtungen systematisch erfasst und ausgewertet.
Die Untersuchung der 12 Monate nach der Vermittlung gilt als die genannte Verbleibsanalyse. Die Information über die verbliebene Zeit nach Antritt der Maßnahme waren sehr umfassend vorhanden. Bei der MAVA konnte ca. 95 % der Zeit rekonstruiert werden, bei „Hilfen im Haushalt" sogar ca. 99 %. Der Betrachtung des Verbleibs in den 12 Monaten nach der Vermittlung zeigt zunächst einige grundlegende Gemeinsamkeiten zwischen der Gruppe der MAVA-Vermittlungen und denen der Sachgebiete „Hilfen im Haushalt". Die Zeit, die sich die Personen bei kumulierter Betrachtung in ihrer vermittelten Tätigkeit befinden, liegt bei der MAVA bei 42 %, bei „Hilfen im Haushalt" bei 44 %. Die Zeit ohne Beschäftigung (Kategorien Leistung Sozialamt, Leistung Arbeitsamt, ohne Beschäftigung) ist ebenfalls recht ähnlich. Bei der MAVA sind dies 29,5 % der Zeit nach der Vermittlung, bei „Hilfen im Haushalt" 29 %. Auch bei der Zeit, die in einer neuen Beschäftigung verbracht wird, liegen die beiden Werte mit 13,8 % (MAVA) und 15,2 % („Hilfen im Haushalt") nahe zusammen. Insgesamt ergibt sich für die Sachgebiete „Hilfen im Haushalt" mit zusammengefasst 59,1 % der Zeit in Beschäftigung ein leichter Vorsprung gegenüber 55,7 % der Zeit bei der MAVA.
Die Vermutung, daß es sich bei den Vermittlungen von „Hilfen im Haushalt" um eine eher heterogene Gruppe handelt, wird durch die Betrachtung des Verlaufs bestätigt. Bei „Hilfen im Haushalt" geht der Anteil der Beschäftigung von 100 % im ersten Monat kontinuierlich zurück auf 27,3 % im 12. Monat nach der Vermittlung. Das bedeutet, daß ein zunehmender Teil der Personen wieder ohne Beschäftigung ist, ohne daß gegen diese Tendenz vorgegangen werden könnte. Bei der MAVA gestaltet sich dieser Verlauf etwas anders. Zwar kommt es auch hier zu einer starken Abnahme des Beschäftigungsanteils in den ersten Monaten nach der Vermittlung. Doch nachdem das Niveau nach einem ersten größeren Sprung im 5. Monat auf ca. 50 % Beschäftigungsanteil gefallen ist, kann dieser Wert recht gut gehalten werden. In den Monaten 6 bis 12 geht der Anteil der Personen, die in Beschäftigung sind, zwar zurück auf 35,6 %, doch liegt dieser Wert noch deutlich über dem Wert der Vermittlungen durch die Sachgebiete „Hilfen im Haushalt". Zwischen dem 8. und 9. Monat kommt es gar zu einem Anstieg des Beschäftigungsanteil von 39,8 auf 43,2 %.
Diese Beobachtungen legen nahe, daß sich bei den vermittelten Personen der MAVA zunächst ein gewisser Selektionsprozeß ergeben hat, in dem in den

ersten Monaten nach der Vermittlung die Personen in ihrer Beschäftigung verblieben sind, die entsprechende Voraussetzungen mitbrachten. Hilfeempfänger, die einen schwierigeren Zugang zur Arbeit haben, sei es aus Gründen der Motivation, der Voraussetzungen für eine Arbeitsaufnahme oder anderen Merkmalen, haben wohl eher in den ersten Monaten den Status der Beschäftigung verlassen. Bei den Personen, die zunächst in der Beschäftigung verblieben sind, konnte ein recht hoher Anteil auch weiterhin in Arbeit gehalten werden, entweder in der ursprünglichen Tätigkeit oder in einer neuen Stelle. Diese Tatsache ist möglicherweise zurückzuführen auf die kontinuierliche Betreuung, die beispielsweise drohenden Kündigungen begegnet oder neue Tätigkeiten vermittelt.

4.2.3.4.4 Zwischenergebnis

Die *Strukturdaten* zwischen den Vermittlungen der Sachgebiete „Hilfen im Haushalt" und MAVA sind vergleichbar, die Personen von „Hilfen im Haushalt" weisen sogar hinsichtlich ihrer Arbeitsmarktbindung etwas günstigere Werte auf. Dies wird einerseits durch den *Erwerbsstatus* belegt, bei dem deutlich mehr Personen als Teilzeit- bzw. Vollzeiterwerbstätige registriert sind. Auch in der *Erwerbsgeschichte* ist der Anteil der Zeit, der bei kumulierter Betrachtung ohne Beschäftigung verbracht wurde, bei den Vermittlungen der MAVA deutlich höher. Einige Indikatoren weisen jedoch darauf hin, daß sich diese günstige Ausgangslage eher auf wenige Personen mit relativ langen Beschäftigungszeiten verteilt.

Hinsichtlich des *Verbleibs* ergibt sich, daß die Zeiten von Beschäftigung und Arbeitslosigkeit im Anschluß an die Vermittlung bei beiden Institutionen recht ähnlich ist, die Vermittlungen von „Hilfen im Haushalt" sogar einen leicht höheren Beschäftigungsanteil vorweisen können. Bei genauer Betrachtung ergibt sich jedoch, daß bei der MAVA nach einem gewissen Prozeß der Selektion in den ersten Monaten nach der Vermittlung das Niveau der Beschäftigung recht hoch gehalten werden kann. Bei „Hilfen im Haushalt" hingegen kommt es zu einer kontinuierlichen Abnahme der Beschäftigungshäufigkeit. Diese Tatsache ist ein Indiz einerseits für die weiterführende Betreuung der Vermittelten durch die MAVA, andererseits dafür, daß die Gruppe der Vermittlungen durch „Hilfen im Haushalt" eher heterogen ist. Während einige Personen recht gute Voraussetzungen für eine Beschäftigung mitbringen (und diese auch in Arbeit verbleiben), fallen die anderen Personen aus der Beschäftigung. Diese Personen finden den Weg in eine neue Tätigkeit nicht mehr so häufig.

Zusammenfassend kann gesagt werden, daß die Gruppen der vermittelten Personen von MAVA und Hilfen im Haushalt hinsichtlich der Qualität der Vermittlung große Ähnlichkeiten aufweisen. Ausgangspunkt waren in der

Struktur weitgehend übereinstimmenden Personengruppen, die sowohl hinsichtlich der Strukturdaten als auch der Erwerbsgeschichte einander gegenüber gestellt wurden. Auch der Verbleib dieser Hilfeempfänger weist grundsätzlich im Vergleich keine deutlichen Unterschiede auf, die Abweichungen sind eher im Verlauf des Verbleibs zu finden.

4.2.3.5 Individueller qualitativer Vergleich: Deskriptives Matching

Die kumulierten Daten können lediglich einen recht allgemeinen Eindruck geben über die tatsächlichen Wirkungen der zusätzlichen Instrumente der MAVA. Es wurde versucht, diese Fragen in einer individuellen, deskriptiven Gegenüberstellung von Personen beider Gruppen genauer zu beantworten. In einer zweiten Analyse wurden somit die vermittelten Personen der MAVA und der Sachgebiete „Hilfen im Haushalt" einander direkt gegenüber gestellt. Bei dieser Betrachtung geht es darum, Hilfeempfänger mit den gleichen statistischen Merkmalen direkt miteinander zu vergleichen. Dieses Vorgehen wird auch „Matching" genannt, da die Personen einander direkt zugeordnet werden („gematcht"). Diese Methode ist in seiner Anwendung in zahlreichen Ausprägungen in der Literatur zu finden (Vgl. Kapitel 3.1.2). Da hier noch auf den Einsatz von mikroökonometrischen Methoden verzichtet wird, wird das Vorgehen als deskriptiv beschrieben. Auf diese Weise soll der qualitative Wert der Vermittlung auf individueller Ebene sichtbar gemacht werden. Die hier vorgestellten Ergebnisse dienen somit als erste Annäherung an den Maßnahmeerfolg.

Beim hier verwendeten Match-Verfahren wurden insbesondere folgende Merkmale der Hilfeempfänger als vermittlungsrelevant angesehen: das Alter, das Geschlecht, die Staatsangehörigkeit (in der Ausprägung deutsch / nicht deutsch), der Familienstand, der Schulabschluß, die Berufsbildung, der Erwerbsstatus, sowie die Erwerbsgeschichte. Im Rahmen der Erwerbsgeschichte war die Anzahl der Monate in Beschäftigung oder in Ausbildung relevant.

Die Daten, die im Rahmen dieser Untersuchung zur Verfügung standen, waren die Angaben der 118 vermittelten Personen der MAVA sowie der 44 vermittelten Personen der Sachgebiete „Hilfen im Haushalt". Da die Gruppe der vermittelten Personen von „Hilfen im Haushalt" die kleinere Gruppe darstellt, wurde versucht, diesen Personen jeweils eine Person der vermittelten Personen der MAVA mit identischen Merkmalen zuzuordnen. Die folgende Betrachtung bezieht sich auf 27 Personen bei denen eine vollständige Übereinstimmung der vermittlungsrelevanten Merkmale vorlag. Die untersuchte Gruppe bestand aus 10 weiblichen und 17 männlichen Paarungen.

Hinsichtlich der Nachhaltigkeit der Vermittlungen läßt sich keine Aussage zugunsten der intensiveren Betreuung der Hilfeempfänger bei der MAVA treffen. Bei den hier untersuchten Paaren merkmalsgleicher Hilfeempfänger verblieben die vermittelten Personen der Sachgebiete „Hilfen im Haushalt“ in 63 % der Fälle länger in der ursprünglich vermittelten Tätigkeit. Lediglich bei 18,5 % der Fälle war die durch die MAVA vermittelte Person länger in ihrer ursprünglichen Beschäftigung. Auch bei den gesamten Arbeitsmonaten, also auch bei Beschäftigung in anderen Tätigkeiten, lag in einem relativen Vergleich „Hilfen im Haushalt“ vorne. In 59,3 % wiesen die vermittelten Personen mehr Arbeitsmonate auf als in der Vergleichsgruppe der MAVA. Mehr Arbeitsmonate bei der MAVA waren bei 33,3 % der Vergleiche zu verzeichnen. Eine Betreuung durch die MAVA läßt auch nicht auf eine höhere Vermittlungshäufigkeit schließen: In lediglich 22,2 % der Fälle hatten die MAVA Vermittlungen eine höhere Anzahl an Vermittlungen nach der ursprünglichen Vermittlung, in 25,9 % der Fälle wiesen die Vermittlungen durch „Hilfen im Haushalt“ die höhere Anzahl an Vermittlungen auf. In 51,9 % der Fälle war dieser Wert identisch.

Die durchschnittliche Anzahl an Arbeitstätigkeiten liegt mit 1,5 bei der MAVA und 1,4 bei den Sachgebieten „Hilfen im Haushalt“ beinahe gleich. Der höhere Wert bei den durchschnittlichen Vermittlungen liegt an der Streuung der Vermittlungen: der höchste Wert ist bei der MAVA bei 5 Vermittlungen, bei „Hilfen im Haushalt“ lediglich bei drei. In der vermittelten Tätigkeit verblieben die Personen bei der MAVA durchschnittlich 4,5 Monate, bei den Sachgebieten „Hilfen im Haushalt“ 6 Monate. Die durchschnittliche Beschäftigungsdauer insgesamt lag bei 6 Monaten bei der MAVA, bei 7,5 Monaten bei „Hilfen im Haushalt“.

Die Nachhaltigkeit im Verbleib der vermittelten Personen spricht somit recht eindeutig für die Vermittlungen durch die Sachgebiete „Hilfen im Haushalt“. Nicht nur verbleiben die Personen länger in der vermittelten Tätigkeit, sie weisen auch insgesamt die höhere Zahl an Arbeitsmonaten auf als die durch die MAVA vermittelten Personen. Auf eine Verzerrung durch eine unterschiedliche Zielgruppe kann nicht geschlossen werden, da es sich bei den hier getroffenen Vergleichen um eine individuelle Betrachtung aufgrund mehrerer relevanter Strukturmerkmale der Personen handelt. Lediglich nicht meßbare Eigenschaften wie z.B. Arbeitsmotivation könnten das vorliegende Ergebnis beeinflusst haben. Aus den hier gemachten Beobachtungen eines qualitativen Vergleichs läßt sich jedoch keine Aussage zugunsten einer qualitativen Verbesserung durch die Betreuung der MAVA treffen.

4.2.4 Mikroökonometrische Untersuchung des Maßnahmeerfolgs

Über das deskriptive Matching hinaus wurde trotz der recht geringen Anzahl von Beobachtungen in der Programm- und der Kontrollgruppe eine umfassende

Analyse anhand mikroökonometrischer Methoden angestrebt.[22] Diese Verfahren gehen in ihrer theoretischen Fundierung ebenfalls zurück auf die Überlegungen, die im Kapitel 3.1.2 angestellt wurden. Die Fragestellungen, die mittels dieser Methode beantwortet werden sollen, beziehen sich einerseits auf die Wahrscheinlichkeit einer Vermittlung durch die MAVA im Vergleich mit der Vermittlung ohne diese Einrichtung, andererseits auf die möglichen positiven Effekte einer intensiveren Nachbetreuung durch die Sachbearbeiter.
Hinsichtlich der Untersuchungen wurde auf die identische Datengrundlage zurückgegriffen, wie sie in den vergangenen Kapiteln vorgestellt worden war. Um die entsprechenden Verfahren der Mikroökonometrie anwenden zu können, mußten diese Beobachtungen jedoch aufbereitet werden. Die Anzahl der Beobachtungen kann daher in Einzelfällen von den Angaben der deskriptiven Untersuchung abweichen. Zunächst soll diese Datenaufbereitung beschrieben werden, bevor in einem weiteren Abschnitt das Vorgehen bei der Schätzung dargestellt wird. Abschließend werden die Ergebnisse der mikroökonometrischen Untersuchungen bezogen auf die beiden genannten Fragen vorgestellt.

4.2.4.1 Statistische Aufbereitung der Daten für die mikroökonometrische Schätzung

Die vorgenommenen statistischen Tests wurden notwendig durch die Tatsache, daß die betrachteten Programm- und Kontrollgruppen erst nachträglich gebildet worden waren und daher keine experimentelle Untersuchung möglich war. Die Frage, ob verschiedene Personengruppen überhaupt miteinander vergleichbar sind, kann jedoch anhand von Testmethoden überprüft werden. So können einerseits die Unterschiede in den durch die verschiedenen Einrichtungen (MAVA oder Hilfen im Haushalt) vermittelten Personen untersucht werden, andererseits aber auch die Unterschiede zwischen den Gruppen der vermittelten und nicht-vermittelten Personen.
In Tabelle 12 sind zunächst die Merkmale zusammengefasst, anhand derer die Vergleiche angestellt werden. Wie bereits beschrieben sind neben den Strukturangaben Alter, Geschlecht, Nationalität und Familiensituation auch Schul- und Berufsbildung erfasst. Die beiden letzten Kategorien werden dabei zusammengefasst, um die Merkmale besser in der Auswertung berücksichtigen zu können. Für die Schulbildung werden hierbei die beiden Dummyvariablen S0 und S1 eingeführt. S0 wird hierbei auf den Wert 1 gesetzt, wenn die betreffende Person einen Schulabschluß auf Niveau des Hauptschulabschlusses (inkl. Sonderschulabschlüsse) vorweisen kann. S1 nimmt den Wert 1 an, wenn die Person einen höheren Abschluß, das heißt mindestens einen Realschulabschluß,

[22] Diese Untersuchungen wurden angestellt im Rahmen von *Jerger/Pohnke/Spermann* (2001).

vorweisen kann. Ähnlich verhält es sich mit den Kategorien der Berufsbildung, wobei hier die Dummyvariablen Q0 (Ausbildung), Q1 (abgeschlossene Lehre) und Q2 (Hochschul- bzw. Fachhochschulabschluß) eingeführt werden.

Tabelle 12: Übersicht über die Merkmale der Beobachtungen

Variable	insg.	darunter: MAVA					darunter: Sozialamt				
		insg.	vermittelt			nicht vermitt.	insg.	Vermittelt			nicht vermitt.
			insg.	mit EG	ohne EG			insg.	mit EG	ohne EG	
GN	1	2	3	4	5	6	7	8	9	10	11
N	6772	1381	245	118	127	1136	5391	102	43	59	5289
G	54,8	48,2	64,1	67,8	60,6	44,7	56,5	51,0	55,8	47,5	56,6
Alt	32,6	33,4	33,4	32,0	34,7	33,3	32,4	32,6	30,9	33,8	32,4
Aus	37,2	29,0	26,1	26,3	26,0	29,6	39,3	37,3	44,2	32,2	39,3
Vor	40,8	40,8	49,0	40,7	56,7	39,0	40,8	58,8	46,5	67,8	40,4
All	35,7	30,4	36,7	44,9	29,1	29,0	37,1	24,5	34,9	17,0	37,3
S0	53,3	57,4	59,6	57,6	61,4	57,0	52,2	48,0	55,8	42,4	52,3
S1	24,0	23,5	25,3	25,4	25,2	23,2	24,2	26,5	20,9	30,5	24,1
Q0	3,5	1,3	2,9	4,2	1,6	1,0	4,0	4,0	0,0	6,8	4,0
Q1	32,7	34,5	38,0	32,2	43,3	33,7	32,3	31,4	32,6	30,5	32,3
Q2	4,9	6,1	5,3	5,1	5,5	6,3	4,6	1,0	0,0	1,7	4,6

Erläuterungen:
EG: Erwerbsgeschichte; GN: Gruppennummer, N: Anzahl der Beobachtungen; G: Geschlecht (Anteil der männlichen Teilnehmer in der Gruppe); Alt: Durchschnittsalter in Jahren; Aus: Ausländeranteil; Vor: Anteil der Familienvorstände; All: Anteil der Alleinlebenden; S0, S1, Q0, Q1, Q2: Anteile derjenigen, die der entsprechenden Qualifikationsstufe für Schul- und Berufsbildung angehören (siehe Text). Quelle: Jerger/Pohnke/Spermann (2001).

Durch die Gegenüberstellung von verschiedenen Untergruppen anhand der Merkmale der Strukturdaten kann nun die Vergleichbarkeit der Personengruppen analysiert werden. Von besonderem Interesse ist hierbei der Vergleich zwischen der Programm- und der Kontrollgruppe (Gruppen 2 und 7). Es kann im Rahmen dieses Vorgehens auch überprüft werden, ob beispielsweise zwischen Vermittelten und Nichtvermittelten oder zwischen Personen mit und ohne Erwerbsgeschichte Unterschiede vorliegen. Letzteres dient der Abschätzung der Validität der Analysen, die die Erwerbsgeschichte der Personen einbeziehen.

Der Vergleich zweier Gruppen *i* und *j*, also beispielsweise der Gruppe der durch die MAVA betreuten mit der Gruppe der durch Hilfen im Haushalt betreuten

Personen, erfolgt anhand von Teststatistiken.[23] In Tabelle 13 sind die P-Werte der Tests in Prozent aufgeführt. Diese geben die Irrtumswahrscheinlichkeit bei Ablehnung der Nullhypothese $\bar{x}_i = \bar{x}_j$ zugunsten der (zweiseitigen) Alternativhypothese $\bar{x}_i \neq \bar{x}_j$ an. Mit anderen Worten spricht ein geringer P-Wert für eine größere Wahrscheinlichkeit, daß sich die beiden Gruppen in dem betrachteten Merkmal nicht entsprechen.

Eine erste generelle Aussage kann aufgrund der Beobachtungen in Tabelle 13 nicht gemacht werden, da sich kein klares Muster aus den verschiedenen Vergleichen abzeichnet. Werden beispielsweise bei der Programmgruppe (MAVA) noch mehr männliche Hilfeempfänger vermittelt (Vergleich 3 ⇔ 6), ist dieser Effekt bei der Betrachtung der Kontrollgruppe nicht festzustellen.

Beim Vergleich der Spalten 2 und 7, also der betreuten Grundgesamtheiten der jeweiligen Institution, fallen jedoch einige Unterschiede auf. So weisen durch die MAVA betreute Hilfeempfänger einen signifikant geringeren Anteil an männlichen Personen, Ausländern und Alleinerziehenden auf als die durch die anderen Sachgebiete des Sozialamts Betreuten; des weiteren ist das Alter bei den von der MAVA betreuten Personen deutlich höher.

Ein einfacher Vergleich zwischen diesen beiden Gruppen der betreuten Personen kann also mit einigen Unsicherheiten und Verzerrungen behaftet sein, da sie sich in wesentlichen Eigenschaften nicht entsprechen. Es ist jedoch nach wie vor möglich, die beiden Gruppen und damit den Erfolg der Vermittlungen zu vergleichen, lediglich ein einfaches, intuitives Gegenüberstellen der beiden Gruppen kann verzerrend sein. Diese Verzerrung, daß die Gruppen grundsätzliche Unterschiede aufweisen, ist ein grundlegendes Problem der Evaluationsforschung und wurde in Kapitel 3 als Selektionsverzerrung vorgestellt. Die Möglichkeiten, mit dieser Verzerrung umzugehen und dabei zu

---

[23] Für den Vergleich zweier Gruppen i und j werden folgende Teststatistiken verwendet:

$$\tilde{t}_{i,j} = \frac{\bar{x}_i - \bar{x}_j}{\sqrt{s^2\left(\frac{1}{N_i} + \frac{1}{N_j}\right)}} \quad \text{mit } s^2 = \frac{s_i^2(N_i - 1) + s_j^2(N_j - 1)}{N_i + N_j - 2} \quad \text{für das Alter sowie}$$

$$t_{i,j} = \frac{\bar{x}_i - \bar{x}_j}{\sqrt{h\left(\frac{1}{N_i} + \frac{1}{N_j}\right)}} \quad \text{mit } h = \frac{N_i\bar{x}_i(1 - \bar{x}_i) + N_j\bar{x}_j(1 - \bar{x}_j)}{N_i + N_j - 2}$$

für alle anderen Variablen, die in Tabelle 1 als Anteilssätze angegeben sind. $\bar{x}_i$ und $\bar{x}_j$ bezeichnen dabei die in Tabelle 12 angegebenen Mittelwerte, N_i und N_j die Stichprobengröße, s_i^2 und s_j^2 die Varianz des Alters in der jeweiligen Stichprobe. $\tilde{t}_{i,j}$ sowie $t_{i,j}$ sind in kleinen Stichproben t-verteilt mir $N_i + N_j - 2$ Freiheitsgraden. Vgl. *Jerger/Pohnke/Spermann* (2001).

Ergebnissen hinsichtlich der genannten Fragestellungen zu kommen, finden sich im nächsten Abschnitt.

Tabelle 13: Vergleich der Beobachtungsgruppen

	MAVA vs. SA	vermittelt vs. nicht vermittelt			mit vs. ohne EG		
		alle	MAVA	SA	alle	MAVA	SA
	2 ⇔ 7	(3+8) ⇔ (6+11)	3 ⇔ 6	8 ⇔ 11	(4+9) ⇔ (5+10)	4 ⇔ 5	9 ⇔ 10
G	**0,00**	*3,54*	**0,00**	26,11	12,28	24,44	40,95
Alt	**0,07**	21,57	85,92	81,80	**0,32**	*1,59*	7,33
Aus	**0,00**	**0,21**	27,99	67,13	52,88	95,95	22,04
Vor	99,22	**0,00**	**0,39**	**0,02**	**0,08**	*1,21*	*3,11*
All	**0,00**	30,61	*1,77*	**0,80**	**0,08**	*1,03*	*3,79*
S0	**0,01**	26,59	44,92	39,18	74,17	54,77	18,32
S1	62,16	47,18	47,12	58,38	57,31	96,76	28,35
Q0	**0,00**	74,27	*1,81*	94,96	94,94	21,29	8,30
Q1	12,15	17,86	20,51	84,38	17,97	7,41	82,77
Q2	*1,93*	45,65	57,54	8,01	78,70	88,21	39,59

Erläuterungen:
Die Gruppennummern in der Kopfzeile sowie die Variablenbezeichnungen entsprechen denen in Tabelle 1.
Für Unterschiede, die auf dem 1%-Niveau bzw. dem 5%-Niveau signifikant sind, wird der P-Wert jeweils **fett** bzw. *kursiv* geschrieben. Quelle: Jerger/Pohnke/Spermann (2001).

4.2.4.2 Vorgehen bei der Schätzung

Die im Rahmen dieser Untersuchung gewählte Methode, mit dem Problem der Selektionsverzerrung umzugehen und den Maßnahmeeffekt zu bestimmen, ist das in Kapitel 3.1.2 beschriebene Matching-Verfahren. Im Rahmen dieser Methode werden die Programm- und die Kontrollgruppe aufgrund von beobachtbaren Variablen gegenübergestellt und hinsichtlich des Programmerfolgs miteinander verglichen. Da die einander zugeordneten Personen Ähnlichkeiten in vermittlungsrelevanten Merkmalen aufweisen, kann die Gefahr einer Verzerrung durch Selektions-Bias eingegrenzt oder sogar ganz vermieden werden. Hinsichtlich des Vorgehens beim Matching bieten sich in diesem Fall zwei Möglichkeiten an:[24]

Einerseits ist dies die Beobachtung des Maßnahmeeffektes auf einen Teilnehmer,

[24] Vgl. Kapitel 3.1.1.2.3, Seite 21ff.

$$\theta_0(z) := E(Y^T - Y^N | Z=z, S=1) = E(Y^T | Z=z, S=1) - E(Y^N | Z=z, S=1),$$

andererseits auf einen Nicht-Teilnehmer,

$$\xi_0(z) := E(Y^T - Y^N | Z=z, S=0) = E(Y^T | Z=z, S=0) - E(Y^N | Z=z, S=0).$$

Jeweils ein Term kann bei diesen Ansätzen beobachtet werden, der jeweils andere muß mittels der mikroökonometrischen Verfahren berechnet werden. Bei der Beobachtung des Effektes auf einen Teilnehmer kann beispielsweise der Zustand nach der Maßnahme (Y^T) beobachtet werden, das alternative Szenario bei Nichtteilnahme (Y^N) muß jedoch geschätzt werden.
Die folgenden Berechnungen finden unter Berücksichtigung der Annahme der bedingten Unabhängigkeit (ABU) statt, auf der die Lösung des Problems der Selektionsverzerrung anhand nicht-experimenteller Verfahren basiert.[25] Gemäß dieser Annahme wird vorausgesetzt, daß alle Variablen bekannt sind, die den Teilnahmeprozeß beeinflussen. Nur bei Gültigkeit dieser Annahme kann die Selektionsverzerrung im Rahmen des gewählten Vorgehens ausgeschlossen werden. Wie bereits beschrieben läßt sich die ABU jedoch nicht empirisch testen, so daß hier die Gültigkeit nach genauer Betrachtung der zur Verfügung stehenden Daten angenommen wird.
Obwohl die Schätzung des Maßnahmeerfolges auf einer Vielzahl von potentiell relevanten Charakteristika beruht, wird dennoch ein relativ einfaches Maß für die Ähnlichkeit der Individuen benötigt. Um ein solches Maß zu berechnen gibt es unterschiedliche Möglichkeiten, die je nach Fragestellung innerhalb der Untersuchung eingesetzt werden und sich ergänzen können. Zunächst kann die Teilnahmewahrscheinlichkeit an der Maßnahme anhand eines *Probit-Modells* geschätzt werden. Im Rahmen der vorliegenden Studie wurde ein Probit-Modell für die Teilnahmewahrscheinlichkeit p geschätzt, d.h. der Parametervektor β des Modells

$$p(S_i=1 | x_i) = \Phi(x_i \beta). \qquad (4.1)$$

Φ ist hierbei die Verteilungsfunktion (kumulierte Dichte) der Standardnormalverteilung, das Subscript i bezeichnet eine Beobachtung. Aus dieser Schätzung kann nun die Teilnahmewahrscheinlichkeit an der Maßnahme für ein Individuum i in der Stichprobe $\hat{p}_i$ abgeleitet werden.

Zusätzlich gibt es weitergehende Verfahren, wie die Ergebnisse des Matching-Verfahrens in aussagekräftige Parameter umgerechnet werden können. Beispiele hierfür finden sich in Kapitel 3.1.2.3.2. Eine der dort vorgestellten Methoden ist das sogenannte „*Propensity Score-Matching*", bei der die Strukturdaten der Personen zusammengefasst werden und nur aufgrund dieser skalaren Größe

[25] Vgl. hierzu ausführlich Kapitel 3.1.2.3.2.

gematcht wird. In der Untersuchung der MAVA wird dabei der Propensity Score auf folgender Grundlage berechnet :

$$\tilde{p}_i \equiv x_i \hat{\beta} = \Phi^{-1}(\hat{p}_i) \qquad (4.2)$$

$\hat{\beta}$ bezeichnet dabei die Probit-Schätzung des Parametervektors β, Φ^{-1} ist die Umkehrfunktion der Verteilungsfunktion der Standardnormalverteilung.

Die Programm- und Kontrollgruppe werden nun aufgrund der absoluten Differenzen von $\tilde{p}_i$ gematcht, wobei die Differenz zwischen den jeweiligen einander zugeordneten Beobachtungen minimiert wird.

Sollen in der Schätzung Informationen berücksichtigt werden, die in der Probit-Schätzung (4.1) nicht berücksichtigt werden, kann dies mittels der Berechnung der *Mahalanobis-Distanz* erfolgen. Dieses Verfahren des Distance Funktion-Matchings kann zusätzliche Informationen berücksichtigen.[26] Hier noch einmal die formal Darstellung der Mahalanobis-Distanz.

$$MD = (X^T - X^N)' \, G \, (X^T - X^N), \qquad (3.9)$$

Die Komponenten X^T (X^N) sind hierbei die Charakteristika, aufgrund derer die Berechnung der Distanz basiert. Wird beispielsweise neben dem Propensity Score eine Zusatzinformation (*a*) wie die Erwerbsgeschichte berücksichtigt, läßt sich der Vektor der dem Matching zugrundeliegenden Komponenten darstellen als $X^T = \begin{bmatrix} \tilde{p}_T \\ a_T \end{bmatrix}$ bzw. $X^N = \begin{bmatrix} \tilde{p}_N \\ a_N \end{bmatrix}$.

Auch im Rahmen der MAVA-Analysen wurde auf die Schätzung anhand der Mahalanobis-Distanz zurückgegriffen.

4.2.4.3 Ergebnisse der mikroökonometrischen Untersuchungen

(1) Vermittlungswahrscheinlichkeiten bei MAVA und Hilfen im Haushalt

Ausgangsbasis für den Vergleich der Vermittlungswahrscheinlichkeiten bei MAVA und den Sachgebieten Hilfen im Haushalt ist eine Probit-Schätzung analog der in Gleichung (4.1) vorgestellten. Diese Schätzung soll die Frage beantworten, in welcher Einrichtung die Vermittlung in eine Beschäftigung mit höherer Wahrscheinlichkeit erfolgt. Eine höhere Vermittlungswahrscheinlichkeit spricht demnach für ein erfolgreicheres Vermittlungskonzept, da bei dieser Schätzung lediglich vergleichbare Personen gegenübergestellt werden.

In die Probit-Schätzung werden sämtliche 6772 Personen einbezogen, die entweder von der MAVA oder von den Sachgebieten Hilfen im Haushalt im angegebenen Zeitraum betreut wurden (Vgl. Tabelle 12). Die Schätzung erfolgte auf der Basis aller persönlichen Merkmale, die für sämtliche Personen vorlagen.

---

[26] Vgl. Kapitel 3.1.2.3.2.

Lediglich die Erwerbsgeschichte wurde bei dieser Betrachtung nicht berücksichtigt, da diese Angaben nur für einen kleinen Teil der Personen verfügbar war. Mit Ausnahme der Variablen Q1 und S1 waren alle Regressoren signifikant. Nach dem Ausschluß dieser beiden Variablen erwiesen sich alle Variablen als signifikant mit einer Irrtumswahrscheinlichkeit von unter einem Prozent.

Letztgenannte Schätzung bildete die Grundlage für die Propensity Score-Schätzung. In Anhang 5 sind die Häufigkeitsverteilungen dieser Werte einerseits für die durch die MAVA betreuten Personen (1381 Personen), andererseits für die Kontrollgruppe der durch die anderen Sachgebiete betreuten Hilfeempfänger (5391 Personen) abgebildet. Wie sich aus der Abbildung direkt ablesen läßt, ist der Wertebereich der Maßnahmegruppe vollständig von der größeren Kontrollgruppe überdeckt. Für die weitere Analyse heißt das, daß sich für jede Person aus der Programmgruppe (mindestens) eine ähnliche Person aus der Kontrollgruppe finden und zuordnen läßt.

Es ist nun jedoch nicht möglich, einer Person der Programmgruppe direkt eine Person der Kontrollgruppe zuzuordnen. Unabhängig von einer möglichen Selektionsverzerrung besteht die Gefahr, daß der Maßnahmeerfolg der MAVA überschätzt wird, da das Verhältnis Vermittlungen zu betreuten Personen deutlich für die MAVA spricht.[27] Dieses Problem kann gelöst werden, indem eine relativ kleine Stichprobe (*N* Personen) zufällig aus der Gruppe der MAVA isoliert wird. Jeder dieser zufällig ausgewählten Personen wird eine Person aus der Sozialamtsgruppe zugeordnet („gematcht"). Somit kann theoretisch auch die Vermittlungsquote des Sozialamtes ähnlich oder sogar höher sein als die Quote der MAVA.

Die Größe der Stichprobe *N* wurde im Rahmen dieses Vorgehens zwischen 5 und 500 variiert. Die Auswahl der Personen aus der MAVA-Gruppe erfolgte dabei zufällig, weshalb die gesamte Prozedur der Auswahl und Zuordnung zu den Personen, die von Hilfen im Haushalt betreut wurden, jeweils 100 Mal wiederholt wurde. In Tabelle 14 sind daher neben den Mittelwerten der jeweiligen Wiederholungen auch die Minima und Maxima sowie die t-Statistik angegeben. Der dazugehörige P-Wert (in %) gibt die Wahrscheinlichkeit an für die Ablehnung der Nullhypothese, daß die Vermittlungswahrscheinlichkeiten zwischen den beiden Gruppen gleich ist.

Als wichtige Erkenntnis aus Tabelle 14 kann festgehalten werden, daß die Vermittlungswahrscheinlichkeit bei einer Person, die durch die MAVA betreut

[27] Bei einem einfachen Zuordnen wäre die Vermittlungswahrscheinlichkeit der Maßnahmegruppe auf den Stichprobenmittelwert (=245/1381 = 17,74 %) festgelegt, während in der Kontrollgruppe (ohne oversampling) aufgrund der insgesamt nur 102 Vermittlungen höchstens eine Vermittlungswahrscheinlichkeit von 102/1381 = 7,39 % gemessen werden kann. Vgl. *Jerger/Pohnke/Spermann* (2001).

wurde, viel höher ist als bei einer Person, bei der eine Vermittlung von den Sachgebieten Hilfen im Hauhalt angestrebt wurde. Die Wahrscheinlichkeit liegt um knapp 16 Prozentpunkte höher, ein Wert, der nicht nur bei der Betrachtung der gesamten Stichprobenmittelwerte erreicht wird, sondern auch bei Betrachtung der Mittelwerte für die einzelnen Stichprobengrößen. Selbst wenn eine gewisse Selektionsverzerrung zugunsten der Personen angenommen wird, die von der MAVA betreut werden (z.B. durch bessere Eigenschaften hinsichtlich einer potentiellen Vermittlung), spricht das Ergebnis dennoch eindeutig für eine höhere Vermittlungswahrscheinlichkeit bei der MAVA. Es kann somit festgestellt werden, daß die Betreuung der Hilfeempfänger durch die MAVA zu einer signifikanten Verbesserung der Vermittlungsquote geführt hat.

Tabelle 14: Vermittlungswahrscheinlichkeiten MAVA und Hilfen im Haushalt

	MAVA (gezogen)			Sozialamt (gematcht)				
N	Min	Max	MW	Min	Max	MW	*t*-Wert	P-Wert
5	0,00	80,00	22,20	0,00	40,00	3,60	4,06	0,00
10	0,00	50,00	15,80	0,00	20,00	1,60	3,66	0,03
25	0,00	40,00	18,28	0,00	12,00	2,40	3,80	0,02
50	2,00	32,00	17,86	0,00	10,00	2,18	3,81	0,02
100	8,00	28,00	18,14	0,00	5,00	2,18	3,85	0,02
150	12,70	25,30	18,01	0,00	6,00	2,03	3,88	0,01
500	14,20	21,00	17,65	1,00	3,60	2,21	3,76	0,02
Stichprobenmittelwerte:			17,74			1,89		

Quelle: Jerger/Pohnke/Spermann (2001).

(2) Dauerhaftigkeit der vermittelten Beschäftigungsverhältnisse

Die zweite Frage, die im Rahmen dieser Untersuchung beantwortet werden soll, ist die nach der Wirkung einer intensiveren Nachbetreuung der Hilfeempfänger durch die MAVA. Wie bereits beschrieben, werden die vermittelten Personen auch nach einer Vermittlung in den Arbeitsmarkt von Sachbearbeitern der MAVA betreut. Es soll somit versucht werden, eventuelle Konflikte am Arbeitsplatz in Kooperation mit dem Arbeitgeber zu lösen und einer möglichen Kündigung vorzubeugen. Diese Verbesserung der Nachhaltigkeit der Integration in den Arbeitsmarkt gehört zu den erklärten Zielen der MAVA.

Wie schon im Rahmen des deskriptiven Vergleichs wird bei dieser Untersuchung auf die Personen zurückgegriffen, zu denen neben der Erwerbsgeschichte 6 Monate vor der Vermittlung in eine Maßnahme auch der Verbleib nach der Maßnahme (bis zu 12 Monate nach Vermittlung) ermittelt werden konnte. Das bedeutet, daß für eine Analyse lediglich Angaben zu 118

Personen der MAVA-Vermittlungen und 43 Personen der Vermittlungen durch Hilfen im Haushalt vorliegen.[28] Im folgenden Vergleich zwischen den beiden Personengruppen wird auf zwei Ebenen verglichen. Zunächst werden die Personen einander auf Grundlage des Propensity Scores gegenüber gestellt. Dieser Vergleich erfolgt analog zu den Vergleichen der gesamten betreuten Personen. Wie in Anhang 6 ersichtlich ist, finden sich auch hier wieder jeweils ähnliche Personen, die einander zugeordnet werden können, da sich die Kurven der beiden Gruppen vollständig überlappen. In einem weiteren Schritt werden die Gruppen jedoch neben den Propensity Scores zusätzlich noch auf der Grundlage der Erwerbsgeschichte verglichen. Hierfür wird die bereits beschriebene Mahalanobis-Distanz verwendet.

Tabelle 15: Vergleich des Verbleibs bei MAVA und Hilfen im Haushalt

Monat rel. zu Verm.	Beschäftigungsanteile			Mah.-matching		PS-matching	
	SA	MAVA (Mah.)	MAVA (PS)	Diff.	P-Wert	Diff.	P-Wert
-6	0,286	0,220	0,150	0,031	0,513	-0,136	0,156
-5	0,314	0,171	0,125	-0,089	0,146	-0,189	0,047
-4	0,235	0,205	0,125	-0,035	0,760	-0,110	0,220
-3	0,235	0,205	0,125	-0,133	0,760	-0,110	0,220
-2	0,156	0,200	0,100	-0,054	0,637	-0,056	0,480
-1	0,121	0,098	0,075	-0,048	0,749	-0,046	0,511
1	1,000	1,000	1,000	–	–	–	–
2	0,953	0,870	0,925	-0,030	0,203	-0,028	0,591
3	0,925	0,718	0,744	-0,050	0,016	-0,181	0,030
4	0,725	0,611	0,622	0,005	0,298	-0,103	0,340
5	0,684	0,514	0,486	0,030	0,135	-0,198	0,084
6	0,667	0,514	0,543	-0,072	0,187	-0,124	0,282
7	0,632	0,545	0,500	0,009	0,469	-0,132	0,267
8	0,528	0,471	0,429	0,025	0,638	-0,099	0,410
9	0,486	0,444	0,444	0,052	0,723	-0,042	0,723
10	0,371	0,559	0,559	0,117	0,122	0,187	0,122
11	0,405	0,571	0,533	0,121	0,190	0,128	0,304
12	0,351	0,538	0,519	0,207	0,144	0,167	0,187

Quelle: Jerger/Pohnke/Spermann (2001).

Anhang 7 gibt zunächst einen Überblick über den Verlauf der Erwerbsgeschichte und den Verbleib, wie es bereits im Rahmen der deskriptiven

[28] Diese Angaben weichen leicht von den Zahlen ab, die im Rahmen der deskriptiven Analyse verwendet wurden. Dies ist mit einer Anpassung der Datenmenge auf die verwendeten Methoden zu erklären.

Darstellung erfolgte. In den 6 Monaten vor der Vermittlung nimmt die Beschäftigungsquote bei beiden Gruppen kontinuierlich ab, um im Monat nach der Vermittlung definitionsgemäß bei 100 % zu liegen. Nach der Vermittlung ist auch hier die Tendenz bei beiden Gruppen eher abnehmend, wobei sich die Entwicklung bei den durch die MAVA vermittelten Personen nach etwa einem halben Jahr deutlich stabilisiert. Anhand der Matching-Methode soll nun jedoch ein Vergleich in der Entwicklung zwischen den Gruppen vorgenommen werden, der nicht durch einen möglichen Selektions-Bias verzerrt ist.
Diese Entwicklung in den Beschäftigungsanteilen ist in Tabelle 15 nochmals zusammengefasst. Neben dieser Darstellung finden sich in der genannten Tabelle die Ergebnisse von zwei Schätzungen zur Bestimmung der Nachhaltigkeit der Vermittlung unter Berücksichtigung eines möglichen Selektions-Bias. In einer ersten Schätzung wird eine Zuordnung der Gruppen auf Grundlage des Propensity Score (PS) vorgenommen. Das Vorgehen ist hier analog dem Vorgehen bei den gesamten betreuten Personen. Diese Schätzung dient auch als Vergleichsmaßstab für eine zweite Schätzung, die auf Grundlage der Mahalanobis-Distanz (Mah.) erfolgt.
Für die Sachgebiete Hilfen im Haushalt werden, wie erwähnt, 43 Beobachtungen als Vermittlungen gewertet und bei der MAVA 118. Somit liegen in der Programmgruppe mehr Beobachtungen vor als in der Maßnahmengruppe. Aus diesem Grund werden alle Beobachtungen der Kontrollgruppe in zufälliger Reihenfolge gezogen und den Beobachtungen der Programmgruppe zugeordnet. Als Maßstab für die Zuordnung gilt hierbei die geringstmögliche Mahalanobis-Distanz. In den Vektor der Gleichung der Mahalanobis-Distanz gehen dabei neben dem propensity score die Erwerbsgeschichten der sechs Monate vor Vermittlung durch die MAVA bzw. das Sozialamt ein. Die Ergebnisse dieses Matchings sind ebenfalls aus Tabelle 15 ersichtlich.
Als Ergebnis dieser Untersuchung läßt sich feststellen, daß das Ergebnis der deskriptiven Analyse bestätigt werden kann. Die durch die MAVA betreuten Maßnahmen erweisen sich als weniger erfolgreich als die Maßnahmen der Sachgebiete Hilfen im Haushalt. Die Wirkungen sind beim Matching anhand des Propensity Score sogar bis zum neunten Monat negativ und sprechen bis zu diesem Zeitpunkt eher für eine Vermittlung und Betreuung durch die Sachgebiete Hilfen im Haushalt. Erst in der langfristigen Betrachtung in den Monaten neun bis zwölf kommt es dann zu Vorteilen bei der Betreuung durch die MAVA.

(3) Zusammenfassung der Ergebnisse

Die Ergebnisse der mikroökonometrischen Berechnungen bestätigen tendenziell die deskriptiven Einschätzungen. Hinsichtlich der Vermittlungswahrscheinlichkeit weist die MAVA deutliche Erfolge gegenüber einer

Vermittlung durch die Sachgebiete Hilfen im Haushalt auf. Es kann eine höheren Vermittlungsquote bei der MAVA von ca. 16 Prozentpunkten festgestellt werden.
Das erklärte Ziel, mit der Betreuung durch die MAVA eine größere Nachhaltigkeit für ein Verbleiben in Beschäftigung zu erreichen, kann gemäß einer zweiten Schätzung nicht als erreicht betrachtet werden. Insbesondere in den Monaten direkt nach der Vermittlung ist die Beschäftigungsquote bei den Vermittlungen durch die MAVA geringer. Erst in der längerfristigen Betrachtung erreicht die MAVA einen höheren Beschäftigungsanteil als die Sachgebiete Hilfen im Haushalt. Es muß allerdings darauf hingewiesen werden, daß diese Aussagen (bis auf eine Ausnahme im dritten Monat nach der Vermittlung) statistisch nicht signifikant sind. Dies gilt sowohl für die aus Sicht der MAVA negativen Ergebnisse nach der Vermittlung als auch für die positiven Effekte in der längeren Frist. Dies ist wohl im wesentlichen auf die der Schätzung zugrundeliegenden Daten und die recht geringe Zahl an Beobachtungen zurückzuführen.

4.2.5 Zwischenergebnis

4.2.5.1 Ausgangslage der Evaluation

Die beschriebene Fallstudie – Evaluierung der Mannheimer Arbeitsvermittlungsagentur (MAVA) – verdeutlicht wichtige Aspekte der Anwendung theoretischer Analysemethoden auf eine empirische Untersuchung. Gegenstand der Untersuchung ist das Projekt „EffeSoz“, dessen Kernstück die MAVA ist. „EffeSoz“ zielt darauf hin, daß Menschen schneller als bisher die Sozialhilfebedürftigkeit überwinden bzw. dass Sozialhilfebedürftigkeit erst gar nicht entsteht. Sozialhilfeleistungen sollen effektiv, d.h. mit guter Qualität und mit hoher Wirkung erbracht werden. Das Projekt EffeSoz steht für einen Kurswechsel in der Sozialhilfe: von einer überwiegend auf materielle Hilfeleistung bestimmten Praxis zur aktiven Beratung und Vermittlung aus dem Sozialhilfebezug heraus.
Im Rahmen der Evaluierung bildet die MAVA den eigentlichen Untersuchungsgegenstand. In dieser neu gegründeten Einrichtung arbeiten Mitarbeiter des Sozial- und Arbeitsamts eng bei der Vermittlung arbeitsfähiger Sozialhilfeempfänger zusammen. Kennzeichen der MAVA sind weiterhin das gemeinsame Fallmanagement, die gemeinsame Branchenstrukturanalyse des Niedriglohnsektors, die gemeinsame Akquisition von Arbeitsgelegenheiten, die gemeinsame Zusammenarbeit mit Beschäftigungsträgern und die gemeinsame Abstimmung der beiden Informationssysteme und Geschäftsstatistiken. Die

MAVA ist ein innovativer Weg in der Arbeitsmarktpolitik, der bisher einmalig in Deutschland ist.
Kennzeichnend für die MAVA ist neben der gemeinsamen Arbeit von Mitarbeitern des Arbeits- und Sozialamtes unter einem Dach die Betreuungsrelation zwischen Hilfeempfängern und Sachbearbeitern mit etwa 60:1. Dieses Verhältnis ist wesentlich günstiger als in den übrigen Sachgebieten des Sozialamtes (125:1) und im Arbeitsamt (etwa 800:1).
Im Rahmen der empirischen Untersuchungen sollte der Erfolg bestimmt werden, den die MAVA in ihrer neuartigen Konstruktion vorweisen kann. Wie im Rahmen der konzeptionellen Vorüberlegungen mit dem Auftraggeber abgestimmt wurde, sollten bei dieser Untersuchung eher quantitative und qualitative Merkmale der Vermittlungstätigkeit im Vordergrund stehen, weniger monetäre Aspekte. Es handelt sich also um eine Wirkungsanalyse, deren theoretische Basis in Kapitel 3.1 vorgestellt wurde.
Um den Erfolg der MAVA bestimmen zu können war es notwendig, einen Maßstab der Erfolgskontrolle zu finden. Da kein externes Kriterium vorgegeben war, das die MAVA-Tätigkeit als erfolgreich definiert, und auch keine prozeßbegleitende Kontrollgruppe bei Gründung des Projektes eingerichtet worden war, mußte rückblickend eine derartige Vergleichsgruppe konstruiert werden. Diese Vergleichsgruppe stellen die durch die Sachgebiete „Hilfen im Haushalt“ des Sozialamtes vermittelten arbeitsfähigen Sozialhilfeempfänger dar. Grundsätzlich soll die Eingliederung in den ersten oder zweiten Arbeitsmarkt zwar durch die MAVA erfolgen. Gleichzeitig vermittelten jedoch auch die Sachgebiete „Hilfen im Haushalt“ arbeitsfähige Hilfeempfänger in den ersten Arbeitsmarkt. Gegenstand der Evaluation ist somit die MAVA als Kernstück des Projektes „EffeSoz“. Im Rahmen der Analyse der MAVA stehen die Vermittlungen in den ersten Arbeitsmarkt im Mittelpunkt der Betrachtung, die mehr als die Hälfte der Vermittlungen der MAVA ausmachen.
Im vorliegenden Fall war die Datensituation von entscheidender Bedeutung. Da die wissenschaftliche Untersuchung nicht von Beginn des Projektes an Bestandteil der Planungen war, hatten die erfassten Daten zunächst nicht den Umfang und die Qualität, um eine Aussage hinsichtlich des Erfolgs der neu gegründeten Einrichtung treffen zu können. Auch war es aufgrund der praktischen Vorgaben und des Zeitpunktes nicht möglich, einige Untersuchungsmethoden (z.B. experimentelle Verfahren) anzuwenden. Die Erhebung der Daten für die nicht-experimentelle Untersuchung bildete demzufolge einen wesentlichen Bestandteil der eigentlichen Tätigkeit, da innerhalb des Sozialamtes mehrere verschiedenartige Datenbanken kombiniert werden mussten.
Neben den aufwendigen Datenerhebungen innerhalb des Sozialamtes war es notwendig, Informationen aus verschiedenen weiteren Datenbanken zu

verknüpfen. Da sowohl das Sozialamt, dem die MAVA als Sachgebiet zugeordnet ist, als auch das Arbeitsamt Träger dieser neuen Einrichtung sind, müssen Informationen über die Hilfeempfänger zusätzlich aus unterschiedlichen Datenbanken zwischen den Institutionen zusammengeführt werden.

4.2.5.2 Ergebnisse der empirischen Untersuchungen

Die im Gutachten vorgenommenen empirischen Untersuchungen bestehen aus zwei Vergleichen, die mit jeweils zwei unterschiedlichen Ansätzen analysiert werden. In einem quantitativen Vergleich wird die Anzahl der durch die MAVA vermittelten Personen mit der durch die Sachgebiete „Hilfen im Haushalt" vermittelten Personen verglichen. Hierbei sollte ein Eindruck gewonnen werden, wie sich die konzentrierten Bemühungen der MAVA um eine Vermittlung hinsichtlich der Quantität bemerkbar macht. In einem zweiten Vergleich, der zwischen den vermittelten Personen der MAVA und den vermittelten Personen von „Hilfen im Haushalt" vorgenommen wurde, lag der Schwerpunkt auf einer qualitativen Betrachtung der Vermittlungen. Unter Berücksichtigung der Erwerbsgeschichte der Hilfeempfänger konnte eine Aussage über die Nachhaltigkeit der Vermittlungstätigkeit getroffen werden.
Zunächst wurden diese beiden Fragestellungen anhand eines eher deskriptiven Vergleichs untersucht. Im Rahmen einer mikroökonometrischen Untersuchung konnten dann die Ergebnisse des ersten Ansatzes überprüft und spezifiziert werden.

(1) Deskriptive Untersuchung

Der erste Ansatz, den Erfolg der MAVA im Vergleich mit den Sachgebieten Hilfen im Haushalt zu bestimmen, war ein *quantitativer Vergleich* zur Messung der Vermittlungswahrscheinlichkeit. Ausgangspunkt für diese Untersuchung waren sämtliche Personen, die im Zeitraum der Arbeitsaufnahme der MAVA im Juli 1998 bis zum 31.12.1999 in Kontakt mit der Einrichtung getreten sind. In diesem ersten Schritt konnten 1525 Personen identifiziert werden. Als Vergleich dienten 5589 Personen, die über die Sachgebiete „Hilfen im Haushalt" betreut wurden. Die beiden Personengruppen waren durch statistische Anpassungen (Altersgruppen, Zeitraum der Betreuung, Personenschlüssel) vergleichbar geworden. So handelte es sich grundsätzlich um arbeitsfähige Hilfeempfänger, die einer Vermittlung im oben genannten Zeitraum zur Verfügung standen.
In einer ausführlichen statistischen Auswertung konnte ein Überblick über die beiden Personengruppen hinsichtlich ihrer Zusammensetzung gewonnen werden. So standen zahlreiche Kategorien zur Verfügung, nach denen die Personen analysiert werden konnten. Im einzelnen waren dies die Kategorien Alter, Geschlecht, Familienstand, Personengruppe Haushalt, Schul- und Berufsbildung, sowie der Erwerbsstatus, die bei beiden Gruppen zur Verfügung

standen. Durch ein Vergleich der Strukturdaten der von der MAVA und von den Sachgebieten „Hilfen im Haushalt" betreuten Personen konnte ein Eindruck gewonnen werden, welche Vermittlungsvoraussetzungen die Hilfeempfänger auf Grundlage dieser Kategorien haben.

Der quantitative Vergleich zwischen den durch die MAVA vermittelten Personen und den vermittelten Personen in Hilfen im Haushalt ergibt, daß die Zahl der Vermittlungen der MAVA die von Hilfen im Haushalt deutlich übersteigt. Von einer Grundgesamtheit von 1525 Personen konnten 450 Personen über die MAVA in den ersten Arbeitsmarkt vermittelt werden - das sind knapp 30 %. Dagegen konnten von einer Grundgesamtheit von 5589 Personen lediglich 164 Personen durch die Sachgebiete Hilfe im Haushalt in den ersten Arbeitsmarkt vermittelt werden - das sind etwa 3 %. Der rein quantitative Vergleich spricht somit deutlich für eine Konzentration der Vermittlungsaktivitäten bei der MAVA, die durch eine intensivere Betreuung sowohl der Hilfeempfänger als auch der kooperierenden Unternehmen deutlich mehr Vermittlungen in einen Arbeitsvertrag aufweisen kann.

In einem zweiten Schritt wurde versucht, die *Qualität der Vermittlungen* zu bestimmen. Da die von der MAVA vermittelten Personen nach ihrer Vermittlung weiterhin betreut werden und dies bei Hilfen im Haushalt nicht der Fall ist, wird bei der MAVA ein größerer Verbleib in der Beschäftigung erwartet. Diese Verbesserung der Nachhaltigkeit ist erklärtes Ziel im Rahmen des MAVA-Konzeptes. Die Strukturdaten zwischen den Vermittlungen der Sachgebiete Hilfen im Haushalt und MAVA sind bei erster deskriptiver Betrachtung vergleichbar, die Personen von „Hilfen im Haushalt" weisen sogar hinsichtlich ihrer Arbeitsmarktbindung etwas günstigere Werte auf. Dies wird einerseits durch den Erwerbsstatus belegt, bei dem deutlich mehr Personen als Teilzeit- bzw. Vollzeiterwerbstätige registriert sind. Auch in der Erwerbsgeschichte ist der Anteil der Zeit, der bei kumulierter Betrachtung ohne Beschäftigung verbracht wurde, bei den Vermittlungen der MAVA deutlich höher. Einige Indikatoren weisen jedoch darauf hin, daß sich diese günstige Ausgangslage eher auf wenige Personen mit relativ langen Beschäftigungszeiten verteilt.

Hinsichtlich des Verbleibs ergibt sich, daß die Zeiten von Beschäftigung und Arbeitslosigkeit im Anschluß an die Vermittlung bei beiden Institutionen recht ähnlich ist, die Vermittlungen von Hilfen im Haushalt sogar einen leicht höheren Beschäftigungsanteil vorweisen können. Bei genauer Betrachtung ergibt sich jedoch, daß bei der MAVA nach einem gewissen Prozeß der Selektion in den ersten Monaten nach der Vermittlung das Niveau der Beschäftigung recht hoch gehalten werden kann. Bei Hilfen im Haushalt hingegen kommt es zu einer kontinuierlichen Abnahme der Beschäftigungshäufigkeit. Diese Tatsache ist ein Indiz einerseits für die weiterführende Betreuung der Vermittelten durch die

MAVA, andererseits dafür, daß die Gruppe der Vermittlungen durch „Hilfen im Haushalt" eher heterogen ist. Während einige Personen recht gute Voraussetzungen für eine Beschäftigung mitbringen (und diese auch in Arbeit verbleiben), fallen die anderen Personen aus der Beschäftigung. Diese Personen finden den Weg in eine neue Tätigkeit nicht mehr so häufig.
Abschließend wurde im Rahmen der deskriptiven Betrachtung ein *qualitativer Vergleich auf individueller Ebene* vorgenommen, d.h. Personen, die von der MAVA vermittelt wurden, werden Personen mit gleichen persönlichen Merkmalen gegenübergestellt, die von Hilfen im Haushalt vermittelt wurden. Aufgrund der detaillierten Strukturangaben über die jeweiligen Personen und aufgrund der Ermittlung von Erwerbsgeschichte und Verbleib konnte ein direkter Vergleich auf individueller Ebene vorgenommen werden. Durch dieses Vorgehen konnte eine Aussage getroffen werden über die Nachhaltigkeit der Betreuung durch die jeweiligen Einrichtungen. Die Gegenüberstellung („Matching") fand statt auf Grundlage der vermittlungsrelevanten Merkmale Alter, Geschlecht, Staatsangehörigkeit, Familienstand, Schul- und Berufsabschluß, Erwerbsstatus sowie der Erwerbsgeschichte. Bei der Betrachtung der Erwerbsgeschichte war die Anzahl der Ausbildungs- und Beschäftigungsmonate von Interesse.
Von den 118 Personen der MAVA und den 44 Personen von Hilfen im Haushalt, über die eine Erwerbsgeschichte und der Verbleib vorlag, konnten 27 Personen einander zugeordnet werden, d.h. es konnten 27 „Paare" hinsichtlich ihres Verbleibs analysiert werden. Ergebnis dieses Vergleichs war, daß sich keine Aussage zugunsten der intensiveren Betreuung der Hilfeempfänger bei der MAVA treffen läßt. In den meisten Kategorien, durch die ein Vergleich vorgenommen wurde, sprechen die Ergebnisse für die Personen, die durch „Hilfen im Haushalt" betreut wurden. So verbleiben diese Personen länger in ihrer vermittelten Tätigkeit (bei 63 % der Fälle, gegenüber 18,5 % bei der MAVA), auch weisen diese Personen eine höhere Zahl an Beschäftigungsmonaten auf, also auch in anderen Tätigkeiten nach der Vermittlung (59,3 %, gegenüber 33,3 % bei der MAVA). Der durchschnittliche Verbleib der Personen in der vermittelten Tätigkeit ist bei Hilfen im Haushalt mit 6 Monaten höher als bei der MAVA (4,5 Monate), ebenso verhält es sich bei der durchschnittlichen Dauer in einer Beschäftigung insgesamt in den 12 betrachteten Monaten nach Vermittlung (7,5 Monate gegenüber 6 Monaten bei der MAVA).

(2) Mikroökonometrischer Vergleich

Die Fragen nach dem quantitativen Erfolg einerseits und der Nachhaltigkeit der Vermittlungen andererseits wurden erneut aufgegriffen im Rahmen einer mikroökonometrischen Untersuchung, wie sie von Jerger/Pohnke/Spermann (2001)

vorgenommen worden war. Zur Bestimmung der Vermittlungsquote der jeweiligen Einrichtung waren die Daten der betreuten Personen zunächst statistisch aufbereitet worden, was eine leicht abweichende Anzahl an beobachteten Personen erklärt. Bei der Untersuchung der Vergleichbarkeit der jeweils betreuten Personengruppen konnte festgestellt werden, daß sich die beiden Gruppen in einigen Aspekten wie Alter oder Anteil an Alleinerziehenden unterscheiden. Die konnte durch die Verwendung von Teststatistiken festgestellt werden.
Trotz dieser Abweichungen im Profil der beiden Gruppen konnte ein Vergleich vorgenommen werden. Hierzu wurden Personen aus den beiden Gruppen aufgrund des sogenannten Propensity Score einander zugeordnet und verglichen. Der Propensity Score fasst die vielfältigen Strukturangaben zu einer Person wie Alter oder Familienstand zu einem Maß zusammen, was die Zuordnung erheblich erleichtert. Das Ergebnis dieses Vergleichs bestätigt das Ergebnis der deskriptiven Untersuchung. Die MAVA erzielt mit ihrem Konzept der konzentrierten Vermittlung deutlich höhere Vermittlungsquoten als die Sachgebiete Hilfen im Haushalt. Anhand des verwendeten Matching-Verfahrens kann zusätzlich noch der Umfang des Erfolges bestimmt werden: Die MAVA erzielt um knapp 16 Prozentpunkt höhere Vermittlungsquoten als die Vergleichsgruppe.
Auch bei der Messung der Nachhaltigkeit der Vermittlungen wurde auf Basis des Propensity Score gematcht. Datengrundlage waren hierbei, wie bei der deskriptiven Betrachtung, die Personen, über die sowohl die Erwerbsgeschichte als auch der Verbleib nach der Maßnahme bekannt waren. Beim Matching anhand des Propensity Score fanden jedoch lediglich die Merkmale der Strukturdaten Berücksichtigung. In einem zweiten Match-Prozeß, der anhand der Schätzung der Mahalanobis-Distanz vorgenommen wurde, wurde zusätzlich auch die Erwerbsgeschichte in die Zuordnung von Personen aus der Programm- und Kontrollgruppe einbezogen. Die Schätzungen anhand der beiden Analysemethoden Propensity Score und Mahalanobis-Distanz weisen jedoch ähnliche Ergebnisse auf.
Bei diesen Schätzungen werden die Ergebnisse des deskriptiven Vergleichs weitgehend bestätigt. Ein Vorteil läßt sich aus der intensiveren Nachbetreuung durch die MAVA nicht ableiten, in den Monaten nach der Vermittlung weisen sogar die durch das Sozialamt betreuten Personen eine höhere Beschäftigungsquote auf als die Programmgruppe. Erst in der längerfristigen Betrachtung 9 bis 12 Monate nach derVermittlung ist der Beschäftigungsanteil bei den durch die MAVA betreuten Personen höher.

4.2.5.3 Abschließende Betrachtung

Mit dem Projekt EffeSoz beschreitet das Sozialamt der Stadt Mannheim sozialpolitisches Neuland. Mit erheblichen verwaltungsinternen Anstrengungen wurde das Kernstück des Projekts - die Mannheimer Vermittlungsagentur MAVA für arbeitsfähige Sozialhilfeempfänger - auf den Weg gebracht. Im Rahmen der vorliegenden Analyse konnte gezeigt werden, daß dieser Weg im Hinblick auf das sozialpolitische Ziel: schnelle Wiedereingliederung in den Arbeitsmarkt in beeindruckender Weise erreicht wurde. Sowohl anhand deskriptiver als auch anhand mikroökonometrischer Untersuchungen läßt sich eine deutlich höhere Vermittlungsquote bei der MAVA feststellen.

Überraschenderweise hat die aufwendige Datenanalyse gezeigt, daß die Nachhaltigkeit der Beschäftigung trotz intensiver Nachbetreuung durch die MAVA-Mitarbeiter gegenüber der Vergleichsgruppe nicht größer, teilweise sogar geringer ist. Angesichts der kleinen zur Verfügung stehenden Datenstichprobe ist diese Aussage allerdings mit einiger Unsicherheit behaftet.

Aus der Analyse der MAVA ergeben sich jedoch einige interessante Aspekte hinsichtlich der Übertragung theoretischer Ansätze auf empirische Studien. Zunächst war das Vorgehen bei der Evaluation durch den Zeitpunkt, in dem die Untersuchung im Rahmen des Projektes „EffeSoz“ begonnen wurden, erheblich eingeschränkt. Die zeitlichen Restriktionen erforderten einerseits ein Einschränken der Analyse auf den Kernbereich von EffeSoz,[29] die MAVA, und bei der MAVA auf deren Kernaktivitäten, die direkten Vermittlungen in den ersten Arbeitsmarkt. Andererseits konnten verschiedene Untersuchungsmethoden wie beispielsweise experimentelle Analysen nicht angewendet werden, da die Evaluation nicht von Beginn des Projektes an berücksichtigt worden war. Die Datenerhebung für die Bestimmung des Vermittlungserfolges der MAVA nahm somit einen wesentlichen Teil der zeitlichen und personellen Ressourcen in Anspruch.

Hinsichtlich der verwendeten Untersuchungsmethoden entsprechen sich die Ergebnisse der deskriptiven und der mikroökonometrischen Untersuchung in ihrer Aussage. Somit kann eine klare Aussage zu der von der Stadt Mannheim formulierten Fragestellung getroffen werden. Insbesondere der quantitative Vergleich mit den Sachgebieten Hilfen im Haushalt ergibt ein recht eindeutiges Ergebnis. Unsicherheiten bestehen jedoch in der Aussage betreffs des qualitativen Vergleichs auf individueller Ebene. Sowohl beim deskriptiven als auch beim mikroökonometrischen Vergleich steht nur eine recht geringe Zahl an Beobachtungen zur Verfügung. Dies wiederum ist zurückzuführen auf die aufwendige Datenerhebung und der fehlenden Harmonisierung der unterschiedlichen Datenbanken bei den einbezogenen Einrichtungen.

---

[29] Eine Untersuchung der monetären Aspekte des „EffeSoz“-Projektes wurde getrennt vom Maßnahmeeffekt vorgenommen. Siehe hierzu *Löffler/Spermann* (2000).

4.3 Fallstudie 2: Kosten-Nutzen Analyse der Kommunalen Leitstelle für Arbeit (KOLA), Freiburg im Breisgau

4.3.1 Einführung

Die zweite Fallstudie, die im Rahmen dieser Arbeit vorgestellt wird, ist eine fiskalische Kosten-Nutzen Analyse der „Kommunalen Leitstelle für Arbeit“ (KOLA) in Freiburg im Breisgau. Anders als noch bei der Analyse der Mannheimer Arbeitsvermittlungsagentur (MAVA),[30] bei der weitgehend die Untersuchung des kausalen Effektes der Maßnahmen im Mittelpunkt stand, sind hier beinahe ausschließlich die monetären Wirkungen für den kommunalen Haushalt von Interesse. Dies hängt einerseits mit der Fragestellung der Stadt Freiburg an die Evaluation zusammen, andererseits waren völlig andere Maßnahmetypen Gegenstand der Analyse als bei der MAVA. Während bei der MAVA direkte Vermittlungen in den ersten Arbeitsmarkt untersucht wurden, werden hier Vermittlungen in den zweiten Arbeitsmarkt betrachtet. Diese Unterschiede verbunden mit einer grundsätzlich anderen Datensituation ergeben einen abweichenden Ansatzpunkt für eine Evaluierung. Eine vorhergehende Wirkungsanalyse, wie sie noch im Rahmen von Fallstudie 1 vorgenommen wurde, ist hier weder gefragt, noch ist sie zur Bestimmung der fiskalischen Effekte notwendig.
In den folgenden Abschnitten soll zunächst die allgemeine Situation der Sozialhilfe in Freiburg vorgestellt werden, gefolgt von einer Vorstellung der Einrichtung KOLA, die als Antwort der Stadt Freiburg auf diese Entwicklung zu sehen ist. In Abschnitt 4.3.1.3 folgt eine Beschreibung der Fragestellung und einer Vorstellung des gewählten Untersuchungsansatzes.

4.3.1.1 Situation der Sozialhilfe in Freiburg

Aus dem Sozialhilfebericht des Jahres 1999 der Stadt Freiburg wird ein hohes Niveau der Sozialhilfebedürftigkeit ersichtlich.[31] Demnach ist Freiburg nach Mannheim in Baden-Württemberg der Stadtkreis mit der höchsten Sozialhilfedichte.[32]
Obwohl die Gesamtausgaben für Sozialhilfe seit 1996 rückläufig sind, verzeichnen die Nettoausgaben einen beinahe kontinuierlichen Anstieg seit 1984 (siehe Abbildung 19). Erst im letzten Jahr kam es zu einem Rückgang von 5,6 % bei den als Reinaufwand bezeichneten Nettoausgaben. Dieser Rückgang sollte je-

[30] Vgl. Fallstudie 1.
[31] *Stadt Freiburg im Breisgau* (2000a).
[32] Gemessen an Empfängern von laufender Hilfe zum Lebensunterhalt pro 1000 Einwohner.

doch nicht von der hohen Belastung für den städtischen Haushalt durch die Ausgaben für Sozialhilfe ablenken. [33]

Abbildung 19: Reinaufwand, Ausgaben, Einnahmen für Sozialhilfe der Stadt Freiburg in DM, 1984-1999

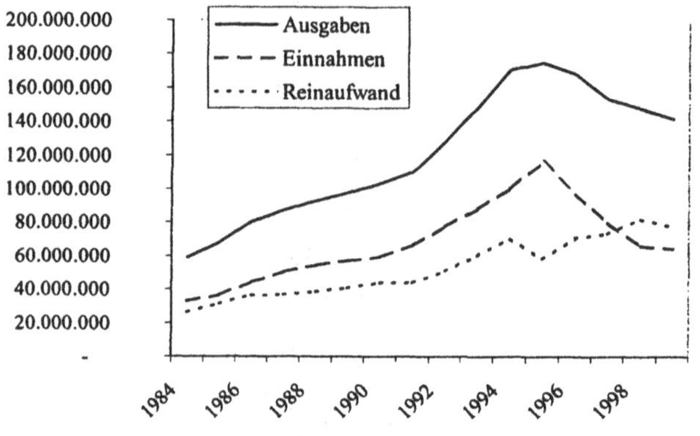

Quelle: Sozialhilfebericht der Stadt Freiburg im Breisgau 1999.

Dementsprechend zeigen zwar auch die Hilfeempfängerzahlen einen Rückgang, der im letzten Jahr eingesetzt hat (Vgl. Abbildung 20). Diese Entwicklung betrug in der kumulierten Betrachtung der Hilfeempfänger einen Rückgang von 15.897 auf 14.502 Personen. Doch finden diese Prozesse auf einem nach wie vor hohen Niveau der Bedürftigkeit statt, wie der Anteil von Hilfeempfängern an der Freiburger Wohnbevölkerung von 5,8, % deutlich macht. Bei den Personen unter 18 Jahren liegt der Anteil der Sozialhilfeempfänger sogar bei 12,8 %.
Ähnlich verhält sich die Situation bei den arbeitslosen Sozialhilfeempfängern in Freiburg. Auch hier ist ein leichter Rückgang bei der Bedürftigkeit zu verzeichnen (siehe Abbildung 21), doch befindet sich diese nach wie vor auf hohem Niveau. Hinzu kommt, daß zu den 2734 Personen, die im Jahr 1999 wegen Arbeitslosigkeit auf Sozialhilfe angewiesen waren, 2120 Haushalts- bzw. Familienangehörige zu rechnen sind.[34] Auch diese Personen sind von den finanziellen und sozialen Folgen der Arbeitslosigkeit betroffen.

---

[33] Der Rückgang der Ausgaben im Jahr 1996 gegenüber 1995 erklärt sich durch die Leistungen der Pflegeversicherung, insbesondere beim überörtlichen Träger. Vgl. *Stadt Freiburg im Breisgau* (2000a), S. 8.
[34] Vgl. *Stadt Freiburg im Breisgau* (2000a), S. 39.

Abbildung 20: Hilfeempfängerzahlen und Anteil an der Wohnbevölkerung, Freiburg 1995-1999

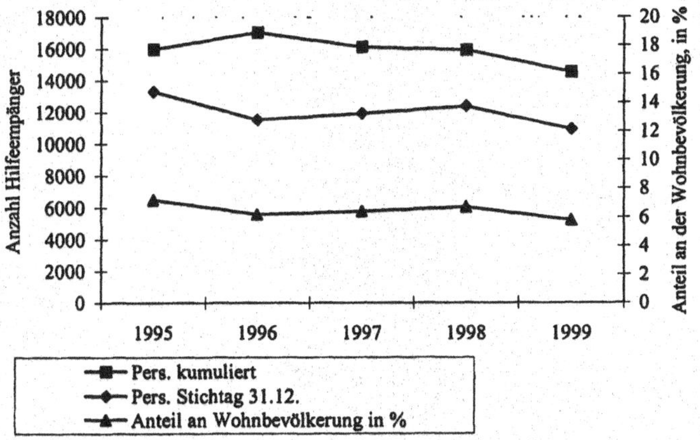

Quelle: Sozialhilfebericht der Stadt Freiburg im Breisgau 1999.

4.3.1.2 Kommunale Leitstelle KOLA

Zu Beginn des Jahres 1998 nahm die Kommunale Leitstelle für Arbeit (Kola) ihre Arbeit auf. Zu diesem Zeitpunkt verfolgte die Stadt Freiburg mit der Einrichtung im wesentlichen zwei Ziele: Zum einen sollte jedem Antragsteller, der wegen Arbeitslosigkeit Sozialhilfe beantragt, sofort ein Arbeitsangebot gemacht werden können. Dieses sollte täglich vier Stunden Arbeit umfassen und solange dauern, bis der konkrete Anspruch des Antragstellers geklärt und ein Hilfeplan erarbeitet wurde.

Im Rahmen dieses Hilfeplans kann es beispielsweise zu Umschulungen oder Fortbildungen kommen, wenn dies die Möglichkeiten des Hilfeempfängers auf dem Arbeitsmarkt entscheidend verbessert. Als Orientierungszeitraum galt damals eine Dauer zwischen drei und sechs Monaten, wobei sechs Monate die Regelzeit für eine derartige Tätigkeit darstellten. Diese Maßnahmen beruhen auf § 19 Abs. 2 BSHG (Mehraufwandsentschädigungsvariante) und werden als *Maßnahmen* nach *Kola 500* bezeichnet.

Abbildung 21: Entwicklung der arbeitslosen Sozialhilfeempfänger in Freiburg, 1995-1999

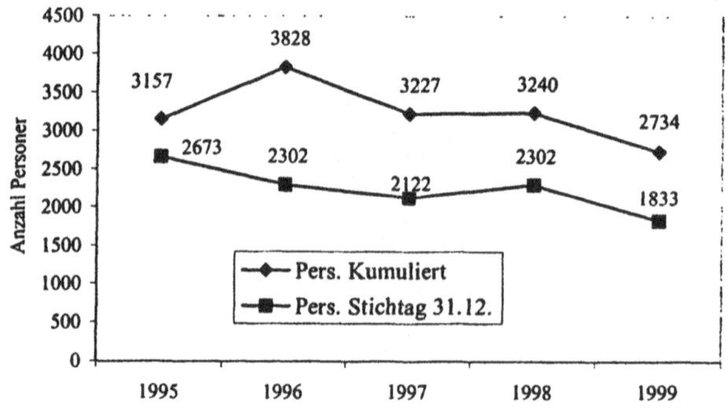

Quelle: Sozialhilfebericht der Stadt Freiburg im Breisgau 1999.

Zum anderen war eine Aufstockung der sozialversicherungspflichtigen Beschäftigungsverhältnisse nach § 19 Abs. 2 BSHG (Entgeltvariante) vorgesehen. Hierbei nehmen die Hilfeempfänger eine auf normalerweise ein Jahr befristete Stelle zum gängigen Tariflohn auf. Diese Tätigkeiten werden heute im Rahmen der *Maßnahmen nach Kola 200* vermittelt.

Die Aufgaben der Kola wurden durch den Gemeinderatsbeschluß vom November 1997 (auf Grundlage der Drucksache GR 97196) folgendermaßen beschrieben:[35]

Schaffung von 400 gemeinnützigen Stellen als Trainings- und Qualifizierungsmaßnahmen (gemäß § 19 Abs. 2 BSHG, Mehraufwandsentschädigungsvariante; Dauer drei bis sechs Monate, vier Stunden täglich).

- Schaffung von 200 Arbeitsplätzen (gemäß § 19 Abs. 2 BSHG, Entgeltvariante; Dauer ein Jahr, sozialversicherungspflichtig, Vollzeit)
- Akquisition von Arbeitsplätzen
- Direkte Vermittlung von arbeitslosen Hilfeempfängern auf den ersten Arbeitsmarkt
- Entwicklung individueller Hilfepläne während der Maßnahmen
- Entwicklung einer bedarfsgerechten Datenbank

[35] Angaben durch die Kola sowie Konzept „Kommunale Leitstelle für Arbeit" vom 28.10.1997.

Jeder anderen Maßnahme geht zunächst eine Maßnahme nach Kola 500 voraus, auch den Maßnahmen nach Kola 200. Ausgenommen sind hier Gelegenheiten zu direkter Vermittlung, die zu jedem Zeitpunkt erfolgen können.

Abbildung 22: Aktivitäten der KOLA, Jahresbericht 1998

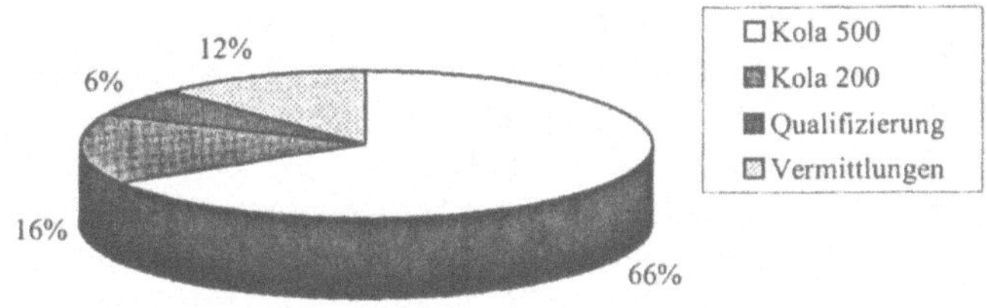

Quelle: Jahresbericht 1998 der Kommunalen Leitstelle für Arbeit, April 1999

Zu den oben genannten „klassischen" Aufgaben der Kola wie Maßnahmen nach *Kola 200* und *Kola 500* kamen inzwischen einige weitere Aktivitäten, die zu einer Vertiefung und Differenzierung der Tätigkeiten führten. Zu diesen Aktivitäten zählen die im Mai 1999 gegründete Jugendagentur, die sich auf die Beratung und Vermittlung von Jugendlichen konzentriert, die Vermittlungsagentur, die die direkte Vermittlung der Hilfeempfänger in den ersten Arbeitsmarkt fokussiert betreibt, oder die Qualifizierungsmaßnahmen, die zwar schon 1998 durch die Kola angeboten wurden, jedoch eine Ausweitung erfahren haben. Wie noch genauer beschrieben wird werden diese Aktivitäten nur begrenzt in die vorliegende Analyse eingehen.

Die Aktivitäten zum Zeitpunkt der Kosten-Nutzen Analyse sind in Abbildung 22 dargestellt. Sämtliche Angaben sind hierbei dem Jahresbericht der KOLA für das Jahr 1998 entnommen. Die meisten Personen (641) wurden demnach in Maßnahmen nach KOLA 500 betreut. In sozialversicherungspflichtige Beschäftigungsverhältnisse nach KOLA 200 konnten 151 Personen vermittelt werden, während 59 Hilfeempfänger an Qualifizierungsmaßnahmen teilnahmen. 113 Personen konnten in den ersten Arbeitsmarkt vermittelt werden, entweder direkt nach der Beratung (48 Personen), nach einer Kola 500 Maßnahme (20 Personen) oder nach einer Kola 500 Maßnahme (29 Personen).

4.3.1.3 Auftrag und Vorgehen bei der Evaluierung

Der Auftrag der Untersuchung bestand in einer monetären Analyse der Kola aus Sicht der Stadt Freiburg als Träger der Einrichtung. Hierbei sollte sowohl die Effektivität hinsichtlich der Vermittlungen dieser neuen Institution als auch deren monetäre Effizienz für die Stadt Freiburg untersucht werden.
Die Untersuchung in dem vorliegendem Gutachten erfolgte nicht für die Kola als Ganzes, vielmehr wurden die Kernaktivitäten getrennt analysiert und bewertet. Als zentrale Elemente der Kola werden die beiden Vermittlungstypen *Maßnahmen nach Kola 500* sowie nach *Kola 200* betrachtet. Zwar haben die Vermittlungen mit 113 vermittelten Personen ebenfalls eine nennenswerte Größe erreicht und stellen damit ein Potential zu größeren Einsparungen im kommunalen Haushalt dar. Jedoch haben sich in diesem Bereich zum Zeitpunkt der Analyse starke Umstrukturierungen in diesem Bereich ergeben (Gründung einer Vermittlungsagentur), so daß noch keine Erfahrungswerte für die neue, relevante Konstellation vorliegen konnten. Ähnlich verhielt es sich mit den Qualifizierungsmaßnahmen, die einen neuen Stellenwert innerhalb der Instrumente der Kola darstellen sollten und neu strukturiert wurden. Mit den genannten Maßnahmen nach Kola 500 und Kola 200 sind jedoch die relevanten und zentralen Bereiche der Institution „Kommunale Leitstelle für Arbeit" erfasst.
Wie erwähnt geht den sozialversicherungspflichtigen Beschäftigungsverhältnissen nach Kola 200 zunächst die Tätigkeiten nach Kola 500 voraus. Aus diesem Grund werden zunächst die Maßnahmen nach Kola 500, im Anschluß die Maßnahmen nach Kola 200 vorgestellt. Bei beiden Maßnahmetypen sind die Maßnahmen Gegenstand der Untersuchung, die im Jahr 1998 angetreten wurden. Dieses Vorgehen hat den Vorteil, daß die Betrachtung für einen abgeschlossenen Zeitraum vorgenommen werden kann, zu dem auch Vergleichsbetrachtungen herangezogen werden können. Zum Zeitpunkt der Analyse (erstes Halbjahr 1999) lagen somit Daten über den Zeitraum des ersten Jahres seit Gründung der Kola vor.
Wie in Abschnitt 3.2 bei der theoretischen Betrachtung von Kosten-Nutzen Analysen beschrieben wurde, werden die in einer Analyse berücksichtigten Elemente an die spezielle Situation der jeweiligen Untersuchung angepaßt. Nur solche Komponenten, die einen direkten Zusammenhang zu den Wirkungen des betrachteten Projektes erkennen lassen und sich darüber hinaus nachvollziehbar monetär bewerten lassen, werden in die Berechnungen einbezogen. Dieserart verlief auch die Selektion der einbezogenen Elemente in die Kosten-Nutzen Analyse der Kola.
Sämtliche Analysen beziehen sich auf die jeweiligen fallbezogenen Kosten- und Nutzenwerte. Eine Berücksichtigung auch der Investitionskosten und der Gemeinkostenanteile sämtlicher Kola-Aktivitäten war im Rahmen dieser Untersuchung nicht möglich. Zum einen war diese Fragestellung im gesetzten Untersu-

chungsumfang nicht vorgesehen, zum anderen sind bei einer derartigen Analyse Fragen der Zuordnung von Kostenanteilen zu klären, die so nicht erfasst werden. An den entsprechenden Stellen im Rahmen des folgenden Kapitels wird nochmals genauer auf diese Fragestellung verwiesen.
Folgendes Vorgehen wurde bei der Analyse der jeweiligen Maßnahmetypen gewählt:
Kola 500: In die Auswertung der Maßnahmen nach Kola 500 wurden die Personen einbezogen, die im Jahr 1998 eine Maßnahme auf Vermittlung der Kola begonnen haben. Dies waren 614 Personen. Ein erster Schritt in der Analyse stellt die Untersuchung der Strukturdaten der vermittelten Hilfeempfänger dar, bei der ein erster Eindruck über die eventuell bestehenden Schwierigkeiten bei der Arbeitsuche gewonnen werden kann.
Die eigentliche Analyse basiert auf drei Annahmen. In der ersten Annahme wird zwischen drei Typen von Maßnahmeträgern unterschieden, das heißt zwischen drei unterschiedlichen Typen von Arbeitsstellen. Einerseits können die Hilfeempfänger in Maßnahmen vermittelt werden, die bei einem städtischen Träger (z.B. bei einem städtischen Amt) stattfinden. Weiter gibt es Maßnahmen, die bei einem nicht-städtischen Träger abgehalten werden (bei einer gemeinnützigen Einrichtung wie z.B. Caritas). Eine dritte Gruppe stellen die Arbeitsplätze dar, die vom „Verein zur Förderung kommunaler Arbeits- und Beschäftigungsmaßnahmen e.V., Freiburg" (VABE), zur Verfügung gestellt werden.
Der VABE ist ein Verein, der vor Gründung der Kola die Maßnahmen gemäß § 19 Abs. 2 BSHG (beide Varianten) im Auftrag der Stadt Freiburg durchführte. Nach der Zusammenfassung dieser Aktivitäten bei der Kola konzentriert sich der VABE auf die Organisation und Koordination von Projekten für Maßnahmen nach Kola 500. Die Stadt Freiburg ist zwar Träger des VABE, doch muß sie aufgrund der Organisationsform des VABE für jede geleistete Arbeitsstunde eines Hilfeempfängers im Rahmen eines VABE-Projektes einen sogenannten Regiesatz bezahlen. Dieser soll für den organisatorischen Aufwand im Zusammenhang mit diesen Projekten aufkommen. Die Beschäftigung von Hilfeempfängern im Rahmen von VABE-Arbeitsstellen unterscheidet sich somit von den übrigen Maßnahmen, da zusätzlich zum Arbeitsentgelt ein Regiekostensatz berechnet werden muß.
Eine zweite Annahme bei der Kosten-Nutzen Analyse der Maßnahmen nach Kola 500 geht davon aus, daß durch die Tätigkeit, die die betreffenden Personen verrichten, eine Wertschöpfung entsteht. Die Arbeit der Hilfeempfänger hat somit einen positiven Nutzen, der der Stadt Freiburg bei den zu städtischen Trägern vermittelten Personen direkt zugute kommt. Eine dritte Annahme, die sich auf Berechnungen anhand der vermittelten Personen des Jahres 1998 stützt, besagt, daß die durchschnittliche Maßnahmedauer einer Kola 500 Maßnahme fünf Monate beträgt.

Aus diesen Annahmen ergeben sich die eigentlichen Elemente der Kosten-Nutzen Analyse: Auf der Kostenseite fallen ein Sockelbetrag an Sozialhilfe, der weiterhin geleistet wird, sowie die Kosten der Maßnahme in Form von DM elf je geleisteter Arbeitsstunde an. Auf der Nutzenseite werden die eingesparten Sozialhilfeleistungen, eine Wertschöpfung für städtische Maßnahmen, sowie eingesparte Sozialhilfeleistungen durch sogenannte Wegbleiber (Personen, die beim Sozialamt vorsprechen, sich jedoch nicht zur obligatorischen Aufnahme bei der Kola einfinden) angesetzt.

Im Rahmen der monetären Analyse werden dann zunächst eine exemplarische Darstellung für eine alleinstehende Person für einen Monat gewählt, die dann gemäß der Teilnehmerzahl hinsichtlich der monetären Wirkungen kumuliert werden. Eine abschließende Kumulation beschreibt dann das Kosten-Nutzen Verhältnis über den gesamten durchschnittlichen Maßnahmezeitraum und unter Berücksichtigung von Wegbleiber.

Kola 200: Ein grundsätzlich anderer Ansatz wurde im Rahmen der Evaluierung der Maßnahmen nach Kola 200 gewählt, da sich die Struktur der beiden Maßnahmentypen grundlegend unterscheidet. Dieser Unterschied findet sich auch in den monetären Auswirkungen für die Stadt Freiburg. Fiskalisch betrachtet haben die Maßnahmen nach Kola 200 zunächst Investitionscharakter, da für die Dauer der Beschäftigung im Rahmen der Maßnahme weit höhere Ausgaben entstehen als bei einem regulären Sozialhilfebezug. Denn statt den Sozialhilfeleistungen kommt die Stadt Freiburg für die Bruttokosten einer Arbeitsstelle auf, wobei hier sowohl Lohn bzw. Gehalt einfließen, aber auch sämtliche Lohnnebenkosten getragen werden müssen.

Diese Investition wird getätigt, da man sich langfristig Einsparungen von diesem Vorgehen erhofft. Einsparungen in den Sozialhilfezahlungen sollen erreicht werden, indem die Hilfeempfänger nach der Maßnahme entweder in eine Beschäftigung vermittelt werden, oder Leistungen des Arbeitsamtes erhalten. Werden die Maßnahmeteilnehmer nicht in eine Beschäftigung vermittelt, haben sie in jedem Fall Anspruch auf Leistungen des Arbeitsamtes, da sie vorher ein Jahr lang sozialversicherungspflichtig beschäftigt waren. Auch die Höhe dieser Leistungen ist ausreichend bemessen, so daß nicht Leistungen der ergänzenden Sozialhilfe die Leistungen des Arbeitsamtes aufstocken müssen.

Zur Untersuchung dieser möglichen Entlastungswirkungen wurde folgender Untersuchungsaufbau gewählt: Die wesentlichen Kosten- und Nutzenelemente wie z.B. Bruttokosten für Lohn- und Gehalt oder die eingesparten Sozialhilfeleistungen waren recht gut zu bestimmen, da diese Angaben detailliert erfasst worden waren. Ein erster Schritt stellt eine ausführliche Analyse der Strukturdaten dar, bei dem die Gruppe der Maßnahmeteilnehmer charakterisiert wird. Wie bei der Bewertung der Maßnahmen nach Kola 500 basiert auch die Untersuchung der Maßnahmen nach Kola 200 auf einigen Annahmen. Auch hier wird zwischen

den verschiedenen Trägertypen unterschieden, allerdings lediglich in den Gruppen städtisch bzw. nicht-städtisch. Bei den Maßnahmen, die bei städtischen Maßnahmen abgehalten wurden, wird eine Wertschöpfung analog zu den Maßnahmen nach Kola 500 angenommen. Hierbei werden als Sensibilitätsanalyse drei Wertschöpfungsszenarien unterschieden, um einen Einblick in verschiedene Konstellationen der Amortisation zu gewinnen.
Schließlich werden im Rahmen einer Berechnung des Amortisationszeitpunktes in der Zukunft Informationen benötigt, wann und wieviele Hilfeempfänger nach entsprechenden Maßnahmen wieder in den Sozialhilfebezug zurückkehren. Diese Informationen können aus den Vermittlungen des Jahres 1995 in diesen Maßnahmetyp gewonnen werden, die zu jenem Zeitpunkt vom VABE vorgenommen worden waren. Die betrachteten Personen haben die Maßnahme zwischen einem und drei Jahren vor dem Untersuchungszeitpunkt abgeschlossen. Die Annahme lautet, daß die Rückkehrquoten in die Sozialhilfe der Maßnahmeteilnehmer im Jahr 1998 denen des Jahres 1995 entsprechen.
Die eigentliche monetäre Bewertung besteht zunächst aus einer statischen Analyse der Kosten und Nutzen für eine alleinstehenden Person am Ende des ersten Jahres, also nach Beendigung der Maßnahme. Dieser statischen Analyse folgt eine dynamische Analyse für alle Alleinstehenden kumuliert. Diese erfolgt über einen Zeitraum von drei Jahren. Den Abschluß bildet eine kumulierte Betrachtung sämtlicher Haushaltstypen und Lohn- bzw. Gehaltsgruppen entsprechend ihrem Anteil an den beobachteten Maßnahmen. Aus dieser Betrachtung läßt sich ein Zeitpunkt ermitteln, ab dem sich die Maßnahmen für die Stadt Freiburg fiskalisch lohnen.
Die zusätzlichen Handlungsfelder wie Vermittlungen in den ersten Arbeitsmarkt sowie die Qualifizierungsmaßnahmen werden lediglich kurz verbal analysiert, eine eingehender Untersuchung findet aus genannten Gründen nicht statt. Eine zusammenfassende Schlußbetrachtung beendet die Kosten-Nutzen Analyse.

4.3.2 Maßnahmen nach Kola 500

Im Rahmen der vorliegenden Untersuchung konnten die Daten von 614 Personen ausgewertet werden, die im Jahr 1998 eine Maßnahme nach Kola 500 begonnen hatten. Die Zahl der insgesamt vermittelten Maßnahmen in diesem Zeitraum durch die Kola liegt über der genannten Anzahl teilnehmender Personen, da zahlreichen abgeschlossenen Maßnahmen noch im Jahr 1998 weitere Maßnahmen folgten. In einigen Fällen erfolgte ein Wechsel der Einsatzstelle noch während der Dauer der ersten Maßnahme. Die durchschnittliche Dauer einer Maßnahme lag bei den vorliegenden Fällen bei etwa 5 Monaten. Hierbei sind auch Wechsel des Arbeitsplatzes innerhalb der Maßnahmedauer eingeschlossen.

Die in die Ermittlung der Kosten und Nutzen der Kola 500-Maßnahmen betrachteten Komponenten beziehen sich lediglich auf die fallbezogenen, d.h. mit Dauer der Maßnahme schwankenden Werte. Zuschüsse der Stadt an Träger sowie Verflechtungen mit dritten Zuschußgebern wie z.B. dem Europäischen Sozialfonds konnten in der vorliegenden Studie nicht berücksichtigt werden. Dies zu untersuchen würde den Gegenstand einer getrennten Erhebung darstellen.
Ebenfalls keine Berücksichtigung fanden mögliche Einsparungen, die durch ein verspätetes Vorsprechen bei der Kola entstehen bzw. Kürzungen der Sozialhilfe durch eine verspätete Arbeitsaufnahme. Eine verspätete Vorsprache bei der Kola nach einer Vorstellung beim Sozialamt stellt an sich noch keine Einsparung dar, die sich aus der Existenz der Kola begründen ließe. Die Höhe dieses Betrags wäre somit als hypothetisch anzusehen. Einsparungen, die aus Einstellungen oder Kürzungen infolge einer verspäteten Arbeitsaufnahme entstehen, können aus datentechnischen Gründen[36] derzeit noch nicht erfasst werden, da die eigentlichen Kürzungen bei den Sozialhilfeleistungen gegebenenfalls über die Sachgebiete des Sozialamts vorgenommen werden.

4.3.2.1 Strukturdaten der Maßnahmeteilnehmer

Wie bei den gesamten arbeitslosen Sozialhilfeempfängern in Freiburg (Vergleiche Sozialhilfebericht der Stadt Freiburg 1998, S. 42f.) sind auch bei den Teilnehmern der Kola 500-Maßnahmen Männer deutlich überrepräsentiert. Der Männeranteil liegt bei den Kola 500 Maßnahmen bei 69,1 %. Der Anteil nichtdeutscher Teilnehmer beträgt 22,9 %.
Auffallend an den strukturellen Daten der Maßnahmeteilnehmer ist die große Anzahl junger Sozialhilfeempfänger (siehe Tabelle 16). Kumuliert betrachtet sind 38,5 % der in eine Maßnahme vermittelten Personen zum Zeitpunkt der Vermittlung jünger als 30 Jahre. Wird die Betrachtung auf die Altersgruppe der unter 35-jährigen erweitert, werden bereits 59,3 % der Teilnehmer erfaßt.
Über einen schulischen Abschluß verfügen ca. 78,5 %. Die Abschlüsse verteilen sich auf Hauptschulabschluß (35 %), Mittlere Reife (21,5 %) Abitur/ Fachhochschulreife (20 %) und Abschlüsse an Förderschulen (2 %). Keinen Abschluß haben 9,5 % der Personen, die eine Maßnahmen nach Kola 500 antraten, der Abschluß von 17 % der Personen wird nicht anerkannt. Bei den Jugendlichen unter 25 Jahren sind ca. ein Viertel (27 %) ohne jeglichen schulischen Abschluß. Bei weiteren 8,5 % dieser Altersgruppe wird der Abschluß nicht anerkannt. Diese mangelnden formalen Bildungsabschlüsse stellen sicherlich ein massives Einstellungshindernis insbesondere für Jugendliche dar.

---

[36] Direkte Vernetzung mit dem SHV 400 Verfahren (Quelle: Kola).

Tabelle 16: Altersgruppen Maßnahmeteilnehmer Kola 500, 1998

Altersgruppen	Anzahl	Anteil
unter 18	11	1,8%
18 bis unter 25	122	19,9%
25 bis unter 30	102	16,6%
30 bis unter 35	129	21,0%
35 bis unter 40	97	15,8%
40 bis unter 45	70	11,4%
45 bis unter 50	47	7,7%
50 bis unter 55	24	3,9%
55 bis unter 60	9	1,5%
über 60	3	0,5%

Deutlich gravierender stellt sich die Situation dieser Altersgruppe bei Betrachtung der beruflichen Abschlüsse dar. In der Altersgruppe unter 25 Jahren sind 44 % der Personen ohne Abschluß. Bei den gesamten Maßnahmeteilnehmern liegt der Wert lediglich bei 28 %, so daß Jugendliche in dieser Kategorie deutlich überrepräsentiert sind. Eine gewerbliche oder kaufmännische Lehre haben 22 bzw. 18 % sämtlicher Teilnehmer vorzuweisen, über einen Studienabschluß verfügen 8 %. Von 10 % der Personen wird der Abschluß in Deutschland nicht anerkannt, während 14 % eine sonstige Ausbildung vorweisen können.

Hinsichtlich der Haushaltstypen der Maßnahmeteilnehmer sind *alleinstehende* Personen am stärksten vertreten. Mit 70 % befinden sie sich deutlich in der Mehrheit. *Alleinerziehende* sind insgesamt mit 14 % vertreten (davon Alleinerziehende mit einem Kind zu 8 %, mit zwei Kindern zu 4 % und mit drei und mehr Kindern zu 2 %). *Paare* ohne Kinder sind zu 4 % vertreten, während 10 % der Hilfeempfänger in *Familien* leben (Familien mit einem Kind 5 %, zwei Kinder 3 % und drei und mehr Kinder 2 %).

Erkrankungen oder Behinderungen sind nur bei einem geringen Teil der Maßnahmeteilnehmer erfasst, wobei die Interpretation dieser Ergebnisse mit erheblichen Schwierigkeiten verbunden ist. Die Angabe der genannten Einschränkungen erfolgt auf freiwilliger Basis und läßt somit keine fundierte Einschätzung zu. Nach dieser unvollständigen Erhebung gaben 87 % aller teilnehmenden Personen an, unter keiner derartigen Einschränkung hinsichtlich der Arbeitsfähigkeit zu leiden. Genannt wurden chronische Erkrankungen (3 %), Suchterkrankungen (3 %), psychische Erkrankungen (3,5 %) und körperliche Behinderungen (2 %). Dies spiegelt sicherlich eine Unterschätzung der tatsächlichen Situation wider.

4.3.2.2 Annahmen der Analyse

1. Unterscheidung in *Maßnahmen beim VABE* (Verein zur Förderung kommunaler Arbeits- und Beschäftigungsmaßnahmen e.V.), *Maßnahmen bei städtischen Trägern* und *Maßnahmen bei nicht-städtischen Trägern.*

Die *Maßnahmen beim VABE* gehen aus dem Grund als eigene Gruppe in die weiteren Betrachtungen ein, da sie sich in mehreren Aspekten von den übrigen Maßnahmen unterscheiden. Insbesondere die Maßnahmen im Rahmen des Projektes „Arbeit statt Sozialhilfe" (ASH), die durch den VABE durchgeführt werden, betreffen Hilfeempfänger, die einer intensiven pädagogischen Betreuung bedürfen[37]. Der sozial-integrative Aspekt der Maßnahmen steht hier eindeutig im Vordergrund. Aus finanzieller Sicht werden diese betreuungsintensiven Maßnahmen getrennt betrachtet, da für sämtliche durch den VABE betreute und durchgeführte Maßnahmen der ersten Stufe pro geleisteter Arbeitsstunde durch einen Hilfeempfänger eine Betreuungspauschale (Regiesatz) durch die Stadt Freiburg geleistet wird. Diese sogenannten Regiekosten sollen den höheren Aufwand in der Betreuung der Teilnehmer kompensieren. Die Maßnahmekosten liegen somit um diesen Regiesatzbetrag höher als die Maßnahmen bei anderen Trägern.

Auch in *Maßnahmen bei städtischen Trägern* und *Maßnahmen bei nicht-städtischen Trägern* finden sich stark betreute Maßnahmen, allerdings nicht in der Häufigkeit und Intensität wie bei den geschilderten Maßnahmen nach ASH. Die Spannbreite hinsichtlich der Leistungsfähigkeit der Maßnahmeteilnehmer bei diesen Trägern ist sehr breit. Neben stark betreuungsbedürftigen Personen gibt es Hilfeempfänger, die zuverlässig qualifizierte Tätigkeiten verrichten können. Dies ist insbesondere dann der Fall, wenn einer Vermittlung auf den ersten Arbeitsmarkt vorwiegend vermittlungshemmende Merkmale entgegenstehen, die nicht direkt mit der Arbeitsleistung zusammenhängen. Dies ist beispielsweise bei sprachlichen Problemen der Fall. Die große Mehrheit der genannten Personengruppe schafft somit zusätzlichen Nutzen durch ihre Tätigkeit bzw. erbringt eine Gegenleistung für die zusätzlichen Aufwendungen der Maßnahmen nach der Mehraufwandsentschädigungsvariante.

2. Durch die Tätigkeit bei einem *städtischen Träger* entsteht eine Wertschöpfung, die der Stadt Freiburg direkt zugute kommt.

Durch die Tätigkeiten der Hilfeempfänger entstandene Leistungen werden in eine Bewertung der Maßnahmen nach Kola 500 einbezogen. Diese Leistungen, die während der Tätigkeit im Rahmen einer Kola 500-Maßnahme erbracht werden, werden im folgenden als Wertschöpfung bezeichnet. Eine Wertschöpfung entsteht bei sämtlichen geschilderten Maßnahmetypen, wenn auch gemäß den

[37] Dies gilt insbesondere für Maßnahmen der ASH-Stufe 1.

Vorüberlegungen in unterschiedlicher Höhe. Für die Berechnungen im Rahmen der Kosten-Nutzen Analyse sind jedoch nur die Maßnahmen von Interesse, die bei einem städtischen Träger aufgenommen werden. Denn bei diesen Maßnahmen profitiert die Stadt Freiburg unmittelbar von der erbrachten Arbeitsleistung, unabhängig von der nach § 19 BHSG geforderten Zusätzlichkeit und Gemeinnützigkeit der Arbeitsstellen.
Um die Höhe dieses aus den Arbeitstätigkeiten entstandenen Nutzens bestimmen zu können, wird das Gehaltsniveau eines Auszubildenden im Öffentlichen Dienst als Vergleichsgröße herangezogen. Der Bruttoverdienst liegt bei dieser Personengruppe bei ca. DM 1600 pro Monat. Wird die von den Auszubildenden zu leistende 40-Stunden-Woche zugrunde gelegt, ergibt sich annäherungsweise ein Bruttostundenlohn von DM 10. Aufgrund der beschriebenen Spannbreite in der Leistungsfähigkeit der Hilfeempfänger ist anzunehmen, daß ein Teil ein geringeres Leistungsniveau als das der Auszubildenden erreicht, ein Teil jedoch ein vergleichbares oder sogar höheres Niveau.
Unter Berücksichtigung zahlreicher Gespräche mit zuständigen Mitarbeitern bei den Trägern und der Einschätzung der jeweiligen Tätigkeiten, die durch die Hilfeempfänger ausgeübt wurden, wurde für die Berechnung der Wertschöpfung ein Wert angenommen, der eine vorsichtige Annahme darstellt und eher einer Untergrenze entspricht. Aufgrund sämtlicher Rechercheergebnisse aus diesem Themenbereich liegt den folgenden Berechnungen zunächst eine durchschnittliche Wertschöpfung bei städtischen Trägern von DM 7 zugrunde. Wie in der Analyse zu zeigen sein wird, läßt sich jedoch ein Grenzwert feststellen, der als Untergrenze einer lohnenden Programmgestaltung angenommen werden kann.

3. Die durchschnittliche Maßnahmedauer beträgt 5 Monate.

Dieser Wert ist das Ergebnis der Auswertung sämtlicher 614 in die Berechnung einbezogener Maßnahmen, die im Jahr 1998 begonnen wurden. Hierbei sind auch Maßnahmen berücksichtigt worden, die abgebrochen und beendet wurden. Wurde während einer Maßnahme lediglich der Einsatzort gewechselt, gilt die gesamte Dauer sämtlicher Maßnahmen als Maßnahmedauer.

4.3.2.3 Elemente der Kosten-Nutzen Analyse Kola 500

In die monetäre Kosten-Nutzen Analyse gehen zahlreiche Komponenten ein, die teilweise bereits Erwähnung fanden. Um einen besseren Einblick in die Systematik der Maßnahmen nach Kola 500 zu erhalten, sollen diese und die weiteren Elemente dieser Maßnahmen kurz gemeinsam beschrieben werden.
Tritt ein Hilfeempfänger eine Stelle nach Kola 500 an, erhält die betreffende Person ein Entgelt gemäß der Mehraufwandsentschädigungsvariante (§ 19 Abs. 2 Alt. 2 BSHG). Dieses Arbeitsentgelt betrug im Jahr 1998 DM 11 für jede geleistete Arbeitsstunde. Arbeitet der Hilfeempfänger beispielsweise 80 Stunden in

einem Monat, erhält er als Mehraufwandsentschädigung DM 880. Im Durchschnitt wurden bei den Maßnahmen 1998 bei ASH-Projekten ca. 62 Stunden pro Monat gearbeitet, bei den übrigen Projekten lag die Stundenzahl bei ca. 67 Stunden monatlich. Durch das Arbeitsentgelt wird der Regelsatz, einmalige Beihilfen, eine Mehraufwandsentschädigung und Anteile für Arbeitsmittel abgedeckt.

In den folgenden Überlegungen werden die Kosten, die insgesamt durch einen Maßnahmeteilnehmer für die Stadt Freiburg anfallen, dem Nutzen gegenübergestellt. Während auf der Kostenseite die gesamten *Maßnahmekosten (K)* angesetzt werden, stehen diesem Wert auf der Nutzenseite die dadurch *eingesparten Leistungen (EL)* der Sozialhilfe gegenüber. Nicht tangiert ist hierbei ein *Sockelbetrag (S)*, der dem Maßnahmeteilnehmer weiterhin gewährt und auf der Kostenseite ausgewiesen wird. Dieser Sockelbetrag ist abhängig von Haushaltstyp und individuellem Bedarf des Haushalts. Die netto eingesparten Leistungen sind somit der Regelsatz der Sozialhilfe, der relativ einheitlich bei ca. DM 540 monatlich liegt, sowie die einmaligen Leistungen.

Tabelle 17: Elemente der Kosten-Nutzen Analyse Kola 500

Kosten	Nutzen
Sockelbetrag (S)	Eingesparte Leistungen (EL)
Kosten der Maßnahme (K)	Wertschöpfung (WS)
	Wegbleiber (WB)

Auf der Nutzenseite wird zusätzlich die bereits geschilderte *Wertschöpfung (WS)* berücksichtigt. Ein weiterer Nutzenaspekt ergibt sich aus der Tatsache, daß einige Personen zwar berechtigte Ansprüche beim Sozialamt geltend machen, sich jedoch nicht zur Vorsprache bei der Kola einfinden, zu der sie verpflichtet sind. Personen, die ihre Ansprüche auf diese Weise nicht einlösen, werden im folgenden als *Wegbleiber (WB)* bezeichnet. Die einzelnen Bestandteile sind in Tabelle 17 zusammengefaßt.

4.3.2.4 Monetäre Kosten-Nutzen Analyse

Exemplarische Darstellung (Alleinstehende): In Abbildung 23 wird anhand von Säulendiagrammen das jeweilige Kosten-Nutzen Verhältnis für die einzelnen, den beschriebenen Einteilungen entsprechenden Maßnahmetypen dargestellt. Dies geschieht zunächst an einem exemplarischen Fall eines Alleinstehenden (ca. 70 % der Fälle), dessen monatliche Kosten und Nutzen untersucht werden.

Abbildung 23: Kola 500: Alleinstehende, Monatliche Angaben

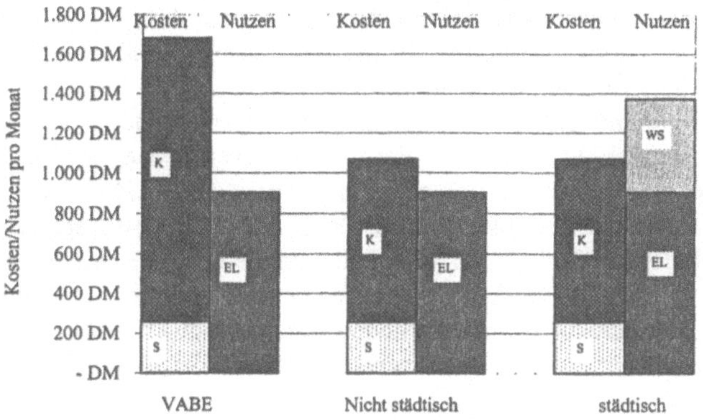

Legende: K: Maßnahmekosten; S: Sockelbetrag; EL: Eingesparte Leistungen; WS: Wertschöpfung.

Im linken Säulendiagramm ist der Fall abgebildet, in dem die Person in einer VABE-Maßnahme beschäftigt ist (ASH-Projekt). Wie bereits beschrieben sind in diesem Fall die mit (K) gekennzeichneten Maßnahmekosten am höchsten, da zum eigentlichen Stundenlohn eine Regiesatzaufwendung zugerechnet werden muß und mit der durchschnittlichen monatlichen Arbeitsleistung dieser Maßnahmengruppe multipliziert wurde. Die errechneten durchschnittlichen Kosten liegen hier bei ca. DM 1420 monatlich. Hinzu kommt auf der Kostenseite der Sockelbetrag (S) in Höhe von durchschnittlich DM 256 bei Alleinstehenden. Diesen Kosten steht auf der Nutzenseite die Einsparung der Sozialhilfe (Regelsatz und einmalige Leistungen, inklusive Sockelbetrag) entgegen, die bei ca. DM 905 liegen.

Maßnahmen, die bei nicht-städtischen Trägern durchgeführt werden, sind im zweiten Säulendiagramm dargestellt. Die Kosten der Maßnahme sind hier deutlich geringer und liegen bei ca. DM 812 pro Monat. Der Sockelbetrag bleibt identisch zum ersten Fall, ebenso wie die eingesparte Sozialhilfe. Hierdurch verringert sich der zusätzliche Aufwand durch die Maßnahmen auf ca. DM 160 pro Monat und Person.

In einem dritten Fall werden die städtischen Maßnahmen betrachtet, in denen der Stadt eine Wertschöpfung in der unter den Annahmen beschriebenen Höhe (leicht unter dem Niveau eines Auszubildenden) zugute kommt. Diese stündliche Wertschöpfung wird mit der durchschnittlich gearbeiteten Stundenzahl dieser Personengruppe multipliziert. Durch diese Darstellung ist in der Grafik zu beobachten, daß sich die Maßnahmen bei städtischen Trägern bereits durch die Berücksichtigung einer vorsichtig formulierten Wertschöpfung selbst tragen, ja sogar ein leichter Überschuß entsteht.
Die Betrachtung mit anderen Haushaltstypen unterscheidet sich hauptsächlich durch eine unterschiedliche Höhe des Sockelbetrages. Bei größeren Familien liegt der Sockelbetrag deutlich über den hier angeführten DM 256. Der Durchschnittswert des Sockelbetrages für ein Paar mit 2 Kindern liegt bei den Maßnahmeteilnehmern 1998 bei DM 788. Die Gruppe der Alleinstehenden stellt jedoch mit ca. 70 % der Haushaltstypen die große Mehrheit aller Haushaltstypen dar. In der Betrachtung der zusätzlichen Kosten bzw. Nutzen, die durch die Maßnahme entstehen, spielt dieser unterschiedliche Wert keine Rolle.

Abbildung 24: Kola 500: Kumulierte Maßnahmekosten gemäß Teilnehmerzahl, pro Monat

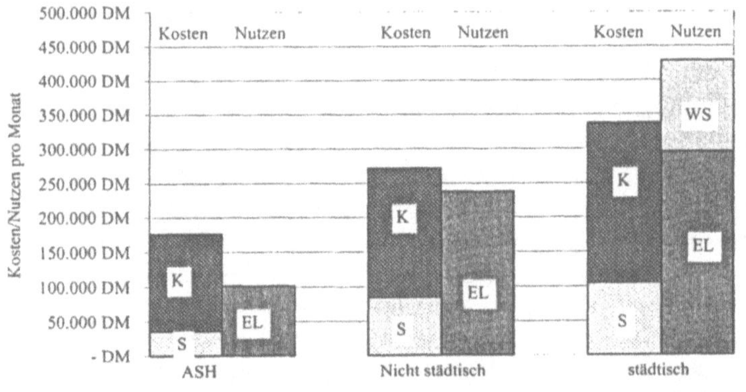

Legende: K: Maßnahmekosten; S: Sockelbetrag; EL: Eingesparte Leistungen; WS: Wertschöpfung.

Kumuliert nach Maßnahmetyp: In einer kumulierten Betrachtung werden alle Maßnahmen unabhängig vom jeweiligen Haushaltstyp (Alleinstehende, Mehrpersonenhaushalte) bei den jeweiligen Trägern berücksichtigt. In Abbildung 24 sind diese gesamten monatlichen Kosten der jeweiligen Maßnahmetypen dargestellt. In dieser Darstellung wird deutlich, daß die relativ teuren Projekte mit Regiekostenzuschuß durch ihr geringes Vorkommen (ca. 16 % der Maßnahmen) an den Gesamtkosten nur zu einem relativ geringen Anteil einfließen. Diese Maßnahmen sind in den Säulendiagrammen links dargestellt. Da knapp die Hälfte aller Maßnahmen (46 %) bei städtischen Trägern stattfinden, ist dies der größte Kostenblock. Hieraus ist aber auch eine Wertschöpfung zu verzeichnen, wodurch die Kosten bei diesem Maßnahmetyp durch den gesamten Nutzen übertroffen werden.

Gesamte Kumulation und Berücksichtigung von Wegbleibern: Eine weitere Kumulation der Daten ist in Abbildung 25 dargestellt. Im linken Säulendiagramm sind die gesamten Maßnahmekosten und –nutzen dargestellt. Die Kumulation erfolgt hier über sämtliche Haushalts- und Trägertypen für den durchschnittlichen Maßnahmezeitraum von 5 Monaten. Auf der Nutzenseite ist zusätzlich noch die Einsparung durch bereits beschriebene Wegbleiber berücksichtigt. Im Jahr 1998 waren dies 81 Personen. Die hieraus angenommene Einsparung ist wiederum sehr vorsichtig getroffen. So erfolgt die monetäre Berechnung der Einsparsumme nur über den Zeitraum der durchschnittlichen Kola 500 Maßnahme, also 5 Monate. In einer weniger vorsichtigen Berechnung könnte hier sicherlich auch die Einsparsumme für ein ganzes Jahr oder sogar für einen als durchschnittliche Verbleibsdauer in der Sozialhilfe angenommenen längeren Zeitraum ermittelt und berücksichtigt werden. Da in einer direkten zeitlichen Vergleichsberechnung die äquivalenten Kosten für die Maßnahmeteilnehmer nur sehr ungenau zu ermitteln wären, wurde in der vorliegenden Analyse von einer fünfmonatigen Einsparung ausgegangen. Hinsichtlich der Haushaltstypen der Wegbleiber ist es realistisch, von einer Struktur auszugehen, wie sie bei den gesamten Vorsprechenden bei der Kola vorzufinden ist. Dementsprechend wurde die Einsparung angesetzt.

Die Wertschöpfung, die der Stadt Freiburg durch Tätigkeiten bei städtischen Trägern zugute kommt, ist zusätzlich im rechten Säulendiagramm dargestellt. Wie aus dieser Darstellung der Maßnahmekosten und –nutzen leicht ersichtlich wird, ergibt sich unter Berücksichtigung von Wertschöpfung und Wegbleibern bezogen auf den gesamten Maßnahmezeitraum ein leichter Überschuß für die Kommune. Die Maßnahmen nach Kola 500 tragen sich also unter den beschriebenen Annahmen selbst.

Im Rahmen der vorgenommenen Untersuchungen konnte zusätzlich ein Grenzwert bestimmt werden, der beschreiben kann, wie hoch die angenommene Wertschöpfung bei städtischen Maßnahmen sein muß, damit sich die Kosten und Nutzen der Maßnahmen nach Kola 500 über die angenommene Maßnahmedauer genau entsprechen. Im Gegensatz zu dem in den Berechnungen berücksichtigten Wert von DM 7 pro gearbeiteter Stunde reicht bereits eine Wertschöpfung von DM 3,50 aus, damit sich der Betrag von Kosten und Nutzen entspricht. Die übrigen Angaben bezüglich Sockelbetrag und Maßnahmekosten sowie über eingesparte Leistungen und Wegbleiber werden hierbei als unverändert betrachtet.

Abbildung 25: Kola 500 - Kumulierte Daten über gesamte Maßnahmedauer unter Berücksichtigung von Wegbleibern

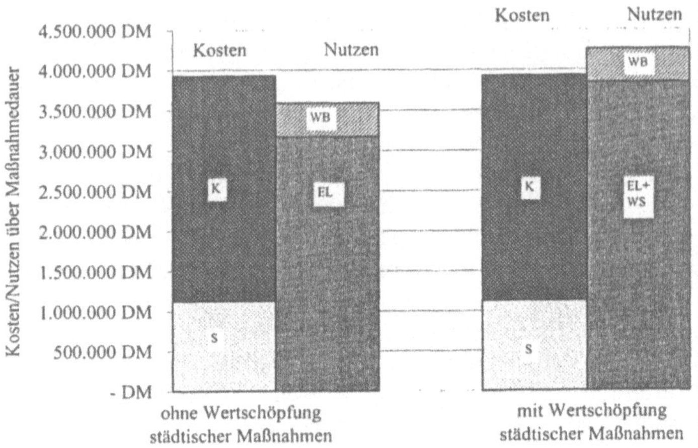

Legende: K: Maßnahmekosten; S: Sockelbetrag; EL: Eingesparte Leistungen; WS: Wertschöpfung.

4.3.2.5 Zwischenergebnis

Die Maßnahmen gemäß Kola 500 werden im Rahmen der Analyse in die Gruppen Maßnahmen mit Regiekostenzuschuß, Maßnahmen bei nicht-städtischen Trägern und Maßnahmen nach städtischen Trägern unterschieden. Während die Maßnahmen mit Regiekosten die Kommune aufgrund ihrer Zielgruppenorientierung am teuersten kommen, rechnen sich die Maßnahmen bei städtischen Trägern durch die Berücksichtigung einer vorsichtig angesetzten Wertschöpfung direkt.

Die Kumulation über die durchschnittliche Maßnahmedauer von 5 Monaten unter Einbeziehen aller Haushalts- und Maßnahmetypen ergibt, daß sich die Maßnahmen unter Berücksichtigung der Wertschöpfung für Maßnahmen bei städtischen Trägern beinahe selbst tragen. Eine abschließende Darstellung der Maßnahmen unter zusätzlicher Berücksichtigung von Wegbleibern ergibt, daß der Nutzen aus den kumulierten Maßnahmen mit Wertschöpfung die Kosten übersteigt. Abschließend kann für die Wertschöpfung ein Grenzwert ermittelt werden, ab dem sich die Maßnahmen im genannten Kosten-Nutzen Vergleich rechnen.

4.3.3 Maßnahmen nach Kola 200

4.3.3.1 Einführung

Seit Bestehen der Möglichkeit für die Kommunen, Sozialhilfeempfänger in sozialversicherungspflichtige Beschäftigungsverhältnisse zu vermitteln, wird die Frage aufgeworfen, ob sich diese Maßnahmen für die Kommune rechnen, beziehungsweise wie hoch die tatsächlichen Kosten sind. Tatsache ist, daß sich in Deutschland die Zahl derartiger Beschäftigungsverhältnisse seit Beginn der 80er Jahre vervielfacht hat.[38] Zwischen 1993 und 1996 kam es gemäß einer Umfrage des Deutschen Städtetages zu einer Steigerung von 67 % in den deutschen Kommunen.[39] Zwar entstehen den Kommunen zunächst für den Beschäftigungszeitraum erhebliche Mehrausgaben, andererseits fallen die Ausgaben für die Sozialhilfe vollständig weg. Hinzu kommt, daß die Kommune von weiteren Faktoren wie Steuereinnahmen profitiert. Reissert (1988, S. 206) führt einige zentrale Elemente auf, von denen abhängt, ob sich die Maßnahmen für die Kommune rechnen, d.h. selbst tragen, oder nicht:

- Dauer des befristeten Arbeitsverhältnisses
- Höhe des Arbeitslohns bzw. Gehalts
- Höhe der mit den Beschäftigungen verbundenen Nebenkosten (z.B. Sach- und Verwaltungsaufwand)
- Höhe des Sozialhilfeanspruchs vor der Maßnahme (bedingt u.a. durch Familienstand, Kinderzahl, Wohnungsmiete)
- Dauer, die die betroffene Person ohne die Maßnahme arbeitslos und von der Sozialhilfe abhängig geblieben wäre

Abgesehen von der Dauer der Sozialhilfeabhängigkeit ohne die Maßnahme lassen sich die aufgeführten Punkte recht genau bestimmen. Der potentielle Zeitraum der Abhängigkeit von der Sozialhilfe läßt sich ohne die Bildung einer Kontrollgruppe nicht ermitteln. Diese zusätzliche Erhebung war jedoch im Rahmen der vorliegenden Arbeit nicht möglich. Wie auch bei der Analyse der

---

[38] *Reissert* (1988), S. 205.

[39] *Fuchs* (1997), S. 8.

Maßnahmen nach Kola 500 stehen die fallbezogenen Nutzen- bzw. Kostenwerte im Mittelpunkt, so daß von einer Analyse der Nebenkosten abgesehen wird.

4.3.3.2 Untersuchungsaufbau

Zusätzlich zu den oben genannten Punkten wurde bei der Betrachtung der Maßnahmen im Rahmen von Kola 200 ein weiterer Aspekt berücksichtigt. Da durch die Tätigkeit der Hilfeempfänger ein Nutzen entsteht und ca. 40 % der Maßnahmen nach Kola 200 bei städtischen Trägern stattfinden, entsteht der Stadt eine direkte *Wertschöpfung* bei den Tätigkeiten. Eine erste Definition der Wertschöpfung erfolgte bereits im Rahmen der Maßnahmen nach Kola 500.
Um einen Vergleichswert für die Effizienz der Kola als neu eingerichtete Institution in Freiburg heranziehen zu können, wurde im Rahmen der Kosten-Nutzen Analyse untersucht, wie in der Zeit vor Gründung der Kola in diesem Bereich verfahren wurde. Hierzu wurden sämtliche Sozialhilfeakten von Personen ausgewertet, die im Jahre 1995 in eine sozialversicherungspflichtige Maßnahme vermittelt wurden. Die Vermittlung erfolgte zu diesem Zeitpunkt noch durch den Verein zur Förderung kommunaler Arbeits- und Beschäftigungsmaßnahmen e.V. (VABE). Die Ergebnisse dieser Untersuchung dienten als Anhaltspunkt für eine dynamische Analyse der Kola-Maßnahmen, insbesondere hinsichtlich des Verbleibs der Teilnehmer nach der Maßnahme und nach der zu erwarteten Zeit, die die Personen aufgrund der Maßnahme in Arbeitsamtsleistungen verbrachten.

4.3.3.3 Datenerhebung sozialversicherungspflichtiger Maßnahmen des Jahres 1995

Im Jahre 1995 wurden durch den VABE 125 Personen in eine sozialversicherungspflichtige Beschäftigung vermittelt. Da über die vermittelten Personen weder genaue Daten hinsichtlich der Teilnehmerstruktur noch hinsichtlich des Verlaufs der individuellen Maßnahme vorlagen, wurden sämtliche Sozialhilfeakten der betreffenden Personen auf die relevanten Informationen hin ausgewertet und die daraus gewonnenen Informationen EDV-technisch erfaßt. Neben den genauen Kosten für die Maßnahme selbst konnte auch die Höhe des Anspruchs gegenüber dem Sozialhilfeträger ausgewertet werden. Die daraus gewonnen Informationen dienten dem Abgleich mit den aktuellen Maßnahmeaufwendungen.

(1) Maßnahmetypen

Die Teilnehmer wurden in zwei unterschiedliche Arten von Beschäftigungsverhältnissen angestellt. Zum einen waren dies die mit den heutigen Kola 200-Maßnahmen identischen Arbeitsverhältnisse nach § 19 Abs. 2 (Alternative 1) BSHG, in dem die Arbeitnehmer für ein Jahr mit einem Tariflohn entlohnt werden und somit Ansprüche gegenüber dem Arbeitsamt erwerben. Zum anderen gab es zum damaligen Zeitpunkt die Möglichkeit, Hilfeempfänger in ein Beschäftigungsverhältnis im Rahmen des Programms des „Lohnkostenzuschuß West" nach § 242 AFG einzustellen. Dieses Programm wurde in enger Abstimmung mit dem örtlichen Arbeitsamt angewendet, da es sich in seiner Systematik von der erstgenannten Maßnahme unterschied. Der Aufbau dieser Maßnahmen war typischerweise so, daß nach einer sechsmonatigen Beschäftigung in einem sozialversicherungspflichtigen Beschäftigungsverhältnis bereits Ansprüche gegenüber dem Arbeitsamt erworben wurden. Dieses Arbeitsverhältnis wurde vollständig von der Kommune finanziert.

In einem sich anschließenden Zeitraum von drei Monaten blieb der Hilfeempfänger zwar in seinem Beschäftigungsverhältnis, die Kosten in Höhe des Nettolohnes wurden zwischen der Kommune und dem Arbeitsamt aufgeteilt, wobei das Arbeitsamt Leistungen in Höhe des Arbeitslosengeldes aufgrund des vorherigen Gehalts gewährte und die Kommune den Betrag auf das vorherige Nettogehalt aufstockte. Nach diesem Zeitraum folgte eine maximal 24-monatige Beschäftigung, wobei die Bezahlung der Hilfeempfänger erneut zwischen dem Sozialamt und dem Arbeitsamt aufgeteilt wurde. Das Arbeitsamt wendete ca. 2/3 des Bruttogehalts auf und das Sozialamt den restlichen Anteil. Der Zuschuß des Arbeitsamtes unterlag einem vorher definierten festen Satz. Die gesamte Maßnahmedauer lag bei vollständigem Absolvieren des Programms bei 33 Monaten.

Das Instrument der Maßnahmen nach § 242 AFG wird nicht mehr verwendet und spielt somit bei der Bewertung der Kola keine Rolle. Aufgrund der unterschiedlichen Dauer der Maßnahmetypen im Jahr 1995 sind auch unterschiedliche Auswirkungen auf das Arbeitsmarktverhalten der Personen während oder nach der Maßnahme zu erwarten. Diese möglichen Verzerrungen konnten in der vorliegenden Auswertung ausgeschlossen werden, da eine getrennte Betrachtung nach Maßnahmetyp möglich war. Im folgenden gilt die Betrachtung immer zusammengefaßt für beide Maßnahmetypen, soweit dies nicht anders aufgeführt wird. In Zusammenhängen, in denen es notwendig erschien, eine getrennte Betrachtung vorzunehmen, wird dies auch getan.

Die 125 Maßnahmen des Jahres 1995 verteilen sich zu 54 % (68 Personen) auf Maßnahmen nach § 19 Abs. 2 (Alternative 1) BSHG und zu 46 % (57 Personen) auf Maßnahmen nach § 242 AFG.

(2) Strukturdaten der Maßnahmeteilnehmer

Bei den 125 Personen der Maßnahmen des Jahres 1995 sind Männer mit 87 Personen (ca. 70 %) gegenüber 38 Frauen (ca. 30 %) deutlich in der Mehrheit. Das Durchschnittsalter (Median) bei Beginn der Maßnahme liegt bei Männern bei 36 Jahren und bei Frauen bei 35 Jahren.

Hinsichtlich des Sozialhilfebezugs vor Beginn der Maßnahme konnten folgende Werte ermittelt werden (Vergleiche Abbildung 26): Mit 39 % bezog etwas mehr als ein Drittel der Hilfeempfänger zu Maßnahmebeginn maximal ein Jahr Sozialhilfe. Somit gelten schon 61 % der Teilnehmer als Langzeitbezieher über ein Jahr. Auch ist beachtenswert, daß sich beinahe jede fünfte Person schon über drei Jahre im Hilfebezug befand. Diese Gruppe befindet sich in einer besonders kritischen Situation hinsichtlich ihrer Vermittlungschance auf den ersten Arbeitsmarkt.

Abbildung 26: Dauer des Sozialhilfebezugs vor Beginn der Maßnahme VABE 1995

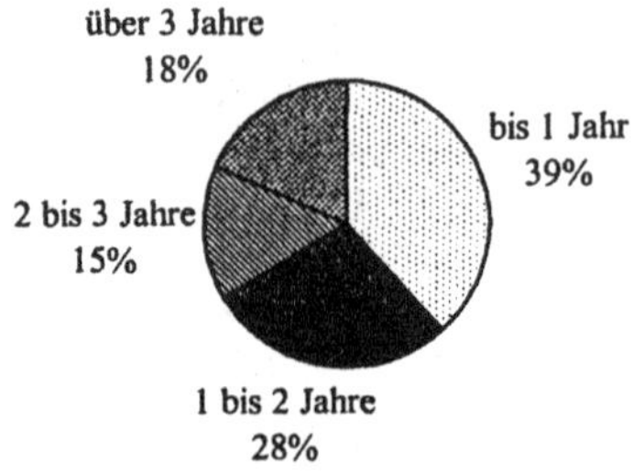

(3) Verbleibsauswertung

Ausgangspunkt für die Erhebung der Daten der Maßnahmeteilnehmer des Jahres 1995 war die Tatsache, daß sämtliche angetretenen Maßnahmen einschließlich möglicher Verlängerungen bis zum Untersuchungszeitpunkt im Jahr 1999 abgeschlossen waren. Dies gilt sowohl für die Maßnahmen nach § 19 Abs. 2 (Alternative 1) BSHG als auch für die längeren Maßnahmekombinationen nach § 242 AFG. Durch diese Tatsache war es möglich, den Verbleib der teilnehmenden Personen zu verfolgen und somit eine Aussage über den möglichen Verbleib der Maßnahmeteilnehmer des Kola 200-Programms machen zu können.

Der erste Schritt im Rahmen dieser Verbleibsuntersuchung galt der Frage, ob die Maßnahmeteilnehmer überhaupt noch in Freiburg wohnhaft sind und somit in den Aufwandsbereich der Stadt Freiburg fallen. Über die Datenbank des Einwohnermeldeamtes konnten neben dieser Information auch Namensänderungen durch mögliche Eheschließungen festgestellt werden. Das erstaunliche Ergebnis war, daß von den 125 erfaßten Personen noch 124 im Stadtgebiet Freiburg wohnhaft sind. Eine Person war verzogen, jedoch lediglich in eine Umlandgemeinde (Gundelfingen). Auch von dieser Person konnte der weitere Verbleib ermittelt werden.

In einer zweiten Untersuchung in Zusammenarbeit mit dem Arbeitsamt Freiburg konnte festgestellt werden, wer der erfaßten Personen welche Art von Leistung erhält. Mögliche Leistungen waren Arbeitslosengeld, Arbeitslosenhilfe oder Unterhaltsgeld, das beispielsweise bei Umschulungen gewährt wird. In einem letzten Schritt wurden die Personen, die bisher noch nicht eindeutig hinsichtlich ihres Verbleibs eingeordnet werden konnten, daraufhin überprüft, ob noch Sozialamtsleistungen erfolgen. Hierbei wurden neben Leistungen der vollständigen Sozialhilfe auch ergänzende Sozialhilfezahlungen an die Hilfeempfänger berücksichtigt. Personen, die in Freiburg wohnhaft sind, aber nicht weiter in den Sozialamtsdaten erfaßt werden und auch keine Arbeitsamtsleistungen beziehen, konnten nicht genauer eingeteilt werden. Es ist davon auszugehen, daß diese Personen in einem Arbeitsverhältnis stehen oder sich aus dem Sozialhilfebezug zurückgezogen haben. Hier könnte nur eine direkte Befragung genaueren Aufschluß über den Verbleib geben.

Abbildung 27: Kola 200: Verbleib der Maßnahmeteilnehmer VABE 1995

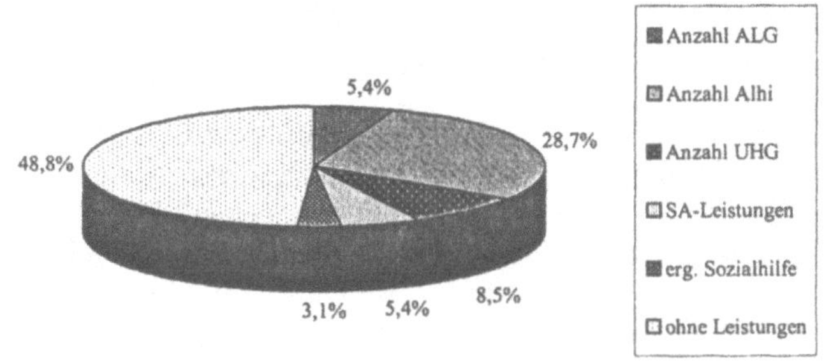

Die bemerkenswerten Ergebnisse hinsichtlich des Verbleibs ca. 3-4 Jahre nach Maßnahmebeginn sind in Abbildung 27 dargestellt. Bei den gesamten Maßnahmeteilnehmern beziehen lediglich 8,5 % Sozialamtsleistungen. Diese verteilen sich zu 3,1 % auf ergänzende Sozialhilfe und 5,4 % auf vollständige Leistungen (Hilfe zum Lebensunterhalt). Knapp die Hälfte (48,8 %) der Personen beziehen keine Leistungen mehr.

4.3.3.4 Untersuchung der Maßnahmen nach Kola 200

In der vorliegenden Analyse lagen Daten über die 228 Personen vor, die im Jahr 1998 eine Maßnahme nach Kola 200 angetreten hatten. Wie bei den Daten, die durch die Auswertung der VABE-Maßnahmen des Jahres 1995 gewonnen wurden, befinden sich Männer in der Mehrheit, allerdings ist das Verhältnis mit ca. 56 % (127 Personen) zu ca. 44 % Frauenanteil (101 Personen) relativ ausgeglichen. Das durchschnittliche Alter bei Maßnahmebeginn (Median) liegt bei sämtlichen Maßnahmen bei 36 Jahren, Frauen sind im Durchschnitt mit 35,5 Jahren jünger als Männer (37 Jahre).

4.3.3.4.1 Annahmen der Kosten-Nutzen Analyse

Wie bei den Maßnahmen nach Kola 500 werden an dieser Stelle Annahmen formuliert, die den weiteren Ausführungen zugrunde liegen.

1. Die Unterscheidung der Tätigkeitsbereiche der Teilnehmer an Maßnahmen nach Kola 200 erfolgt zwischen *städtischen* und *nicht-städtischen* Trägern.
2. Durch die Tätigkeit im Rahmen einer Maßnahme entsteht eine *Wertschöpfung*, die der Stadt Freiburg bei der Beschäftigung bei einem städtischen Träger direkt zugute kommt.
3. Es werden *drei durchschnittliche Wertschöpfungsszenarien* unterschieden:
   Wertschöpfung 1: Niveau eines Auszubildenden.
   Wertschöpfung 2: Höhe des Nettolohns.
   Wertschöpfung 3: Höhe der Bruttokosten.

Die drei genannten Szenarien dienen als Anhaltspunkt für den eigentlichen Gegenwert der Beschäftigung. Hierbei gilt es zu berücksichtigen, daß bei Teilnehmern an Maßnahmen nach Kola 200 durch die vorangegangenen Maßnahmen nach Kola 500 ein Filter hinsichtlich der Arbeitsmotivation und den jeweiligen Fertigkeiten besteht. Eine Vermittlung auf eine bestimmte Arbeitsstelle kann also mit erhöhter Zuverlässigkeit erfolgen. Die geringen Abbruchsquoten von ca. 2 % belegen ebenfalls eine starke Motivation der Teilnehmer, eine Tätigkeit im Rahmen dieses Programms aufzunehmen und dieser nachzugehen. Zahlreiche Gespräche mit den Maßnahmen betreuenden Mitarbeitern der Stadt Freiburg bestätigten diese Einschätzung.
Die Szenarien der *Wertschöpfung 1* und *3* sind hier so formuliert, daß sie einen Korridor bilden, zwischen dem sich ein als real anzunehmender Wert befindet. Das Bruttogehalt eines Auszubildenden bildet hier aufgrund der beschriebenen Vorkenntnisse über den Maßnahmeteilnehmer sicherlich die Untergrenze, während die Bruttokosten, die bei einer vollwertigen Stelle anzusetzen wären, eine Obergrenze darstellen. Ein Zwischenwert, der von uns als vorsichtig realistisch angenommen wird und im folgenden als Orientierungsgröße dient, ist das Nettogehalt.

4. Die *Verbleibswahrscheinlichkeiten* sind mit denen der VABE-Maßnahmen des Jahres 1995 vergleichbar.

Wie bereits angedeutet fließen die Verbleibswahrscheinlichkeiten der Maßnahmen des Jahres 1995 als Variablen in die dynamische Analyse der Kosten-Nutzen Analyse von Kola 200-Maßnahmen ein. Als von uns in den Berechnungen angesetzter Wert im dritten Jahr nach Maßnahmebeginn ist eine Quote von 8 % der vermittelten Personen, die wieder in die Sozialhilfe gelangen. Dieser Wert scheint aufgrund der vorliegenden Ergebnisse der VABE-Maßnahmen als vorsichtig realistische Annahme, da keine weitere Unterscheidung zwischen ergänzender Sozialhilfe und vollständiger Abhängigkeit vom Sozialamt vorgenommen wurde. Der hier angesetzte Wert wird als komplette Sozialhilfezahlung gemäß der Haushaltsstruktur verstanden. Aufgrund einer weitgehenden Unabhängigkeit der Variablen „Familientyp“ und „Vermittlungserfolg“ ist eine solche Annahme gerechtfertigt und spiegelt die vorliegenden Wahrscheinlichkeiten in der besten Annäherung wider.

4.3.3.4.2 Elemente der Kosten-Nutzen Analyse Kola 200

Auf der *Kosten*seite finden sich zunächst die eigentlichen Kosten der Maßnahme. Dieser Betrag liegt um einiges höher als die ursprünglichen Sozialhilfeleistungen. Der monatliche Bruttolohn für einen 35-jährigen Alleinstehenden schwankt beispielsweise je nach Lohngruppe zwischen DM 2680 und DM 4170[40] zuzüglich Sozialversicherungsbeiträge, während der durchschnittliche Sozialhilfeaufwand für diese Personengruppe bei ca. DM 900 monatlich anzusetzen ist. Hinzu kommen auf der Kostenseite die Leistungen für Hilfeempfänger, die im Laufe der Zeit nach der Maßnahme wieder in die Sozialhilfe eintreten.

Tabelle 18: Elemente der Kosten-Nutzen Analyse Kola 200

Kosten	Nutzen
Kosten der Maßnahme (K)	Einsparung der Sozialhilfe (SH)
Sozialhilfezahlungen für erneut in die Sozialhilfe eintretende Personen (R)	Steuereinnahmen (St)
	Wertschöpfung (WS)

Diesen Kosten stehen mehrere *Nutzen*elemente gegenüber. Die vor der Maßnahme geleistete *Sozialhilfe* wird vollständig eingespart, da die durch die Tätigkeit erzielten Einnahmen deutlich höher liegen (s.o.) und somit für die Dauer der Maßnahme kein Bedarf an Sozialamtsleistungen besteht. Die Höhe der Löhne und Gehälter während der Maßnahme sind so bemessen, daß nach Abschluß der Tätigkeit Anspruch auf Arbeitsamtsleistungen über dem individuellen Sozialhil-

[40] Bei einer Stelle zu 80 % des Gehalts der jeweiligen Lohngruppe.

febedarf bestehen. Die ursprünglichen kommunalen Leistungen werden also auch nach der Maßnahme eingespart. Fallen zusätzliche Leistungen zu einem späteren Zeitpunkt an, werden diese auf der Kostenseite berücksichtigt. Auf diesen Fall wird in einer Darstellung weiter unten eingegangen.
Ein weiterer Nutzen in monetärer Form entsteht der Kommune durch die *Lohn- und Einkommensteuer*, die die Beschäftigten während der Maßnahme bezahlen. Der Kommunale Anteil an dieser Steuer beträgt 15 %. Schließlich kommt der Stadt Freiburg die oben beschriebene *Wertschöpfung* bei ca. 40 % der Maßnahmen zugute. Aus diesen Tätigkeiten bei städtischen Trägern erwächst der Kommune ein direkter Nutzen, der in Höhe der oben ausgeführten Szenarien angesetzt wurde. Eine zusammenfassende Übersicht über die untersuchten Kosten und Nutzen gibt Tabelle 18.

4.3.3.4.3 Monetäre Kosten-Nutzen Analyse

Die monetäre Kosten-Nutzen Analyse soll zunächst anhand einer genauen Betrachtung eines exemplarischen Falls der bereits erwähnten 35-jährigen alleinstehenden Person erfolgen. Einer zunächst statischen monatlichen Analyse schließt sich eine kumulierte dynamische Betrachtung über mehrere Jahre an, in der die Ergebnisse der Auswertung der über den VABE vermittelten Maßnahmen Berücksichtigung finden. Eine Kumulation über sämtliche Haushaltstypen bildet den Abschluß der Analyse der Kola 200-Maßnahmen. Von einer eventuellen Steigerung bei den Regelsätzen im Laufe der Zeit wird abgesehen, ebenso wie von möglichen Anpassungen bei den Tariflöhnen. Stand der Höhe der Lohn- und Gehaltszahlungen ist Juli 1999.

(1) Alleinstehende, statische Analyse

In Abbildung 28 ist exemplarisch das Kosten- und Nutzenverhältnis einer alleinstehenden Person dargestellt. Aufgrund des entsprechenden Durchschnittsalters wurde als Alter der Person 35 Jahre angesetzt. Bei allen Haushaltstypen diesen Alters erfolgt bei den altersabhängigen Gehaltstypen eine zurückstufende Einordnung in die Altersgruppe der 31-jährigen. Dies entspricht der gängigen Praxis bei Neueinstellungen im öffentlichen Dienst.
Die Abbildung zeigt den Status nach einem Jahr, also zu einem Zeitpunkt, zu dem die typische Maßnahme nach Kola 200 abgeschlossen ist und die Teilnehmer entweder direkt in den Arbeitsmarkt eintreten oder Leistungen des Arbeitsamtes beziehen. Als Gehaltsgruppe wurde mit BAT VII eine mittlere Gruppe angesetzt, die zwischen dem Spektrum der hohen Gehaltsgruppe BAT Vb und der untersten Lohngruppe BMTG 1/1 liegt.[41]

---

[41] Sämtliche Lohn- und Gehaltsgruppen, die bei den Maßnahmeteilnehmern des Jahres 1998 bezahlt wurden, waren: AVR 11, BAT KR 1, BAT Vb, BAT Vc, BAT VI b, BAT VII, BAT VIII, BMTG 1/1.

Im Rahmen der vorliegenden Berechnungen wurde bereits eine Neuerung berücksichtigt, die noch nicht während des ganzen Jahres 1998 angewendet wurde, jedoch für eine zukunftsgerichtete Analyse eine präzisere Annäherung darstellt. Demnach werden Alleinstehende nur mit einem Deputat von 80 % einer Vollzeitstelle beschäftigt. Diese Regelung wurde im Zusammenhang mit den Haushaltsberatungen im Oktober 1998 eingeführt. Durch diese Änderung kommt es unter Zugrundelegung der Daten von 1998 zu Einsparungen in Höhe von ca. DM 1,3 Mio. pro Jahr im Vergleich zu einer vollen Bezahlung, da die betreffenden Personen nach Abschluß der Maßnahme nach wie vor in ihren Arbeitsamtsleistungen über dem Sozialhilfebedarf liegen und somit nicht auf ergänzende Sozialhilfe angewiesen sind.

Abbildung 28: Kola 200: Alleinstehend, 35 Jahre, BAT VII, 80%, Ende des ersten Jahres

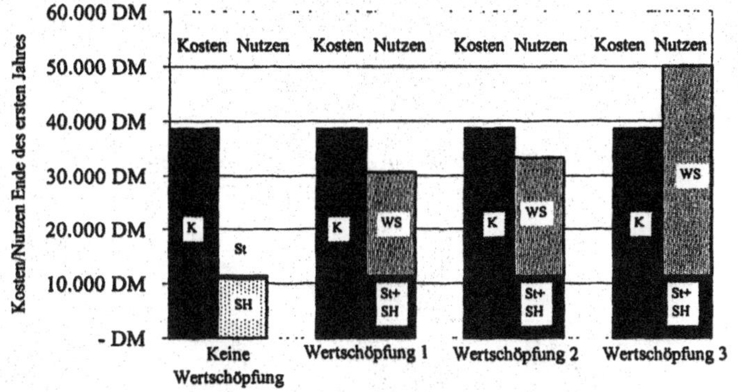

Legende: K: Maßnahmekosten, St: Steuereinnahmen, SH: Sozialhilfe, WS: Wertschöpfung.

Im linken Säulendiagramm von Abbildung 28 sind Kosten und Nutzen eines Maßnahmeteilnehmers dargestellt, ohne daß eine Wertschöpfung berücksichtigt wurde. In den nebenstehenden Diagrammen finden sich die unterschiedlichen Wertschöpfungsszenarien. Diese Szenarien gelten jeweils für eine Person, deren Leistung mit dem Arbeitsniveau eines Auszubildenden gleichgesetzt wird (Wertschöpfung 1), oder deren Leistung mit dem Nettogehalt (Wertschöpfung 2) bzw. den Bruttokosten (Wertschöpfung 3) angesetzt werden. Wie bereits erwähnt bilden Wertschöpfung 1 und 3 eher Unter- und Obergrenze einer realistischen Annahme. Als vorsichtig formulierter Zwischenwert gilt Wertschöpfung 2.

Maßnahmekosten in dieser Alters- und Gehaltsgruppe in Höhe von jährlich DM 38.500 stehen Einsparungen bei der Sozialhilfe in Höhe von ca. DM 11.000 sowie Steuereinnahmen von DM 510 gegenüber. Bei Berücksichtigung von Wertschöpfung 1 können zusätzlich DM 19.000 auf der Nutzenseite angesetzt werden, bei Wertschöpfung 2 erhöht sich der Betrag auf DM 22.000. Werden bei Wertschöpfung 3 die gesamten Bruttokosten angesetzt kommt es zu einer kompletten Einsparung der Sozialhilfekosten und zusätzlichen Steuereinnahmen in der angegebenen Höhe.

(2) Alleinstehende, dynamische Analyse

Im folgenden Abschnitt werden im Vergleich mit der eben vorgestellten Darstellung zwei zusätzliche Informationen aufgenommen. Zum einen werden Kosten und Nutzen der Maßnahmen für Alleinstehende über sämtliche alleinstehenden Teilnehmer kumuliert. Hierbei wird der Anteil von Maßnahmen bei städtischen Trägern in Höhe von ca. 40 % berücksichtigt. Wiederum erfolgt eine Betrachtung mit Ansetzung der verschiedenen genannten Wertschöpfungszenarien. Zum anderen werden die Kosten und Einsparungen der Maßnahmen dynamisch über einen Zeitraum von drei Jahren betrachtet. An dieser Stelle kommen die Erkenntnisse zum Tragen, die in der Verbleibsauswertung der VABE- Maßnahmen des Jahres 1995 gewonnen werden konnten.

Abbildung 29: Kola 200: Alleinstehend, Ende des ersten Jahres, Kumulierte Werte

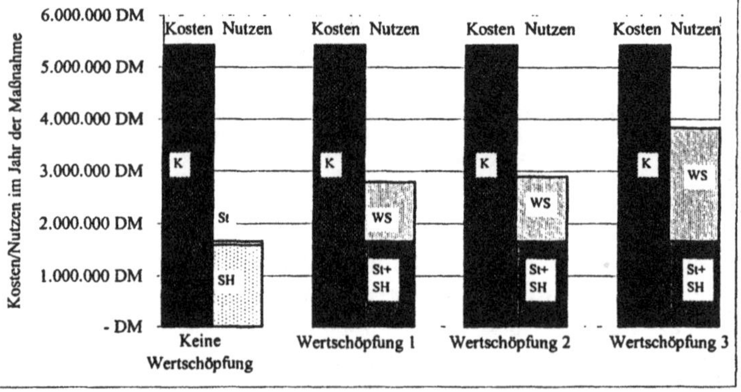

Legende: K: Maßnahmekosten, St: Steuereinnahmen, SH: Sozialhilfe, WS: Wertschöpfung

In Abbildung 29 ist im linken Säulendiagramm der Fall nach einem Jahr dargestellt, daß keine Wertschöpfung geschaffen wird, also auch nicht bei den Beschäftigten bei Trägern der Stadt Freiburg. Den gesamten Maßnahmekosten für alle alleinstehenden Personen in Höhe von ca. 5,4 Mio. DM stehen Einsparun-

gen bei der Sozialhilfe in Höhe von ca. 1,6 Mio. DM sowie Steuereinnahmen in Höhe von 73.000 DM gegenüber.[42]
Wie bei der individuellen Betrachtung wird in den anderen Diagrammen eine unterschiedlich hohe Wertschöpfung für die Beschäftigten der Stadt Freiburg angenommen. Im Falle der Wertschöpfung 1 (Auszubildende) sind dies zusätzlich ca. 1,1 Mio. DM, bei der Wertschöpfung 2 (Nettolohn) ca. 1,25 Mio. DM und bei einer Wertschöpfung in Höhe der Bruttokosten ca. 2,15 Mio. DM. Es zeigt sich also, daß die Wertschöpfung in ihrem angegebenen Spektrum eine gewichtige Größe darstellt und eine Vernachlässigung dieses Wertes zu einer Verzerrung in der Bewertung führen würde.
Die Situation zwei Jahre nach Aufnahme der Beschäftigung ist in Abbildung 30 dargestellt. Dabei werden die gesamten Kosten und Nutzen berücksichtigt, also auch die aus dem Vorjahr. Der Stadt Freiburg entstehen in dieser Periode keine weiteren Kosten, da die Maßnahmeteilnehmer nach einem Jahr sozialversicherungspflichtiger Beschäftigung Ansprüche gegenüber dem Arbeitsamt erworben haben. In vereinzelten Fällen kann es zu einer Verlängerung der Maßnahme oder der Gewährung von Lohnkostenzuschüssen kommen, um eine besseren Integration in den Arbeitsmarkt zu gewährleisten. Von diesen Konstellationen soll an dieser Stelle jedoch abstrahiert werden.

Abbildung 30: Kola 200: Alleinstehend, nach 2 Jahren, Kumulierte Werte

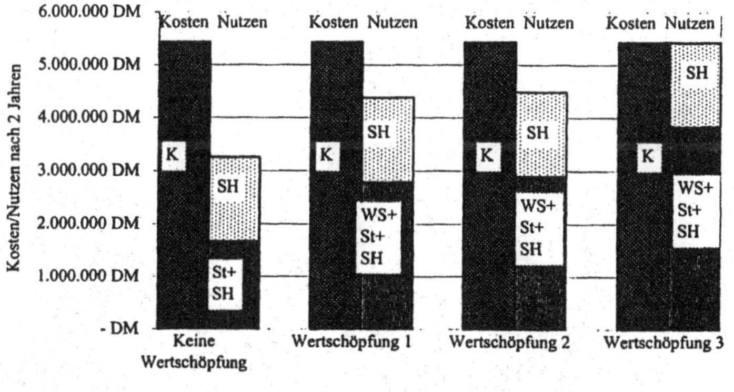

Legende: K: Maßnahmekosten, St: Steuereinnahmen, SH: Sozialhilfe, WS: Wertschöpfung.

[42] Bei den Steuereinnahmen macht sich die Kürzung bei Lohn und Gehalt bemerkbar. Werden 100 % Lohn- und Gehalt angesetzt, liegen die Einnahmen bei ca. DM 120.000.

Auf der Nutzenseite kommt es im Jahr der Maßnahme zu den Einsparungen und Einnahmen ergänzt um eine Wertschöpfung in beschriebenen Höhen. Im zweiten Jahr, also der Zeit der Arbeitsamtsleistungen, wird weiterhin Sozialhilfe eingespart, die bei einem alternativen Verbleib in der Abhängigkeit vom Sozialamt ausgezahlt worden wäre. Diese eingesparte Sozialhilfe beträgt weitere 1,6 Mio. DM und wird auf der Nutzenseite des jeweiligen Diagramms addiert. Wird bei der Ansetzung einer Wertschöpfung von einer Arbeitsleistung in Höhe der Bruttokosten ausgegangen, kann aus der Grafik rechts abgeleitet werden, daß sich diese Maßnahmen bereits zwei Jahre nach Beginn der Tätigkeiten für die Kommune rechnen.

Im dritten Jahr nach Beginn der Maßnahme ergeben sich nun Veränderungen im Vergleich zu den Vorjahren. Zusätzlich zu den Kosten der Maßnahme kommen nun die Kosten für diejenigen Personen, die wieder in den Sozialhilfebezug eintreten. Aufgrund der Erkenntnisse, die über den Verbleib der Teilnehmer des Jahres 1995 gewonnen werden konnten, können Aussagen über eine Quote von Rückkehrern gemacht werden. In den folgenden Analysen wurden 8 % der Teilnehmer als erneut auf Sozialhilfe angewiesen angenommen. Diese Einschätzung erfolgt erneut unter dem Postulat der Vorsicht, da nicht zwischen ergänzender und vollständiger Sozialhilfe unterschieden wurde und die Kosten somit eher überschätzt werden.

Abbildung 31: Kola 200: Alleinstehend, nach 3 Jahren, Kumulierte Werte

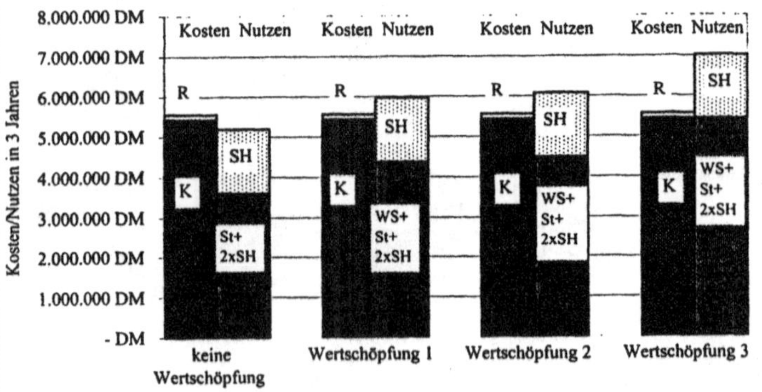

Legende: K: Maßnahmekosten, St: Steuereinnahmen, SH: Sozialhilfe, WS: Wertschöpfung, R: Rückkehrer.

Bemerkenswert ist dennoch der geringe zusätzliche Aufwand durch die wieder in die Sozialhilfe eingetretenen Personen. Bei den Alleinstehenden sind dies le-

diglich ca. DM 130.000, die jährlich für diese Personengruppe aufgewendet werden muß. Diese Zahl verdeutlicht die Nachhaltigkeit der Maßnahmen aus Sicht der Kommune, auch wenn über den genauen Verbleib der Personen nichts ausgesagt werden kann.
Wie aus Abbildung 31 ersehen werden kann, rechnen sich nach drei Jahren die Maßnahmen für die Stadt Freiburg unabhängig von der Höhe der von uns angenommenen Wertschöpfungsszenarien. Zum Zeitpunkt drei Jahre nach Maßnahmebeginn überkompensieren die Einnahmen bereits die Ausgaben. In der für uns als vorsichtig realistisch betrachteten Wertschöpfung in Höhe des Nettogehalts (Wertschöpfung 2) kommt es somit zu einer für die Stadt Freiburg rechnerisch vorteilhaften Entwicklung ab ca. 2 Jahren und 8 Monaten nach Maßnahmebeginn, für den Fall, daß alternativ entsprechend lange Sozialhilfe ausbezahlt worden wäre.

(3) Kumulierte Ergebnisse

Die eben dargestellte Analyse des einzelnen Haushaltstyps der Alleinstehenden läßt sich analog für die sieben anderen Haushaltsformen vornehmen. Wie ist nun das Ergebnis für sämtliche Haushaltstypen, kumuliert in einer dynamischen Analyse?

Abbildung 32: Kola 200: Gesamte Maßnahmen, nach 3 Jahren, Kumulierte Werte

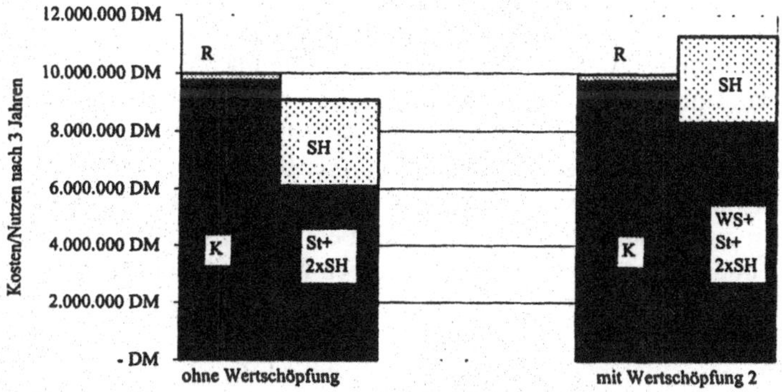

Legende: K: Maßnahmekosten, St: Steuereinnahmen, SH: Sozialhilfe, WS: Wertschöpfung, R: Rückkehrer.

In Abbildung 32 sind sämtliche Maßnahmen dargestellt, nach einem Zeitraum von 3 Jahren. Im linken Säulendiagramm ist die Konstellation dargestellt, wie sie ohne Berücksichtigung von Wertschöpfung bei Maßnahmen der bei städtischen Trägern Beschäftigten ist. Mit Einbeziehung dieser Arbeitsleistungen in Höhe des Nettolohns (Wertschöpfung 2) kommt das Ergebnis im rechten Diagramm zustande. Wie schon bei der Betrachtung des einzelnen Haushaltstyps sind die Kosten, die durch wieder in die Sozialhilfe eingetretene Personen anfallen, relativ gering.

Die Kosten werden mit Einbeziehen der Wertschöpfung ab ca. 2 Jahren und 8 Monaten vom Nutzen der Maßnahmen übertroffen. Geht man nun davon aus, daß der durchschnittliche Hilfeempfänger ohne diese Maßnahme länger als der genannte Zeitraum in der Sozialhilfe verblieben wäre, lohnen sich die Maßnahmen nach Kola 200 für die Kommune Freiburg. Ab jedem Monat, der über diesem Break-Even-Zeitpunkt liegt, kommt der Stadt zusätzlicher Nutzen zugute, die Kosten werden, wie in der Abbildung zu sehen, vom Nutzen der Maßnahmen übertroffen.

4.3.3.5 Zwischenergebnis

Um eine Einschätzung der Maßnahmen nach Kola 200 vornehmen zu können, wurden die entsprechenden Maßnahmen des Jahres 1995 anhand der Sozialhilfeakten der teilnehmenden Personen ausgewertet. Im Rahmen dieser Datenerhebung konnten neben den Strukturdaten wie Geschlecht, Alter, Dauer des Sozialhilfebezugs vor der Maßnahme, Bildung und Ausbildung sowie Haushaltstypen und Familienstand auch Angaben über den Verbleib der Personen nach Maßnahmeende ermittelt werden. Diese Angaben über den Verbleib ehemaliger Maßnahmeteilnehmer bildeten den eigentlichen Kern der Untersuchung. Die Ermittlung erfolgte zunächst über eine Verifizierung des Wohnortes und des Namens der Teilnehmer. Weiter wurde festgestellt, ob die Personen nach Ablauf der Maßnahmen nach der Entgeltvariante Arbeitsamtsleistungen beziehen oder wieder in der Sozialhilfe sind. Traf keine dieser beiden Alternativen zu und war die betreffende Person noch in Freiburg wohnhaft, war davon auszugehen, daß eine Arbeit aufgenommen worden war, sich eine sonstige Änderung in den persönlichen oder privaten Verhältnissen ergeben hatte, oder es zu einem Rückzug aus der Sozialhilfe gekommen war. Eine exakte Ermittlung des Verbleibs war in diesem Fall nicht möglich.

Die gewonnenen Informationen über den Anteil an Personen, die nach der Maßnahme und nach Ablauf der Leistungen des Arbeitsamtes wieder in die Sozialhilfe eintreten, wurde in der Analyse der Kola 200-Maßnahmen des Jahres 1998 weiter verwendet. Im Rahmen der Analyse dieser Maßnahmen wurde eine exemplarische alleinstehende Person zunächst in einer monatlichen statischen

Analyse dargestellt, anschließend wurde in einer dynamischen Analyse über sämtliche alleinstehenden Teilnehmer der gesamte Haushaltstyp untersucht.
Neben den Angaben über einen Wiedereintritt in die Sozialhilfe wurden in den Berechnungen die Kosten der Maßnahme, Einsparungen bei der Sozialhilfe, Einnahmen durch den kommunalen Steueranteil und Wertschöpfungseffekte berücksichtigt. Diese Wertschöpfungseffekte für Tätigkeiten bei einem städtischen Träger wurden in drei Szenarien vorgestellt, von denen zwei jeweils der Ober- und Untergrenze einer realistischen Darstellung entsprachen. Diese waren einerseits der Bruttolohn eines Auszubildenden des öffentlichen Dienstes, andererseits die Bruttokosten der Maßnahme bei Annahme eines vollwertigen Ersatzes einer fest angestellten Person. Ein vorsichtig formulierter Zwischenwert, der den eigentlichen Nutzen eher unterschätzt, ist der Nettolohn bzw. das Nettogehalt, das während der Maßnahme gezahlt wurde.
Als Ergebnis der Berechnungen konnte festgestellt werden, daß sich die Maßnahmen, über sämtliche Haushaltstypen kumuliert, unter Berücksichtigung der als realistisch angenommenen Wertschöpfung in Höhe des Nettogehalts nach ca. 2 Jahren und 8 Monaten für die Stadt Freiburg rechnen. Ab jedem Monat, den ein Hilfeempfänger ohne Maßnahme über diesen Zeitpunkt hinaus in der Sozialhilfe geblieben wäre, profitiert die Stadt Freiburg zusätzlich von den Maßnahmen nach Kola 200.

4.3.4 Sonstige Aktivitäten der Kola

Im Rahmen dieses Abschnittes sollen Aktivitäten der Kola vorgestellt werden, die nicht in der monetären Analyse berücksichtigt wurden. Dieses Vorgehen erklärt sich aus verschiedenen Gründen. Teilweise bestehen die Aktivitäten noch nicht lange genug, als daß sie einer umfassenden Bewertung unterzogen werden könnten. Dies trifft im Fall der Jugendagentur zu, die erst im Mai 1999 offiziell eröffnet wurde. Auch die Tätigkeit der seit Januar 1999 tätigen Vermittlungsagentur entzieht sich aus bisher mangelnden Erfahrungswerten einer monetären Analyse.
Leicht anders verhält es sich bei den Qualifikationsmaßnahmen, die die Kola schon im Jahr 1998 an Hilfeempfänger vermittelt hat. In diesem Tätigkeitsbereich haben sich zentrale Änderungen ergeben, so daß nur noch wenige Vergleichsmöglichkeiten mit den Aktivitäten des Vorjahres bestehen. Eine Erfolgsermittlung wäre aus diesem Grund insbesondere im Hinblick auf zukünftige Aktivitäten nur mit erheblichen Verzerrungen möglich. So wird zum einen das Spektrum der Qualifizierungsmaßnahmen deutlich erweitert. Zum anderen verteilt sich dieser Maßnahmebereich auf mehrere Teilstellen wie beispielsweise die Jugendagentur, so daß auch hinsichtlich der zielorientierten Beratungen Änderungen vorgenommen wurden.

4.3.4.1 Vermittlungen in den ersten Arbeitsmarkt

Im Jahr 1998 gelang es der Kola, 113 Personen in den ersten Arbeitsmarkt zu vermitteln. Die Vermittlung erfolgte bei 48 Personen direkt nach einem Beratungsgespräch und bei 16 Personen nach einer Qualifizierungsmaßnahme. 20 Personen fanden eine Arbeitsstelle nach einer Maßnahme nach Kola 500, während bei 29 Personen zusätzlich eine Maßnahme nach Kola 200 vorausgegangen war.

Die direkten Vermittlungen der Hilfeempfänger in den ersten Arbeitsmarkt ist nicht nur für die betroffenen Personen eine wünschenswerte Lösung, auch für die Stadt Freiburg stellt dieser Weg, die Zahl der Sozialhilfeempfänger zu senken, die kostengünstigste Möglichkeit dar. Besonders hohe Entlastungseffekte werden erzielt, wenn die Antragsteller direkt und ohne eine weitere Maßnahme in eine Beschäftigung vermittelt werden können. Mit geringen zusätzliche Aufwendungen können hier sämtliche Sozialhilfekosten eingespart werden. Selbst die Gewährung eines Lohnkostenzuschusses (LKZ), mit dem 28 der 113 Personen vermittelt wurden, ist im allgemeinen langfristig die günstigere Alternative.

Bei Annahme einer typischen Struktur der Haushaltstypen käme bei genannter Personenzahl eine Einsparung von ca. 1,4 Mio. DM jährlich zustande, ohne daß hierbei die Kosten für die beschriebenen Qualifikations- und Beschäftigungsmaßnahmen gegengerechnet wären. Es handelt sich also um einen Bruttowert. Die Interpretation dieser Summe ist daher mit einigen Schwierigkeiten verbunden.

Eine Berechnung im Rahmen der Kosten-Nutzen Analyse unterblieb aus Gründen mangelnder Bewertungsmöglichkeiten. Wie sind die Aktivitäten der Kola beispielsweise hinsichtlich einer Kooperation mit dem Arbeitsamt zu bewerten, dem diese Aufgabe ursprünglich zukommt? Wieviele Personen hätten ohne Hilfe der Kola und zu welchem Zeitpunkt eine Anstellung gefunden? Die gravierendste Schwierigkeit im Rahmen einer Bewertung sind hier fehlende Kontrollgruppen, die eine spezifische Leistung der Kola isolieren könnten. Kontrollgruppen lassen sich jedoch nur bilden, wenn entsprechende Informationen über die den Maßnahmeerfolg betreffenden Merkmale erfasst sind. Benötigt werden hier detaillierte individuelle Angaben, die sich auf die Maßnahmeteilnehmer und Nichtteilnehmer beziehen. Aufgrund der vielfältigen Möglichkeiten, wie Hilfeempfänger vermittelt werden können (direkt, nach Maßnahme, mit oder ohne LKZ), war es nicht möglich, einen Grenzwert der Amortisation vergleichbar dem Vorgehen bei den Maßnahmen nach Kola 200 zu berechnen.

Um die für die Kommune günstig erscheinende Vermittlungstätigkeit intensiver betreiben zu können, wurde die Vermittlungsagentur als räumlich von der Kola getrenntes Büro eingerichtet. Da durch das Arbeitsamt ein Vermittlungszuschuß für jede durch die Kola vermittelte Person gewährt wird, werden die Kosten für diese zusätzliche Einrichtung nicht alleine durch den Sozialhilfeträger getragen.

Der Vorteil einer separat eingerichteten Stelle ist die Möglichkeit der betreuenden Mitarbeiter, sich intensiver sowohl mit den Hilfeempfängern als auch den Unternehmen auseinanderzusetzen, in die die betreffenden Personen vermittelt werden können.

4.3.4.2 Qualifizierungsmaßnahmen

Das Angebot an Qualifizierungsmaßnahmen der Kola hat sich im Vergleich zum Angebot zu Anfang der Aktivitäten verändert und ist deutlich umfassender geworden. Während 1998 im gesamten Jahr 59 Personen an einer Qualifikation teilnahmen, waren zum Stichtag 31.05.1999 bereits 79 Stellen bei entsprechenden Maßnahmen besetzt. Der Jahreswert von 59 Personen im Vorjahr wird somit übertroffen. Dieser Ausbau der Stellen ist die Folge einer Erweiterung des Trägerkreises, mit deren Zusammenarbeit die Qualifizierungen erfolgen können.
Die Veränderungsdynamik bei der Struktur der Qualifikationsmaßnahmen ist nur ein Grund für die Nichtberücksichtigung in der monetären Kosten-Nutzen Analyse. Wie schon im Vermittlungsbereich ist auch bei den Qualifizierungsmaßnahmen ein Kontrollgruppenproblem gegeben. Von den 59 Personen, die im Jahr 1998 eine Qualifizierung angetreten hatten, wurden 16 Personen in eine Stelle auf dem ersten Arbeitsmarkt vermittelt, weitere 17 Personen traten nach der Qualifizierung in eine Maßnahme nach Kola 200 ein. Die Vermittlungsquote in den ersten Arbeitsmarkt von knapp einem Drittel läßt sich ohne einen Vergleichswert, wie lange die Personen anderweitig in der Sozialhilfe verblieben wären, nicht eindeutig interpretieren.
Anhaltspunkt für die Notwendigkeit von Qualifizierungsmaßnahmen, auch für Personen, die nicht mehr in die Zielgruppe der Jugendagentur fallen, gibt die Struktur der schulischen und beruflichen Abschlüsse aller bei der Kola Vorsprechenden (Vergleiche Kola Jahresbericht 1998). Mangelnde Ausbildung und Qualifikation stellen ein hohes Einstiegshindernis auf dem Weg in den ersten Arbeitsmarkt dar.

4.3.5 Zwischenergebnis

Das Gutachten „Kosten-Nutzen Analyse der Kommunalen Leitstelle für Arbeit, (Kola)“ soll den Erfolg von Maßnahmen der Hilfe zur Arbeit (HzA) in Freiburg im Breisgau bewerten. Seit Beginn des Jahres 1998 sind die Aktivitäten in diesem Bereich in der Kola zusammengefaßt. Neben den Bemühungen, vorsprechende Hilfeempfänger direkt in den ersten Arbeitsmarkt zu vermitteln, bilden sogenannte *Maßnahmen nach Kola 500* sowie *Maßnahmen nach Kola 200* den Schwerpunkt der Tätigkeiten der Kola.
In der Studie wurden diese beiden Maßnahmetypen einer monetären Kosten-Nutzen Analyse unterzogen. Eine Wirkungsanalyse, wie sie beispielsweise im

Rahmen von Fallstudie 1 im Mittelpunkt der Betrachtungen gestanden hat, war von Seiten der Auftraggeber nicht verlangt. Eine derartige Studie über die geforderte Kosten-Nutzen Analyse hinaus anzustellen war durch die gegebenen zeitlichen und personellen Ressourcen nicht möglich. Eine Einbeziehung der Kosten, die durch die Einrichtung der Kola entstanden sind, unterblieb ebenfalls. Die Frage der Kostenzuteilung auf die einzelnen Sachgebiete war im gesetzten Umfang nicht zu klären, und da entsprechende Angaben vom Sozialamt nicht erfasst werden, unterblieb eine Einbeziehung in die Analyse. Auch die Berücksichtigung von weiteren Komponenten, die in Kapitel 3.2 als mögliche Bestandteile von Kosten-Nutzen Analysen aufgeführt wurden, unterblieb. So waren beispielsweise mögliche Verdrängungseffekte oder Fragen der Verteilungswirkungen von untergeordneter Bedeutung im Rahmen der Fragestellung an die Evaluierung.

Im Mittelpunkt der Analyse stand also die monetäre Untersuchung der fallbezogenen Kosten und Nutzen. Bei beiden Maßnahmevarianten erfolgte diese Analyse unter Berücksichtigung einer angemessenen Wertschöpfung, die der Stadt Freiburg durch die Tätigkeit bei städtischen Trägern zugute kommt. Hier eine Zusammenfassung der Ergebnisse im einzelnen:

Kola 500: Im Rahmen der Auswertung der Maßnahmen nach Kola 500 konnten die Daten von 614 Personen in die Analyse einbezogen werden, die ihre Maßnahme im Jahr 1998 begannen. Die durchschnittliche Maßnahmedauer betrug 5 Monate. Um eine präzisere Bewertung der Kosten und Nutzen vornehmen zu können, wurden die Maßnahmen in die Kategorien *Maßnahmen mit Regiekostenzuschuß*, *Maßnahmen bei städtischen Trägern* und *Maßnahmen bei nichtstädtischen Trägern* unterteilt. Einerseits erfolgte diese Aufteilung aufgrund unterschiedlicher Kosten pro Maßnahme, andererseits kommt der Kommune direkter Nutzen über Tätigkeiten bei städtischen Stellen zugute. Eine zusammenfassende Darstellung, die sämtliche Maßnahmen über den durchschnittlichen Maßnahmezeitraum kumuliert, kommt unter Berücksichtigung von Wegbleibern und der Wertschöpfung bei städtischen Trägern zu dem Ergebnis, daß sich die Maßnahmen nach Kola 500 selbst tragen. Um eine präzisere Aussage bezüglich der angenommenen Wertschöpfung treffen zu können, wurde abschließend ein Grenzwert berechnet, den die durchschnittliche Wertschöpfung mindestens annehmen muß, damit sich die Maßnahmen rechnen. Leisten die Hilfeempfänger im Rahmen der an sie vermittelten städtischen Arbeitsstelle eine Wertschöpfung von DM 3,50 pro Stunde, entsprechen sich in dem gewählten Szenario Kosten und Nutzen aus Sicht der Stadt Freiburg. Jede über diesem Betrag liegende Wertschöpfung kommt der Stadt Freiburg in Form der geleisteten Arbeit zugute.

Kola 200: Als Vergleichswerte für die aktuellen Maßnahmen nach Kola 200 wurden die Daten der vergleichbaren Maßnahmen des Jahres 1995 ausgewertet, die über den VABE vermittelt worden waren. Über diese Auswertung konnte

der Verbleib der Teilnehmer nach der Maßnahme ermittelt werden und als Erfahrungswert in die Analyse der Kola 200 Maßnahmen einfließen. Das Ergebnis dieser Auswertung war, daß lediglich 8,5 % der Teilnehmer an einer Maßnahme nach Ablauf des Anspruchs auf Arbeitslosengeld wieder in den Sozialhilfebezug eintreten, davon erhalten 3,1 % der Personen ergänzende, 5,4 % vollständige Sozialhilfe. Während ca. 42 % weiterhin Leistungen des Arbeitsamtes beziehen (Arbeitslosengeld, Arbeitslosenhilfe oder Unterhaltsgeld), ist mit 48,8 % die größte Gruppe ehemaliger Maßnahmeteilnehmer ohne Leistungen.
Bei diesem Maßnahmetyp wurde eine Unterscheidung in Maßnahmen bei *städtischen* und *nicht-städtischen* Trägern vorgenommen, wobei der Stadt wiederum annahmegemäß bei den Tätigkeiten bei städtischen Trägern eine vorsichtig geschätzte Wertschöpfung zugute kam.
Da es bei den sozialversicherungspflichtigen Beschäftigungsverhältnissen nicht möglich ist, eine genaue Angabe bezüglich der Verbleibsdauer in der Sozialhilfe ohne eine Maßnahme zu machen, wurde ein Grenzwert ermittelt, ab wann sich die Maßnahmen für die Kommune Freiburg selbst tragen. Unter Berücksichtigung einer vorsichtig formulierten Wertschöpfung liegt dieser Zeitpunkt bei ca. 2 Jahren und 8 Monaten. Dieser Betrachtung liegen wiederum sämtliche Maßnahmen zugrunde, die im Jahr 1998 angetreten wurden.
Über diese Kernaufgaben hinaus ist die Kola in weitere Aktivitäten involviert, die in Kapitel 5 dargestellt sind. Neben Qualifizierungsmaßnahmen, die über die Kola selbst vermittelt werden, wurden in jüngster Zeit zwei Agenturen gegründet, die Teilbereiche der bisherigen Tätigkeiten intensiver behandeln sollen. Im Januar 1999 nahm die Vermittlungsagentur ihre Arbeit auf, im Mai 1999 wurde die Jugendagentur eröffnet. Während die Vermittlungsagentur die direkte Vermittlung von Hilfeempfängern in den ersten Arbeitsmarkt anstrebt, ist die Jugendagentur zentrale Anlaufstelle für Jugendliche. Beide Agenturen sind jedoch noch nicht ausreichend lange in ihren Bereichen tätig, als daß sie in die monetäre Bewertung hätten mit aufgenommen werden können. Auch die Aktivitäten im Bereich der Qualifikationsmaßnahmen unterlagen in jüngster Zeit einigen Änderungen, so daß eine monetäre Kosten-Nutzen Analyse nicht angebracht erschien. Für die drei hier genannten Bereiche gilt jedoch, daß sich anhand der Strukturdaten der bei der Kola vermittelten Personen Handlungsbedarf ergibt. Die zahlreichen jungen Hilfeempfänger unter 25 Jahren (21,7 %) mit teilweise schlechter schulischer und beruflicher Ausbildung rechtfertigen eine Konzentration auf diese Zielgruppe. Da von den gesamten Hilfeempfängern 41 % der Personen ohne beruflichen Abschluß sind, ist auch Handlungsbedarf bei den Qualifizierungsmaßnahmen gegeben. Schließlich sind direkte Vermittlungen in den ersten Arbeitsmarkt insbesondere dann eine für die Kommune kostengünstige Alternative, wenn diese ohne vorherige Maßnahme erfolgen kann. Dies spricht für die

Einrichtung der Vermittlungsagentur. Eine präzise monetäre Aussage kann jedoch aus genannten Gründen nicht getroffen werden.
Für die genannten Programme spricht jedoch, daß sie dem Gedanken eines kommunalen Netzwerkes gerecht werden, das in dieser Dimension bei der Kola selbst nicht zu beobachten war. Gezielte Beschäftigungsförderung und arbeitsmarktpolitische Initiativen sind erfolgversprechender, wenn das kommunale Umfeld mit einbezogen wird.[43] Hierzu gehört es, die Akteure lokaler Arbeitsmarktpolitik zu integrieren. Genannt seien hier das Arbeitsamt, Kammern, Wirtschaftsförderung und eventuell angrenzende Landkreise.[44]
Eine Barriere für präzisere Aussagen war in vielen Fällen die vorhandenen oder zu erhebenden Daten. Da weder über die tatsächlichen noch über die potentiellen Maßnahmeteilnehmer ausreichende Angaben verfügbar sind (und sich teilweise nicht oder nur sehr aufwendig erheben lassen), kann die tatsächliche Leistung der Kola nicht mit der Genauigkeit beschrieben werden, wie es wünschenswert gewesen wäre. Lediglich mit der Aufteilung der potentiellen Maßnahmeteilnehmer in eine Programm- und eine Kontrollgruppe ließe sich der eigentliche Erfolg der Kola dokumentieren. Zusätzlich müßten die Datenangaben über die potentiellen Teilnehmer sehr präzise sein und unter anderem Informationen aus der persönlichen Erwerbshistorie beinhalten.

---

[43] *Freidinger* (1994), S. 66.
[44] Vgl. hierzu auch den Bericht des Sozial- und Jugendamtes der Stadt Freiburg, *Stadt Freiburg im Breisgau* (2000b).

Teil 5. Zusammenfassung und Ausblick

Die Entwicklung des Arbeitsmarktes und Verlagerungen von Kosten haben zu einer angespannten finanziellen Situation bei den Kommunen in Deutschland geführt. Als hauptsächlicher Träger der Sozialhilfe sind die Kommunen nun nicht mehr nur verantwortlich für Hilfeempfänger, die aufgrund von Notlagen auf das unterste soziale Netz angewiesen sind. Vielmehr hat sich der Aufgabenbereich durch die hohe Zahl von arbeitslosen, d.h. arbeitsfähigen Empfängern von Sozialhilfe gewandelt. Die Kommunen versuchen mit zahlreichen Projekten und Einrichtungen, die Vermittlung in den Arbeitsmarkt und die damit verbundene Unabhängigkeit von der Sozialhilfe zu erreichen.
Aufgrund des hohen fiskalischen und sozialen Stellenwertes dieser Bemühungen wächst bei den Kommunen das Bedürfnis, Klarheit über die tatsächlichen Wirkungen dieser Programme zu gewinnen. In zunehmender Zahl werden diese lokalen Projekte daher einer wissenschaftlichen Evaluation unterzogen, um einen externen Eindruck von der eigenen Tätigkeit zu bekommen.
Die vorliegende Arbeit analysiert diese Thematik. In Teil 2 wurde zunächst das Handlungsumfeld der kommunalen Aktivitäten vor dem rechtlichen und gesellschaftlichen Hintergrund beschrieben. Mit der Reform des BSHG im Jahr 1996 stehen den Kommunen nun weitere Möglichkeiten zur Verfügung, arbeitslose Sozialhilfeempfänger in den Arbeitsmarkt zu vermitteln. Eine besondere Rolle spielt für die Sozialämter das Arbeitsamt, da die Hilfeempfänger meist von beiden Institutionen betreut werden. In einigen Modellprojekten werden diese Überschneidungen bereits zur Gewinnung von Synergieeffekten eingesetzt.
Die theoretischen Grundlagen für die wissenschaftlichen Analysen von Programmen der aktiven Arbeitsmarktpolitik wurden in Kapitel 3 vorgestellt. Zunächst standen hier die mikroökonometrischen Methoden im Mittelpunkt der Betrachtung, die zur Identifizierung des eigentlichen Maßnahmeeffektes auf an einem Programm teilnehmende Personen dienen. Von besonderem Interesse ist hier die Frage, welche Evaluationsmethode am besten geeignet ist, Verzerrungen in der Messung dieses Effektes zu vermeiden. Ein anderer, mit diesen Methoden verbundener Ansatz, sind Kosten-Nutzen Analysen. Aufgrund der Motivation vieler Kommunen, Initiativen im Bereich der aktiven Arbeitsmarktpolitik zur Einsparung von Haushaltsgeldern ins Leben zu rufen, sind bei zahlreichen Evaluationen die fiskalischen Wirkungen von Interesse. Kosten-Nutzen Analysen betrachten überwiegend die monetären Auswirkungen von Programmen, während die mikroökonometrischen Wirkungsanalysen eher den Effekt des Programms auf den einzelnen Teilnehmer analysieren. Beide Analysemethoden

sind jedoch eng verbunden, da in vielen Fällen das Wissen um die Programmwirkung Voraussetzung für eine monetäre Auswertung ist.
Die beschriebenen theoretischen Ansätze können jedoch nur als allgemeine Hilfestellung bei der tatsächlichen Umsetzung in die Empirie verstanden werden. Daß Evaluationen sehr auf den Einzelfall bezogen konzipiert werden müssen, zeigt die ausführliche Darstellung von zwei Analysen in Teil 4. Während im Fallbeispiel 1, Evaluierung der Mannheimer Arbeitsvermittlungsagentur (MAVA), eher der Maßnahmeeffekt im Vordergrund steht, sind in Fallbeispiel 2, Kosten-Nutzen Analyse der Kommunalen Leitstelle für Arbeit (KOLA), Freiburg i. Br., weitgehend die monetären Effekte von Interesse. In beiden Fällen wird jedoch deutlich, daß eine Untersuchung sehr an die individuellen Gegebenheiten wie Datensituation, Auftrag der Untersuchung, zeitlicher Rahmen sowie Beschränkungen bei den Ressourcen angepaßt werden muß. Instrumente aus den beschriebenen Theorien können nur selektiv verwendet und müssen auf den Einzelfall abgestimmt werden.
Es hat sich gezeigt, daß Evaluationen den handelnden Personen in den Kommunen wertvolle Hinweise zu den Wirkungen der Maßnahmen der aktiven Arbeitsmarktpolitik geben können. Um jedoch zu noch aussagekräftigeren Ergebnissen kommen zu können, muß das Bewußtsein bei den Kommunen über die Bedeutung externer Untersuchungen weiter wachsen. Zahlreiche Schwierigkeiten, die sich im Rahmen von Evaluationen ergeben, können durch entsprechende Ausrichtung vermieden werden. Zentral ist hier zum einen der Zeitpunkt, ab dem externe Analysten hinzugezogen werden: Erfolgt bereits eine Abstimmung zu Beginn des Programms, können die Ergebnisse erster Untersuchungen noch gestaltend berücksichtigt werden. Auch ist es möglich, aus einem weiteren Spektrum analytischer Methoden diejenige auszuwählen, die dem empirischen Sachverhalt am besten entspricht. Bei einer rückblickenden Untersuchung eines Programms nach der Einführung stehen eine geringere Anzahl theoretische Instrumente zur Verfügung, die Wirkung der Maßnahme zu messen.
Zum anderen sind die Aussagen der Analysen häufig durch qualitativ schlechte Daten beschränkt. Da häufig bei den Verantwortlichen für die jeweiligen Programme das Bewußtsein fehlt, welche Daten und Informationen für eine Untersuchung des Erfolges der untersuchten Maßnahme notwendig sind, stellt die Nacherhebung dieser Angaben einen bedeutenden und aufwendigen Bestandteil der Evaluation dar. Dies machen die im Rahmen dieser Arbeit dargestellten Fallstudien deutlich. Auch hierbei wäre ein möglichst frühzeitiges Einbeziehen in das untersuchte Programm wünschenswert, um die Erfassung der Daten beeinflussen zu können.
Mit einer gezielten Ausrichtung auf eine mögliche Evaluierung ließen sich die genannten Probleme beherrschen, die Analysen der jeweiligen Programme und Projekte können demzufolge auch genauere Aussagen hinsichtlich des Maß-

nahmeerfolges treffen. Da sich das Bewußtsein der für ein Programm verantwortlichen Personen hinsichtlich der Anforderungen einer Evaluation jedoch nicht unmittelbar und drastisch ändern dürfte, werden auch in Zukunft deutliche Anpassungen theoretischer Instrumente an empirische Gegebenheiten notwendig sein. Wie mit solchen Unzulänglichkeiten umgegangen und dennoch eine Aussage hinsichtlich des definierten Erfolgs getroffen werden kann, wurde in der vorliegenden Arbeit anhand zweier unterschiedlicher Beispiele gezeigt.

Literaturverzeichnis

Almus, Matthias u. Jürgen Egeln u. Michael Lechner u. Friedhelm Pfeiffer u. Hannes Spengler (1998): Die gemeinnützige Arbeitnehmerüberlassung in Rheinland-Pfalz - eine ökonometrische Analyse des Wiedereingliederungserfolgs, MittAB, 558-574.

Angrist, Joshua D. u. Guido W. Imbens u. Donald B. Rubin (1996): Identification of Causal Effects Using Instrumental Variables, Journal of the American Statistical Association, 91, 444-55.

Ashenfelter, Orley (1978): Estimating the Effect of Training Programs on Earnings with Longitudinal Data, Review of Economics and Statistics, 6, 47-57.

Ashenfelter, Orley (1979): Estimating the Effect of Training Programs, in: Bloch, F. (Hrsg.): Research in Labor Economics, Greenwich.

Ashenfelter, Orley (1983): Determining Participation in Income-Tested Social Programs, Journal of the American Statistical Association, 78, 517-525.

Ashenfelter, Orley u. David Ashmore u. Olivier Deschênes (1999): Do unemployment insurance recipients actively seek work? Randomized trials in four U.S. states, NBER Working Paper 6982, Cambridge.

Ashenfelter, Orley u. David Card (1985): Using the Longitudinal Effects of Earnings to Estimate the Effect of Training Programs, Review of Economics and Statistics, 67, 648-660.

Bach, H. U. u. E. Spitznagel (1992): Arbeitsmarktpolitische Maßnahmen – Entlastungswirkungen und Kostenvergleiche, in: Beitr. AB 163, 207-227.

Barnow, Burt S. (1987): The Impact of CETA Programs on Earnings, Journal of Human Resources, 22, 157-193.

Barnow, Burt S. u. Glen Cain u. Arthur S. Goldberger (1980): Issues in the Analysis of Selectivity Bias, in: Stromsdorfer, Ernst W. u. George

Farkas (Hrsg.): Evaluation Studies Review Annual, Vol. 5, London u.a., 43-59.

Bassi, Laurie (1983): The effect of CETA on the post-program earnings of participants, Journal of Human Resources, 18, 539-556.

Bassi, Laurie (1984): Estimating the effect of training programs with non-random selection, Review of Economics and Statistics, 66, 36-43.

Bassi, Laurie (1987): Estimating the Effect of Job-Training Programs, Using Longitudinal Data: Ashenfelter's Findings Reconsidered: A Comment, Journal of Human Resources, 22, 300-03.

Bassi, Laurie u. M. Simms u. L. Burbridge u. C. Betsey (1984): Measuring the Effect of CETA on Youth and the Economically Disadvantaged, Washington

Bell, Stephen H. u. Larry L. Orr (1994): Is Subsidized Employment Cost Effective for Welfare Recipients? Experimental Evidence from Seven State Demonstrations, Journal of Human Resources, 19, 42-61.

Berthold, Norbert u. Eric Thode u. Sascha von Berchem (2000): Arbeitslosenhilfe und Sozialhilfe: Zwei sind eine zuviel, Wirtschaftsdienst, 19, 576-584.

Blaschke, Dieter u. Hans Eberhard Plath (1994): Zur Evaluierung aktiver Arbeitsmarktpolitik, in: Schulze-Böing, Matthias u. Norbert Johrend (Hrsg): Wirkungen kommunaler Beschäftigungsprogramme: Methoden, Instrumente und Ergebnisse der Evaluation kommunaler Arbeitsmarktpolitik, Basel u.a., 123-132.

Blaschke, Dieter u. Hans-Eberhard Plath u. Elisabeth Nagel (1992): Konzepte und Probleme der Evaluation aktiver Arbeitsmarktpolitik am Beispiel Fortbildung und Umschulung, MittAB, 381-405.

Bloch, F. (Hrsg.)(1984): Research in Labor Economics, Greenwich.

Bloom, Howard S. (1984): Estimating the Effect of Job-Training Programs, Using Longitudinal Data: Ashenfelter's Findings Reconsidered, Journal of Human Resources, 19, 544-56.

Boadway, Robin W. u. David E. Wildasin (1984): Public Sector Economics, Toronto.

Boardman Anthony E. u. David H. Greenberg u. Aidan R. Vining u. David I. Weimer (1996): Cost-Benefit Analysis – Concepts and Practice, London u.a.

Böckmann-Schewe, Lisa u. Anne Röhrig (1997): „Hilfe zur Arbeit" - Analyse der Wirksamkeit öffentlich geförderter Beschäftigung für Sozialhilfeempfängerlnnen, Düsseldorf.

Brent, Robert J. (1996): Applied Cost-Benefit-Analysis, Cheltenham.

Breuer, Wilhelm u. Dietrich Engels (1999): Grundinformationen und Daten zur Sozialhilfe im Auftrag des Bundesministeriums für Arbeit und Sozialordnung, Köln.

Brühl, Albrecht (1998): Mein Recht auf Sozialhilfe, 13.Aufl., München.

Bryant, Edward C. u. Kalman Rupp (1987): Evaluating the Impact of CETA on Participant Earnings, Evaluation Review, 473-92.

Bundesministerium für Arbeit und Sozialordnung (1998): Wegweiser durch das neue Arbeitsförderungsrecht, Bonn.

Bundesministerium für Arbeit und Sozialordnung (2000): Arbeitsförderung SGB III, Bonn.

Burtless, Gary (1993): The Case for Social Experiments, in: Jensen, K. u. P.K. Madsen (Hrsg.): Measuring Labour Market Measures: Evaluating the Effects of Active Labour Market Policies, Kopenhagen, 15-34.

Burtless, Gary u. Larry L. Orr (1986): Are Classical Experiments Needed for Manpower Policy?, Journal of Human Resources, 21, 606-639.

Cain, G. (1975): Regression and selection models to improve nonexperimental comparisons, in: Bennett, C. A. u. A. A. Lumsdaine (Hrsg.): Evaluation and Experiment, New, York, 297-317.

Card, D. u. D. Sullivan (1988): Measuring the effects of CETA participation on movements in and out of employment, Econometrica, 56, 497-530.

Cave, G. u. J. Quint (1991): Career Beginnings Impact Evaluation: Findings from a Program for High School Students, New York.

Cochrane, W. G. u. D. B. Rubin (1973): Controlling Bias in Observational Studies, Sankhya, 35, 417-446.

Cohen, Malcolm S. (1969): The Direct Effects of Federal Manpower Programs in Reducing Unemployment, Journal of Human Resources, 4, 491-507.

Cox, David R. (1958): Planning of Experiments, New York.

Dawid, A. P. (1979): Conditional Independence in Statistical Theory, Journal of the Royal Statistical Society Series B, 41, 1-31.

Dehejia, Rajeev H. u. Sadek Wahba (1998): Propensity Score Matching Methods for Non-Experimental Causal Studies, NBER Working Paper No. 6829.

Delander, Lennart u. Harald Niklasson (1996): Cost-Benefit-Analysis, in: Schmid, Günther u. Jaqueline O'Reilly u. Klaus Schömann: International Handbook of Labour Market Policy and Evaluation, Cheltenham, 163-197.

Deutscher Bundestag (1998): Hilfe zur Arbeit, Antwort der Bundesregierung auf eine Große Anfrage, Drucksache 13/10759, Bonn.

Deutscher Bundestag (1999): Diskussion über Pläne der Bundesregierung zur Zusammenlegung von Arbeitslosenhilfe und Sozialhilfe, Antwort der Bundesregierung auf eine kleine Anfrage, Drucksache 14/1347, Bonn.

Dickinson, Katherine P. u. Terry R. Johnson u. Richard W. West (1986): An Analysis of the Impact of CETA Programs on Participants' Earnings, Journal of Human Resources, 21, 64-95.

Doolittle, F. u. L. Traeger (1990): Implementing the National JTPA Study, New York.

Drèze, Jean u. Nicholas Stern (1987): The Theory of Cost-Benefit Analysis, in: Auerbach, A.J. u. M. Feldstein (Hrsg.): Handbook of Public Economics, vol. II, Elsevier, 909-989.

Drèze, Jean u. Nicholas Stern (1994): Shadow prices and markets: Policy reform, shadow prices and market prices, in: Layard, Richard u. Stephen Glaister (Hrsg.): Cost-Benefit Analysis, 2nd Edition, Cambridge, 59-99.

Eichhorn, Peter (1987): Anforderungen an eine für die Politikberatung geeignete Theorie öffentlicher Unternehmen, in: Thiemeyer, Theo (Hrsg.): Öffentliche Unternehmen und ökonomische Theorie, Baden-Baden, 215-222.

Empter, Stefan u. Franck Frick (1999): Beschäftigungsorientierte Sozialpolitik in Kommunen, Studie der Bertelsmann-Stiftung, Gütersloh.

Fechner, G. (1860): Elemente der Psychophysik, Leipzig.

Feist, Holger u. Ronnie Schöb (2000): Hilfe zur Arbeit – Lehren aus dem Leipziger Modell, Wirtschaftsdienst, 80, 156-166.

Fisher, R. (1935): Design of Experiments, New York.

Fitzenberger, Bernd u. Hedwig Prey (1998): Beschäftigungs- und Verdienstwirkungen von Weiterbildungsmaßnahmen im ostdeutschen Transformationsprozeß: Eine Methodenkritik, in: Pfeiffer, Friedhelm u. Winfried Pohlmeier (Hrsg.): Qualifikation, Weiterbildung und Arbeitsmarkterfolg, Baden-Baden.

Fitzenberger, Bernd u. Stefan Speckesser (2000): Zur wissenschaftlichen Evaluation der Aktiven Arbeitsmarktpolitik: Ein Überblick, ZEW-Diskussionspapier, Mannheim.

Fraker, Thomas u. Rebecca Maynard (1987): The Adequacy of Comparison Group Designs for Evaluations of Employment-Related Programs, Journal of Human Resources, 22, 194-227.

Freidinger, Guido (1994): Integrierte Arbeitsmarktpolitik auf kommunaler Ebene - Zentrale Steuerung bei dezentraler Umsetzung, in: Schulze-Böing, Matthias u. Norbert Johrend (Hrsg.): Wirkungen kommunaler

Beschäftigungsprogramme: Methoden, Instrumente und Ergebnisse der Evaluation kommunaler Arbeitsmarktpolitik, Basel u.a., 63-71.

Freidinger, Guido u. Frank Schindler (1996): Kommunale Arbeitsmarktpolitik in einer altindustrialisierten Problemregion: Die Stadt Saarbrücken als Akteur in der Beschäftigungsförderung, Sozialer Fortschritt, 45, 214-218.

Friedlander, Daniel u. David H. Greenberg u. Philip K. Robins (1997): Evaluating Government Training Programs for the Economically Disadvantaged, Journal of Economic Literature, 35, 1809-1855.

Friedlander, Daniel u. Philip K. Robins (1995): Evaluating Program Evaluations: New Evidence on Commonly Used Nonexperimental Methods, American Economic Review, 85, 923-937.

Fuchs, Ludwig (1997): Kommunale Beschäftigungsförderung - Ergebnisse einer Umfrage von 1997 über Hilfen zur Arbeit nach BSHG und Arbeitsbeschaffungsmaßnahmen nach AFG, Deutscher Städtetag, Köln.

Fuchs, Ludwig (1999): Kommunale Beschäftigungsförderung - Ergebnisse einer Umfrage von 1999 über Hilfen zur Arbeit nach BSHG und Arbeitsbeschaffungsmaßnahmen nach SGB III, Deutscher Städtetag, Köln.

Gerlach, Knut u. Gesine Stephan (1996): A paper on unhappiness and unemployment in Germany, Economics Letters, 52, 325-330.

Goldberger, A. (1972): Selection bias in evaluating treatment effects: Some formal illustrations, Discussion Paper 123-72, Institute for Research and Poverty, Madison.

Gramlich, Edward M. (1990): A Guide to Cost-Benefit Analysis, 2. Aufl., Englewood Cliffs.

Greenberg, David H. (1992): Conceptual Issues in Cost/Benefit Analysis of Welfare-to-Work Programs, Contemporary Policy Issues, 10, 51-64.

Greenberg, David H. (1997): The Leisure Bias in Cost-benefit Analyses of Employment and Training Programs, The Journal of Human Resources, 32, 413-439.

Greer, William R. (1985): Value of One Life? From $8.37 to $10 Million, New York Times v. 26.6.1985.

Haavelmo, Trygve (1944): The Probability Approach in Econometrics, Supplement to Econometrica, 12.

Hackenberg, Helga u. Gert Wagner (1997): Arbeitsanreize und Arbeitshemmnisse für Sozialhilfeempfänger, Wirtschaftsdienst, 77, 220-226.

Hanley, Nick u. Clive L. Spash (1993): Cost-Benefit Analysis and the Environment, Aldershot.

Hasan, Abrar (1991): Evaluation of Employment, Training and Social Programmes: An Overview of Issues, in: OECD: Evaluating Labour Market and Social Programmes, Paris, 7-17.

Heckman, James J. (1992): Randomization and Social Policy Evaluation, in: Manski, Charles F. u. Irwin Garfinkel (Hrsg.): Evaluating Welfare and Training Programs, Cambridge, 201-230.

Heckman, James J. (1997): Instrumental Variables – A Study of Implicit Behavioral Assumptions Used in Making Program Evaluations, Journal of Human Resources, 32, 441-462.

Heckman, James J. (1998): The economic evaluation of social Programs, in: Heckman J. u. E. Leamer (Hrsg.): Handbook of Econometrics, Vol. 5, Amsterdam.

Heckman, James J. u. Hidehiko Ichimura u. Jeffrey A. Smith u. Petra Todd (1998): Characterizing selection bias using experimental data, Econometrica, 66, 1017-1098.

Heckman, James J. u. Hidehiko Ichimura u. Jeffrey A. Smith u. Petra Todd (1996): Sources of selection bias in evaluating social experiments: an interpretation of conventional measures and evidence on the effectiveness of matching as a program evaluation method, Proceedings of the National Academy of Sciences, 93, 13416-13420.

Heckman, James J. u. Hidehiko Ichimura u. Petra Todd (1997): Matching as an econometric evaluation estimator: evidence from evaluating a job training program, Review of Economic Studies, 64, 605-654.

Heckman, James J. u. Hidehiko Ichimura u. Petra Todd (1998): Matching as an Econometric Evaluation Estimator, Review of Economic Studies, 65, 261-294.

Heckman, James J. u. J. Hotz (1989): Choosing among alternative methods of estimating the impact of social programs: the case of manpower training, Journal of the American Statistical Association, 84, 862-874.

Heckman, James J. u. Jeffrey A. Smith (1995): Assessing the Case for Social Experiments, Journal of Economic Perspectives, 9, 85-110.

Heckman, James J. u. Jeffrey A. Smith (1997): Experimental and Nonexperimental Evaluation, in: Schmid, Günther u. Jacqueline O'Reilly u. Klaus Schömann (Hrsg.): International Handbook of Labour Market Policy and Evaluation, Cambridge, 37-88.

Heckman, James J. u. Jeffrey A. Smith (1998): Evaluating the Welfare State, in: Strøm, Steinar (Hrsg.): Econometrics and Economic Theory in the 20th Century: The Ragnar Frisch Centennial Symposium, Cambridge, 241-318.

Heckman, James J. u. Jeffrey A. Smith (1999): The Pre-Program Earnings Dip and the Determinants of Participation in a Social Program: Implications for Simple Program Evaluation Strategies, Economic Journal, 109, 313-348.

Heckman, James J. u. N. Hohmann u. M. Khoo u. J. Smith (1995): Analyzing Experimental Data in the Presence of Substitution Bias, University of Chicago.

Heckman, James J. u. R. Robb (1985a): Alternative methods for evaluating the impact of interventions, Journal of Econometrics, 30, 239-267.

Heckman, James J. u. Richard Robb (1985b): Alternative methods for evaluating the impact of interventions, in: Heckman, James J. u. Burton

Singer (Hrsg.): Longitudinal analysis for labor market data, New York, 156-245.

Heckman, James J. u. Robert J. LaLonde u. Jeffrey A. Smith (1999): The Economics and Econometrics of Active Labor Market Programs, in: Ashenfelter, O. u. D. Card (Hrsg.): Handbook of Labor Economics, Volume III, Amsterdam, S. 1865-2097.

Holland, Paul W. (1986): Statistics and Causal Inference, Journal of the American Statistical Association, 81, 945-960.

Hujer, Reinhard u. Kai-Oliver Maurer u. Marc Wellner (1998a): Kurz- und langfristige Effekte von Weiterbildungsmaßnahmen auf die Arbeitslosigkeitsdauer in Westdeutschland, in: Pfeiffer, Friedhelm u. Winfried Pohlmeier (Hrsg.): Qualifikation, Weiterbildung und Arbeitsmarkterfolg, Baden-Baden, 197-221.

Hujer, Reinhard u. Kai-Oliver Maurer u. Marc Wellner (1998b): The Effects of Public Sector Sponsored Training on Unemployment Duration in West Germany – A Discrete Hazard Rate Model based on a Matched Sample, Frankfurter Volkswirtschaftliche Diskussionsbeiträge, Nr. 94.

Hujer, Reinhard u. Kai-Oliver Maurer u. Marc Wellner (1999): Analyzing the Effects of On-the-Job vs. Off-the-Job Training on Unemployment Duration in West Germany, erscheint in: Bellmann, Lutz u. Viktor Steiner (Hrsg.): Lohnstruktur, Qualifikation und Beschäftigungsdynamik.

Jacobs, Herbert (1996): Evaluierung von Maßnahmen der „Hilfe zur Arbeit“ in Bremen, Frankfurt am Main.

Jerger, Jürgen u. Christian Pohnke u. Alexander Spermann (2001): Gut betreut in den Arbeitsmarkt? Eine mikroökonometrische Untersuchung der Mannheimer Arbeitsvermittlungsagentur, IZA Diskussionspapier 285, Bonn.

Johnson, George (1979): The Labor Market Displacement Effect in the Analysis of the Net Impact of Manpower Training Programs, Research in Labor Economics, Supplement 1, 227-54.

Jones-Lee M. W. (1994): Safety and the saving of life: The economics of safety and physical risk, in: in: Layard, Richard u. Stephen Glaister (Hrsg.): Cost-Benefit Analysis, 2nd Edition, Cambridge, 290-318.

Kalternborn, Bruno (1998): Von der Sozialhilfe zu einer zukunftsfähigen Grundsicherung, 2. Auflage, Baden-Baden.

Katz, Lawrence F. (1994): Active Labor Market Policies to Expand Employment Opportunity, in: Current Issues and Policy Options. Proceedings from a Symposium sponsored by the Federal Reserve Bank of Kansas City, Jackson Hole, 239-290.

Ketron Inc. (1980): The Long-Term Impact of WIN II: A Longitudinal Evaluation of the Employment Experiences of Participants in the Work Incentive Program, Wayne.

Kiefer, N. (1979): The Economic Benefits of Four Manpower Training Programs, in: Bloch, F. (Hrsg.): Research in Labor Economics, Greenwich.

King, T. u. V. Geraci (1982): Short-Term Indicators of Job Training Program Performance: Policy Issues, Past Studies, and Research Agenda, Austin.

Kirchmann, Andrea u. Alexander Spermann u. Jürgen Volkert (2000): Modellversuch „Einstiegsgeld in Baden-Württemberg“, IAW-Mitteilungen 2/2000, 15-22.

Kommunale Leitstelle für Arbeit (1999): Jahresbericht 1998, Freiburg i. Br.

Kramer, Michael S. u. Stanley H. Shapiro (1984): Scientific Challenges in the Application of Randomized Trials, Journal of the American Medical Association, 16. November, 252, 2739-45.

Kress, Ulrike (1999): Chronik der Arbeitsmarktpolitik, MittAB, 246-263.

Krug, Walter u. Rainer Meckes (1997): Hilfe zur Arbeit - Aktualisierte Arbeitspotentialschätzung 1994, Schriftenreihe des Bundesministeriums für Gesundheit Band 90, Baden-Baden.

LaLonde, Robert J. (1986): Evaluating the econometric evaluations of training programs with experimental data, American Economic Review, 76, 604-620.

LaLonde, Robert J. (1995): The Promise of Public Sector-Sponsored Training Programs, Journal of Economic Perspectives, 9, 149-168.

Layard, Richard u. Stephen Glaister (1994): Introduction, in: Layard, Richard u. Stephen Glaister (Hrsg.): Cost-Benefit Analysis, 2nd Edition, Cambridge, 1-56.

Layard, Richard u. Stephen Glaister (Hrsg.)(1994): Cost-Benefit Analysis, 2nd Edition, Cambridge.

Lechner, Michael (1995): Ökonometrische Modelle für qualitative Paneldaten: das Beispiel der selbständigen Erwerbstätigkeit in den neuen Bundesländern, Frankfurt/Main.

Lechner, Michael (1998): Mikroökonometrische Evaluationsstudien: Anmerkungen zu Theorie und Praxis, in: Pfeiffer, Friedhelm u. Winfried Pohlmeier (Hrsg.): Qualifikation, Weiterbildung und Arbeitsmarkterfolg, Baden-Baden, 13-38.

Löffler, Andreas u. Alexander Spermann (2000): Evaluation des Projekts „Effektive Sozialhilfe“ (EffeSoz) beim Sozialamt der Stadt Mannheim (Modul 2), IAW-Forschungsbericht, Tübingen.

Mäder, Werner (1994): Von der Sozialhilfe in das Erwerbsleben - Hilfe zur Arbeit nach §§18 bis 20 des Bundessozialhilfegesetzes, Zeitschrift für Sozialhilfe und Sozialgesetzbuch (ZfSH/SGB), 33, 618-632.

Mallar, C. et al. (1982): The Evaluation of the Economic Impact of Job Corps: Third Follow-up Report, Princeton.

Manksi, Charles F. (1990): Nonparametric Bounds on Treatment Effects, American Economic Review, 80, 319-323.

Manski, Charles F. (1989): Anatomy of the Selection Problem, Journal of Human Resources, 24, 343-360.

Manski, Charles F. (1991): The Selection Problem, in: Christopher Sims (Hrsg.): Advances in Econometrics: Proceedings of the Sixth World Congress of Econometrics, New York, 143-170.

Manski, Charles u. Irwin Garfinkel (Hrsg.)(1992): Evaluating Welfare and Training Programs, Cambridge.

Marschak, Jacob (1953): Economic Measurements for Policy and Prediction, in: Hood, William C. u. T. C. Koopmans (Hg.): Studies in Econometric Method, Cowles Commission Monograph 13, New York, 1-26.

Moffitt, Robert (1991): Program Evaluation with Nonexperimental Data, Evaluation Review, 15, 291-314.

Moffitt, Robert (1992): Evaluation Methods for Program Entry Effects, in: Manski, Charles F. u. Irwin Garfinkel (Hrsg.): Evaluating Welfare and Training Programs, Cambridge, 231-252.

Moffitt, Robert (1996): The Effect of Employment and Training Programs on Entry and Exit From the Welfare Caseload, Journal of Political Analysis and Management, 15, 32-50.

Nelson, Robert H. (1987): The Economics Profession and the Making of Public Policy, Journal of Economic Literature, 25, 49-91.

Neyman, J. (1935): Statistical Problems in agricultural experiments, Supplement to the Journal of the Royal Statistical Society 2(2), 107-180.

o.V. (1999a): Riester: Sozial- und Arbeitslosenhilfe integrieren, Frankfurter Allgemeine Zeitung v. 26.3.1999.

o.V. (1999b): „Kaum Kürzungen in der Arbeitsmarktpolitik“, Frankfurter Allgemeine Zeitung v. 22.5.1999.

o.V. (1999c): CDU will Arbeitslosenhilfe mit Sozialhilfe verschmelzen, Frankfurter Allgemeine Zeitung v. 4.10.1999.

o.V. (2000a): Kombi-Lohn für Alleinerziehende attraktiv, Frankfurter Allgemeine Zeitung v. 27.7.2000.

o.V. (2000b): Einstiegsgeld nützt allein Erziehenden, Handelsblatt v. 27.7.2000.

OECD (1993): Active labour market policies: Assessing macroeconomic and microeconomic effects, in: Employment Outlook, Paris.

Palca, Joseph (1989): AIDS Drug Trials Enter New Age, Science Magazine, October 6, 19-21.

Pearce, D. W. (1971): Cost-Benefit Analysis, London.

Pearce, D. W. (1983): Cost-Benefit Analysis, 2nd Edition, New York.

Pohnke, Christian u. Alexander Spermann (2000a): Die gemeinsame Vermittlung arbeitsfähiger Sozialhilfeempfänger durch Sozial- und Arbeitsamt – ein Modellversuch in Mannheim, IAW-Mitteilungen 3/2000, 13-19.

Pohnke, Christian u. Alexander Spermann (2000b): Evaluation des Projektes „Effektive Sozialhilfe“ (EffeSoz) beim Sozialamt der Stadt Mannheim (Modul 1), IAW-Forschungsbericht, Tübingen.

Priester, Tom u. Peter Klein (1992): „Hilfe zur Arbeit“ - Ein Instrument für die kommunale Arbeitsmarktpolitik?, Augsburg.

Puma, M. u. N. Burstein u. K. Merrell u. G. Silverstein (1990): Evaluation of the Food Stamp Employment and Training Program: Final Report, Bethesda.

Quandt, R: (1972): Methods for estimating switching regressions, Journal of the American Statistical Association, 67(338), 306-310.

Quandt, R: (1988): The economics of disequilibrium, Oxford.

Reissert, Bernd (1988): Wie Münchhausen aus dem Sumpf? Finanzieren sich kommunale Beschäftigungsinitiativen für arbeitslose Sozialhilfeempfänger selbst?, in: Reis, Claus (Hg.): Die „Hilfe zur Arbeit“ im Spannungsfeld von Sozialhilfe und lokalen Beschäftigungshilfen, Frankfurt/Main, 205-218.

Rosen, Harvey S. u. Rupert Windisch (1992): Finanzwissenschaft I, München.

Rosen, S. (1994): Safety and the saving of life: The theory of equalizing differences, in: Layard, Richard u. Stephen Glaister (Hrsg.): Cost-Benefit Analysis, 2nd Edition, Cambridge, 272-289.

Rosenbaum, Paul R. (1995): Observational Studies, Leipzig.

Rosenbaum, Paul R. u. Rubin, Donald B. (1983): The Central Role of the Propensity Score in Observational Studies for Causal Effects, in: Biometrica, 70, 41-50.

Rosenbaum, Paul R. u. Rubin, Donald B. (1985): Constructing a Control Group Using Multivariate Matched Sampling Methods That Incorporate the Propensity Score, The American Statistician, 39, 33-38.

Rossi, P.H. u. H.E. Freeman (1993): Evaluation - A Systematik Approach, 5th Edition, Newbury, London.

Roy, A. D. (1951): Some Thoughts on the Distribution of Earnings, Oxford Economic Papers, 3, 135-146.

Rubin, Donald B. (1974): Estimating Causal Effects of Treatments in Randomized and Nonrandomized Studies, Journal of Educational Psychology, 66, No. 5, 688-701.

Rubin, Donald B. (1977): Assignment to Treatment Group on the Basis of a Covariate, Journal of Educational Statistics, 2, 1-26.

Rubin, Donald B. (1978): Bayesian Inference for Causal Effects: The Role of Randomization, The Annals of Statistics, 6, 34-58.

Rubin, Donald B. (1979): Using Multivariate Matched Sampling and Regression Adjustment to Control Bias in Observational Studies, Journal of the American Statistical Association, 74, 318-328.

Sachverständigenrat zur Begutachtung der gesamtwirtschaftlichen Entwicklung (1998): Jahresgutachten 1998/99: Vor weitreichenden Entscheidungen, Stuttgart.

Schellhaaß, Horst-Manfred (1991): Evaluation Strategies and Methods with Regard to Labour Market Programmes: A German Perspective, in:

OECD: Evaluating Labour Market and Social Programmes, Paris, 89-106.

Schmid, Günther u. Jaqueline O'Reilly u. Klaus Schömann (1997): Theory and Methodology of Labour Market Policy and Evaluation: An Introduction, in: Schmid, Günther u. Jaqueline O'Reilly u. Klaus Schömann: International Handbook of Labour Market Policy and Evaluation, Cheltenham, 1-33.

Schulte, Bernd (1988): Zur Tradition der Arbeitshilfe in Fürsorge und Sozialhilfe, in: Reis, Claus (Hg.): Die „Hilfe zur Arbeit" im Spannungsfeld von Sozialhilfe und lokalen Beschäftigungshilfen, Frankfurt a. M., 57-71.

Schulze-Böing, Matthias (1994): Evaluation der kommunalen Arbeitsmarktpolitik - zur absehbaren Karriere eines Themas, in: Schulze-Böing, Matthias u. Norbert Johrend (Hrsg.): Wirkungen kommunaler Beschäftigungsprogramme: Methoden, Instrumente und Ergebnisse der Evaluation kommunaler Arbeitsmarktpolitik, Basel u.a., 11-28.

Schulze-Böing, Matthias u. Norbert Johrend (Hrsg.)(1994): Wirkungen kommunaler Beschäftigungsprogramme: Methoden, Instrumente und Ergebnisse der Evaluation kommunaler Arbeitsmarktpolitik, Basel u.a.

Sell, Stefan (1999): Zur Schnittstellenproblematik zwischen Arbeitslosenversicherung und Sozialhilfe. Bestandsaufnahme der Risikoverlagerungen und Plädoyer für eine funktionsgerechte institutionelle und instrumentelle Modernisierung, Sozialer Fortschritt, 48, 24-33.

Sen, A. K. (1967): Isolation, assurance and the social rate of discount, Quarterly Journal of Economics, 81, 112-24.

Sen, A. K. (1994): Shadow prices and markets: Feasibility constraints: foreign exchange and shadow wages, in: Layard, Richard u. Stephen Glaister (Hrsg.): Cost-Benefit Analysis, 2nd Edition, Cambridge, 100-115.

Shabecoff, Philip (1981): Toward a Neutral Role for OSHA, New York Times v. 19.3.1981.

Spermann, Alexander (1996): Das „Einstiegsgeld“ für Langzeitarbeitslose, Wirtschaftsdienst, 76, 240-246.

Spindler, Helga (1999): Benchmarking – Wettbewerb unter den Kommunen, Sozialer Fortschritt, 48, 303-312.

Spitznagel, Eugen (1985): Arbeitsmarktpolitische Maßnahmen: Entlastungswirkungen und Kostenvergleiche, MittAB, 20-29.

Stadt Freiburg im Breisgau (1999): Soziales 1998, Beiträge zur Statistik, Freiburg i. Br.

Stadt Freiburg im Breisgau (2000a): Soziales 1999, Beiträge zur Statistik, Freiburg i. Br.

Stadt Freiburg im Breisgau (2000b): Sozial- und Jugendamt: Geschäftsbericht 1999, Freiburg i. Br.

Statistisches Bundesamt (2000): Informationen zur Sozialhilfe, Internet, URL: http://www.bma.de/de/sozialhilfe/stabu.xls.

Stengert, Ingrid (1988): Systematischer Überblick über die Rechtsvorschriften der Hilfe zur Arbeit nach den §§18 und folgende BSHG, in: Reis, Claus (Hg.): Die „Hilfe zur Arbeit“ im Spannungsfeld von Sozialhilfe und lokalen Beschäftigungshilfen, Frankfurt a.M., 73-87.

Stiglitz, Joseph E. (1994): Dicount rates: The rate of discount for benefit-cost analysis and the theory of the second best, in: Layard, Richard u. Stephen Glaister (Hrsg.): Cost-Benefit Analysis, 2nd Edition, Cambridge, 116-159.

Strøm, Steinar (Hrsg.)(1998): Econometrics and Economic Theory in the 20th Century: The Ragnar Frisch Centennial Symposium, Cambridge.

Sugden, Robert u. Alan Williams (1978): The Principles of Practical Cost-Benefit Analysis, Oxford.

Sunde, Uwe u. Anja Thalmaier u. Klaus F. Zimmermann (1999): Arbeitsplätze für Geringqualifizierte, Wirtschaftsdienst, 79, 723-730.

Tarling, Roger (1993): Evaluating Action Research Programmes, in: Jensen, K. u. P.K. Madsen (Hrsg.): Measuring Labour Market Measures: Evaluating the Effects of Active Labour Market Policies, Kopenhagen, 15-34.

Tinbergen, Jan (1956): Economic Policy Principles and Design, Amsterdam.

Torp, Hege u. Oddbjørn Raaum u. Erik Hernæs u. Harald Goldstein (1993): The First Norwegian Experiment, in: Jensen, K. u. P.K. Madsen (Hrsg.): Measuring Labour Market Measures: Evaluating the Effects of Active Labour Market Policies, Kopenhagen, 97-140.

Tresch, Richard W. (1981): Public Finance: A normative Theory, Plano.

Trube, Achim (1994): Fiskalische und soziale Aspekte kommunaler Arbeitsmarktpolitik - Eine vergleichende Analyse sozioökonomischer Effekte von Arbeitslosigkeit und Beschäftigungsförderung vor Ort, in: Schulze-Böing, Matthias u. Norbert Johrend (Hrsg): Wirkungen kommunaler Beschäftigungsprogramme: Methoden, Instrumente und Ergebnisse der Evaluation kommunaler Arbeitsmarktpolitik, Basel u.a., 167-187.

Trube, Achim (1995): Fiskalische und soziale Kosten-Nutzen-Analyse örtlicher Beschäftigungsförderung, BeitrAB 189, Nürnberg.

Westat Inc. (1980): Impact on 1977 Earnings of New FY 1976 CETA Enrollees in Selected Program Activities, Rockville.

Westat Inc. (1984): Continuous longitudinal manpower survey: Summary of net impact results, Rockville.

Wilk, Christoph (1996): Erfolgskriterien von Maßnahmen der Hilfe zur Arbeit, Schriftenreihe des Bundesministeriums für Gesundheit Band 97, Baden-Baden.

Wilk, Christoph (1997a): Beschäftigungsprojekte zwischen Subvention und Innovation, Frankfurt am Main.

Wilk, Christoph (1997b): Wege aus der Sozialhilfe, Sozialer Fortschritt, 46, 284-289.

Will, George F. (1985): You Ain't Seen Nothing Yet!, Newsweek v. 23.12.1985.

Winkelmann, Liliana u. Rainer Winkelmann (1995): Happiness and Unemployment: A Panel Data Analysis for Germany, Konjunkturpolitik, 41, 293-307.

Winkelmann, Liliana u. Rainer Winkelmann (1998): Why Are the Unemployed so Unhappy? Evidence from Panel Data, Economica, 65, 1-15.

Anhang 1: MAVA Datenpool: Personen, die im Zeitraum 7/98 bis einschließlich 12/99 bei der MAVA vorsprachen

Kategorie		Anteil
Personenzahl		1525/1370*
Alter (Median)		32
Geschlecht	männlich	49 %
Nationalität	deutsch	71 %
	ausländisch	29 %
Schulbildung	0. Auskunft verweigert	0,3 %
	1. in schul. Ausbildung	1 %
	2. Hauptschule	53,6 %
	3. Realschule	13,2 %
	4. Hochschulreife, Abitur	10,1 %
	5. Sonstiger Abschluß	4,1 %
	6. Kein Abschluß	11,2 %
	9. Unbekannt	6,4 %
Berufsausbildung	0. Auskunft verweigert	0,4 %
	1. keine Ausbildung	50,4 %
	2. Noch in Ausbildung.	1,3 %
	3. kaufm. Lehre	9,6 %
	4. gew.-techn. Lehre	22,2 %
	5. ber.-schul. Ausbildung	1,7 %
	6. Fachschule	1,9 %
	7. FH / Hochschule	4,1 %
	8. Anderer ber. Abschluß	1,9 %
	9. Unbekannt	6,5 %
Erwerbsstatus	1. Vollzeiterwerbstätig	2 %
	2. Teilzeiterwerbstätig.	6,7 %
	3. Arbeitslos m. AFG Anspr.**	17,8 %
	4. Arbeitslos o. AFG Anspr.**	51,8 %
	5. Nicht erwerbstätig: Ausbildung	1,4 %
	6. Nicht erwerbstätig: häusliche Bindung	14,5 %
	7. Nicht erwerbstätig: Krankheit, Behinderung, Arbeitsunfähigkeit	1,1 %
	8. Nicht erwerbstätig: Altersgründe	0 %
	9. Nicht erwerbstätig: sonstige Gründe	4,4 %

* In den Kategorien Alter und Geschlecht: 1525 Personen, in allen übrigen Kategorien 1370 Personen.

** Seit der Reform der gesetzlichen Regelungen wurden Ansprüche gegenüber dem Arbeitsamt von AFG auf das SGB III übertragen. Das MAVA-Datenbanksystem verwendet noch die alten Bezeichnungen.

Anhang 2: Datenpool Sachgebiete Hilfen im Haushalt: Betreute Personen zwischen 7/98 und einschl. 12/99

Kategorie		Anteil
Personenzahl		5589
Alter (Median)		31
Geschlecht	männlich	57 %
Nationalität	deutsch	61 %
	ausländisch	39 %
Schulbildung	0. Auskunft verweigert	3,2 %
	1. in schul. Ausbildung	2,6 %
	2. Hauptschule	50,3 %
	3. Realschule	13,3 %
	4. Hochschulreife, Abitur	10,8 %
	5. Sonstiger Abschluß	2,9 %
	6. Kein Abschluß	11,4 %
	9. Unbekannt	5,4 %
Berufsausbildung	0. Auskunft verweigert	3,4 %
	1. keine Ausbildung	49,1 %
	2. Noch in Ausbildung.	3,8 %
	3. kaufm. Lehre	7,7 %
	4. gew.-techn. Lehre	22,9 %
	5. ber.-schul. Ausbildung	1,6 %
	6. Fachschule	1,5 %
	7. FH / Hochschule	3 %
	8. Anderer ber. Abschluß	1,4 %
	9. Unbekannt	5,5 %
Erwerbsstatus	1. Vollzeiterwerbstätig	3,5 %
	2. Teilzeiterwerbstätig.	4,1 %
	3. Arbeitslos m. AFG Anspr.*	28,6 %
	4. Arbeitslos o. AFG Anspr.*	38 %
	5. Nicht erwerbstätig: Ausbildung	6 %
	6. Nicht erwerbstätig: häusliche Bindung	9,1 %
	7. Nicht erwerbstätig: Krankheit, Behinderung, Arbeitsunfähigkeit	5,1 %
	8. Nicht erwerbstätig: Altersgründe	0,1 %
	9. Nicht erwerbstätig: sonstige Gründe	5 %

* Die Ansprüche gegenüber dem Arbeitsamt nach AFG wurden mit der Reform der gesetzlichen Regelungen auf das SGB III übertragen. Die hier genannten Kategorien tragen nach wie vor die Bezeichnungen des MAVA-Datenbanksystems. Siehe auch Kapitel 2.2.

Anhang 3: MAVA: Als vermittelt gewertete Personen, Zeitraum 7/98 bis einschl. 6/99

Kategorie		Anteil
Personenzahl		239
Alter (Median)		32
Geschlecht	männlich	65 %
Nationalität	deutsch	74 %
	ausländisch	26 %
Schulbildung	0. Auskunft verweigert	0,4 %
	1. in schul. Ausbildung	0,4 %
	2. Hauptschule	56 %
	3. Realschule	13,8 %
	4. Hochschulreife, Abitur	11,7 %
	5. Sonstiger Abschluß	3,8 %
	6. Kein Abschluß	8,8 %
	9. Unbekannt	5 %
Berufsausbildung	0. Auskunft verweigert	0,8 %
	1. keine Ausbildung	47,7 %
	2. Noch in Ausbildung.	2,9 %
	3. kaufm. Lehre	8,4 %
	4. gew.-techn. Lehre	27,6 %
	5. ber.-schul. Ausbildung	0,8 %
	6. Fachschule	2,5 %
	7. FH / Hochschule	2,9 %
	8. Anderer ber. Abschluß	1,2 %
	9. Unbekannt	5 %
Erwerbsstatus	1. Vollzeiterwerbstätig	0,4 %
	2. Teilzeiterwerbstätig.	4,6 %
	3. Arbeitslos m. AFG Anspr.*	26,4 %
	4. Arbeitslos o. AFG Anspr.*	56,5 %
	5. Nicht erwerbstätig: Ausbildung	2,5 %
	6. Nicht erwerbstätig: häusliche Bindung	5 %
	7. Nicht erwerbstätig: Krankheit, Behinderung, Arbeitsunfähigkeit	0,8 %
	8. Nicht erwerbstätig: Altersgründe	0 %
	9. Nicht erwerbstätig: sonstige Gründe	2,9 %

* Die Ansprüche gegenüber dem Arbeitsamt nach AFG wurden mit der Reform der gesetzlichen Regelungen auf das SGB III übertragen. Die hier genannten Kategorien tragen nach wie vor die Bezeichnungen des MAVA-Datenbanksystems. Siehe auch Kapitel 2.2.

Anhang 4: Sachgebiete Hilfen im Haushalt: Vermittelte Personen zwischen 7/98 und einschl. 6/99

Kategorie		Anteil
Personenzahl		106
Alter (Median)		32
Geschlecht	männlich	51 %
Nationalität	deutsch	62 %
	ausländisch	38 %
Schulbildung	0. Auskunft verweigert	0 %
	1. in schul. Ausbildung	0,9 %
	2. Hauptschule	42,5 %
	3. Realschule	18,9 %
	4. Hochschulreife, Abitur	8,5 %
	5. Sonstiger Abschluß	4,7 %
	6. Kein Abschluß	12,3 %
	9. Unbekannt	12,3 %
Berufsausbildung	0. Auskunft verweigert	3 %
	1. keine Ausbildung	51,9 %
	2. Noch in Ausbildung.	3,8 %
	3. kaufm. Lehre	5,7 %
	4. gew.-techn. Lehre	17,9 %
	5. ber.-schul. Ausbildung	1,9 %
	6. Fachschule	0,9 %
	7. FH / Hochschule	0,9 %
	8. Anderer ber. Abschluß	2,7 %
	9. Unbekannt	11,3 %
Erwerbsstatus	1. Vollzeiterwerbstätig	9,4 %
	2. Teilzeiterwerbstätig.	12,3 %
	3. Arbeitslos m. AFG Anspr.*	16 %
	4. Arbeitslos o. AFG Anspr.*	40,6 %
	5. Nicht erwerbstätig: Ausbildung	5,7 %
	6. Nicht erwerbstätig: häusliche Bindung	6,6 %
	7. Nicht erwerbstätig: Krankheit, Behinderung, Arbeitsunfähigkeit	0 %
	8. Nicht erwerbstätig: Altersgründe	0 %
	9. Nicht erwerbstätig: sonstige Gründe	6,6 %

* Die Ansprüche gegenüber dem Arbeitsamt nach AFG wurden mit der Reform der gesetzlichen Regelungen auf das SGB III übertragen. Die hier genannten Kategorien tragen nach wie vor die Bezeichnungen des MAVA-Datenbanksystems. Siehe auch Kapitel 2.2.

Anhang 5: Propensity scores für Maßnahme- und Kontrollgruppe, gesamte betreute Personen

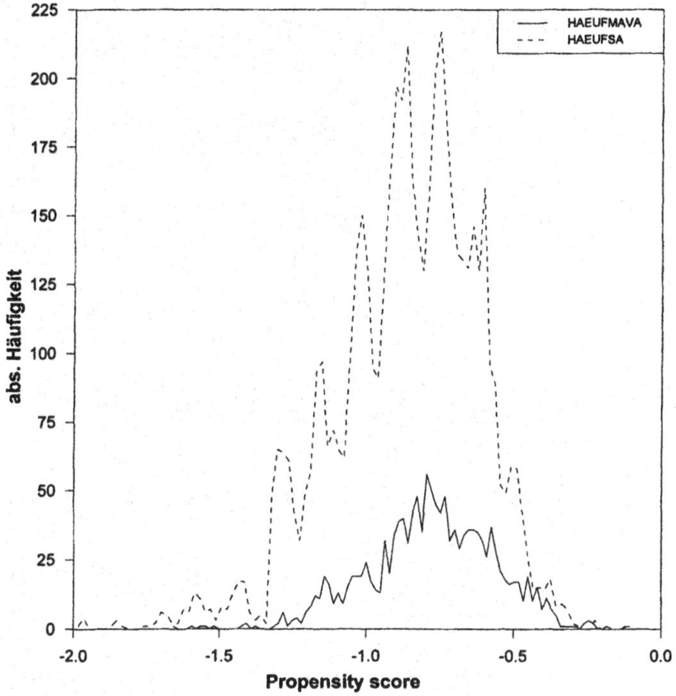

Propensitiy Scores:

Durchgezogene Linie: betreute Personen durch die MAVA (HAEUFMAVA)

Gestrichelte Linie: betreute Personen Sachgebiete Hilfen im Haushalt (HAEUFSA)

Quelle: Jerger/Pohnke/Spermann (2001).

Anhang 6: Propensity scores für die Teilnehmer mit vorliegender Erwerbsgeschichte in Maßnahme- und Kontrollgruppe

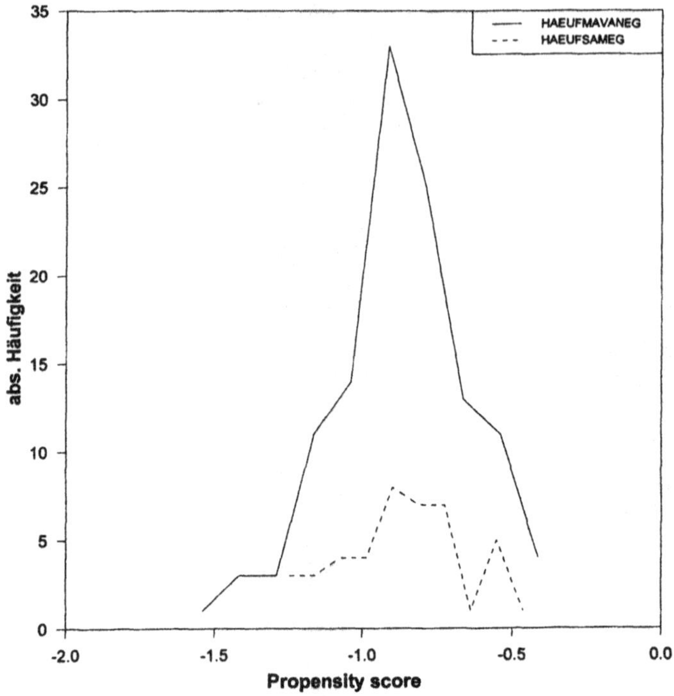

Propensitiy Scores:

Durchgezogene Linie: vermittelte Personen MAVA (HAEUFMAVANEG)

Gestrichelte Linie: vermittelte Personen Sachgebiete Hilfen im Haushalt (HAEUFSAMEG)

Quelle: Jerger/Pohnke/Spermann (2001).

Anhang 7: Beschäftigtenanteile der durch die MAVA bzw. das Sozialamt vermittelten Personen vor und nach der Vermittlung

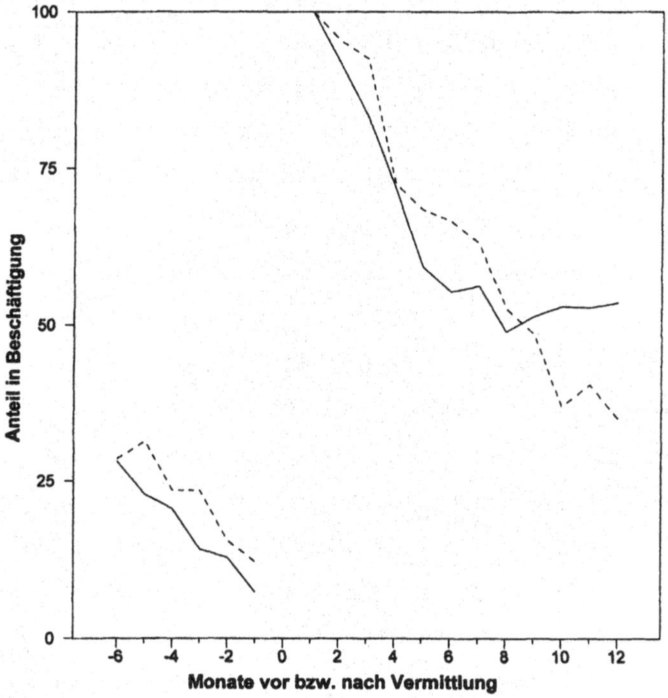

Beschäftigtenanteile:

Durchgezogene Linie: vermittelte Personen durch die MAVA

Gestrichelte Linie: vermittelte Personen Sachgebiete Hilfen im Haushalt

Quelle: Jerger/Pohnke/Spermann (2001).

Dieter Bögenhold (Hrsg.)

Kleine und mittlere Unternehmen im Strukturwandel – Arbeitsmarkt und Strukturpolitik

Frankfurt/M., Berlin, Bern, Bruxelles, New York, Oxford, Wien, 2000.
243 S., zahlr. Tab.
Strukturwandel und Strukturpolitik. Bd. 2
Herausgegeben von Wolfram Elsner
ISBN 3-631-36316-8 br. DM 74.–*

In der Reihe nationaler und internationaler Maßnahmen zur Ankurbelung von Wachstum und Beschäftigung besitzt die Förderung kleiner und mittlerer Unternehmen und insbesondere von beruflicher Selbständigkeit und Unternehmensgründungen einen zentralen Stellenwert. Bei aller Euphorie muß freilich auch auf ernüchternde Tatbestände hingewiesen werden. Der Band beschäftigt sich in interdisziplinärer Perspektive mit unterschiedlichen wirtschafts-, sozial- und strukturpolitischen und sozioökonomischen Aspekten der Thematik. „Arbeit in und von KMU's", „Selbständige und Unternehmensgründungen" und „Entrepreneurship und Industrie- und Strukturpolitik" sind die Kapitel, unter die sich die Beiträge von namhaften Wirtschafts- und Sozialwissenschaftlern rangieren.